T0194889

J.B.METZLER

Sammlung Metzler
Band 317

Elisabeth K. Paefgen

Einführung in die Literaturdidaktik

Zweite, aktualisierte und erweiterte Auflage

Verlag J.B. Metzler Stuttgart · Weimar

Die Autorin

Elisabeth K. Paefgen lehrt Didaktik der deutschen Sprache und Literatur und Neuere deutsche Literatur am Fachbereich Philosophie und Geisteswissenschaften der Freien Universität Berlin; Veröffentlichungen zur Geschichte des Deutschunterrichts, zur Rezeptions- und literarischen Schreibdidaktik, zu Literatur-Film-Beziehungen sowie zur Literatur des 19. und 20. Jahrhunderts

Bibliografische Information Der Deutschen Bibliothek
Die Deutsche Bibliothek verzeichnet diese Publikation in der Deutschen Nationalbibliografie; detaillierte bibliografische Daten sind im Internet über <http://dnb.ddb.de> abrufbar.

ISBN-13: 978-3-476-12317-6
ISBN 978-3-476-05085-4 (eBook)
DOI 10.1007/978-3-476-05085-4

Dieses Werk einschließlich aller seiner Teile ist urheberrechtlich geschützt. Jede Verwertung außerhalb der engen Grenzen des Urheberrechtsgesetzes ist ohne Zustimmung des Verlages unzulässig und strafbar. Das gilt insbesondere für Vervielfältigungen, Übersetzungen, Mikroverfilmungen und die Einspeicherung und Verarbeitung in elektronischen Systemen.

© 2006 Springer-Verlag GmbH Deutschland
Ursprünglich erschienen bei J. B. Metzler'sche Verlagsbuchhandlung und Carl Ernst Poeschel Verlag GmbH in Stuttgart 2006
www.metzlerverlag.de
info@metzlerverlag.de

Inhalt

Vorwort

Diese Einführung in die Literaturdidaktik unterscheidet sich von den üblichen didaktischen Einführungsschriften insofern, als sie sich ausschließlich auf die *literatur*didaktische Disziplin und die literarischen Teile des Deutschunterrichts konzentriert. Während mit anderen monographischen Darstellungen beziehungsweise Sammelbänden eine Einführung in die *Deutsch*didaktik oder den Deutschunterricht geleistet wird (Stocker 1976; Boueke 1974; 1979; Müller-Michaels 1980; Braun/Krallmann 1983; Hopster 1984a; Fritzsche 1994; Schuster 1998; Lange/Neumann/Ziesenis 1998), wird in dieser Studie einer inzwischen stattgefundenen Trennung zwischen Literaturdidaktik und Sprachdidaktik dergestalt Rechnung getragen, daß die sprachdidaktischen Forschungen nicht, beziehungsweise nur dann berücksichtigt werden, wenn sie für den Literaturunterricht relevant sind (vgl. die wenigen älteren Arbeiten, die eine vergleichbare Anlage aufweisen: Weber 1975; Schober 1977). Diese Spezialisierung schlägt sich seit den achtziger Jahren in der Denomination der meisten didaktischen Lehrstühle ebenso nieder wie auch in den Publikationen und Forschungen, die immer eindeutiger entweder einer literatur- oder einer sprachdidaktischen Richtung zugeordnet werden können.

Literaturdidaktik wird verstanden als **Theorie des Lehrens und Lernens von Literatur in Lernkontexten**. Mit Lernkontext ist in den weitaus meisten Fällen der Deutschunterricht gemeint, wenngleich die didaktischen Konzeptionen auch auf andere Lernverhältnisse übertragen werden können (Verlage, Medien, Volkshochschulen, Akademien etc.). Auf den Literatur*unterricht* wird im Rahmen dieser literatur*didaktischen* Einführung intensiv und ausführlich eingegangen: Literaturunterricht wird als (praktischer) Teil der (theoretischen) Literaturdidaktik verstanden. Die Literaturdidaktik, nach Jakob Ossner eine »praktische Wissenschaft« (Ossner 1993), lehrt nicht die Praxis des Literaturunterrichts, sondern »ihre reflektierte und damit auch effektive wie professionelle Gestaltung« (ebd., 189). Während im Unterricht die literarischen Lernprozesse stattfinden, geht es in der Didaktik um die Aufarbeitung der Geschichte sowie um die theoretisch begründete Antizipation, Konzeption und Reflexion des literarischen Lernens.

Literarisches Lernen – ein Begriff, der des öfteren auftaucht – meint den Erwerb von Kenntnissen und Wissen, die nötig sind, den literarischen Text »*als Kunst*« zu lesen (Eggert/Garbe 1995, 10), ästhetische Sprachformungen mit ihren betonten Mehrdeutigkeiten zu erkennen, zu analysieren, zu kommentieren und zu genießen (vgl. Groß 1994, 31). Es meint auch die Schärfung der Wahrnehmungsfähigkeit für die in literarischen Texten enthaltene indirekte Form der Wissensvermittlung über Welt und Menschen. Es gibt kein ›literarisches Einmaleins‹, aber es gibt »**literarische Leseprozesse**« (ebd., 28), in denen »Unberechenbarkeit, Konventionsbrüche, Autoreferentialität, Erwartungsenttäuschungen, Unter- und Mehrfachdeterminierungen« akzeptiert werden (müssen) und die »Lesedynamik« bestimmen (ebd., 29). Wenn »literarisches Lesen [...] für LeserInnen einen Mehraufwand und eine Aufforderung [bedeutet], den Leseprozeß selbst im Lesen zu reflektieren« (ebd., 31), dann ist es Aufgabe des Literaturunterrichts, den Schülerinnen und Schülern diesen »Mehraufwand« zu erleichtern bzw. ihnen Wege zu zeigen, wie mit ihm umgegangen werden kann.

Literaturdidaktik wird in dieser Darstellung als Teilgebiet der Literaturwissenschaft betrachtet. Auf pädagogische, psychologische, soziologische, kulturelle oder politische Bezüge wird kaum oder nur am Rande eingegangen, weil die Konzentration auf jedes dieser wissenschaftlichen Gebiete jeweils eine eigene Akzentsetzung für das Verständnis der literaturdidaktischen Disziplin setzte. Wenngleich für die praktische Organisation literarischer Lernprozesse unterschiedliche psychologische, pädagogische oder andere Kenntnisse eine Rolle spielen, so wird davon ausgegangen, daß der literaturwissenschaftliche Anteil für alle Literaturlehrenden gleichermaßen verpflichtend und grundlegend ist. Diese Einschätzung wird durch die Geschichte des Literaturunterrichts und der -didaktik unterstützt: In den weitaus meisten Phasen dieses historischen Prozesses war die Nähe zur Literatur, zur Germanistik und später zur Literaturwissenschaft von ausschlaggebender Bedeutung für den literarischen Teil des Unterrichts und für die Entwicklung von der Literaturmethodik zur -didaktik.

Wert gelegt wird auf eine **ausführliche historische Darstellung**. Von Belang für ein gegenwärtiges Verstehen des Faches ist die langwierige Herausbildung des Literaturunterrichts im 19. Jahrhundert, die vor allem für Preußen belegt ist; ebenfalls von Bedeutung sind unterschiedliche deutschunterrichtliche Phasen im 20. Jahrhundert, deren vorläufiger Endpunkt die reformintensive Zeit der siebziger Jahre darstellt. Zu diesem Zeitpunkt hat sich die Literaturdidaktik als universitäre Disziplin konsolidiert, hat

sich der literarische Teil des Deutschunterrichts nicht nur etablieren, sondern schon seine ersten Krisen überstehen können. Ein
intensiver Rückblick in die Geschichte ermöglicht eine profunde
Einschätzung der gegenwärtigen Situation des Faches, erlaubt aber
auch (vorsichtige) Prognosen für seine zukünftige Entwicklung:
So läßt sich beispielsweise von Beginn des literaturdidaktischen
Denkens an eine Kontroverse um die eher emotionale oder eher
intellektuelle Ausrichtung des Faches nachzeichnen, eine Debatte,
die noch die literaturdidaktischen Diskussionen der Gegenwart
bestimmt.

Während der erste Teil chronologisch angelegt ist, sind mit den
literaturdidaktischen Aufgabenfelder im zweiten Teil die Kompetenzen gemeint, für deren Vermittlung der Literaturunterricht
traditionellerweise zuständig ist. Es handelt sich um Basisfertigkei-
ten, die von Beginn an mit literarischen Lernprozessen verbunden
wurden. Wenngleich sich historische Rückblicke auch in diesem
Teil der Darstellung nicht immer werden vermeiden lassen, wird
in Verbindung mit diesen Themen besonderer Wert gelegt auf die
Berücksichtigung jüngerer und aktueller didaktischer Forschungen und Diskussionen. Von einiger Brisanz ist noch immer der
Gegenstand des literarischen Lernens, das Was des Literaturunterrichts; aus diesem Grund wird der Kanonfrage relativ viel Raum
gewidmet. Unumstrittener sind der Erwerb der Lese-, Schreib-
und Redekompetenzen. Mit diesem zweiten Teil wird eine Brücke
geschlagen zwischen der streng historischen Darstellung des ersten
Teils und dem dritten Teil, in dem aktuelle didaktische Fragen
und Probleme erörtert werden. Hinweise auf die Krise der Interpretation rücken die didaktische Diskussion in die Nähe zur
Literaturwissenschaft, während mit dem Überblick über die produktionsorientierten Didaktiken eine schülerorientierte Lösung
der Interpretations-Krise vorgestellt wird. Mit den Ausführungen
zu visuellen und anderen Medien im Literaturunterricht wird auf
ein Thema eingegangen, das in den gegenwärtigen Diskussionen
um die Legitimation des literarischen Lernens eine wichtige Rolle
spielt; es ist auch für das letzte resümierende und ausblickende
Kapitel dieser Einführung von Bedeutung. Hier soll – mit Blick
auf die bisherige Geschichte – die gegenwärtige Stellung des Faches Literatur im schulischen Fächerkanon eingeschätzt und sollen
mögliche – auch einander widersprechende – Zunkunftsperspek-
tiven entworfen werden.

Didaktischen Konzeptionen und unterrichtliche Prozesse von
der 2. bis zur 13. Klasse werden in die folgende Abhandlung einbezogen. Nicht berücksichtigt ist der Schriftspracherwerb, weil er

kein literaturdidaktisches Arbeitsfeld ist. Ansonsten ist diese Einführung so geschrieben, daß die wechselseitigen Bezüge zwischen
Primar- und Sekundarstufen deutlich werden. Nicht selten gingen
innovative Impulse von den Verantwortlichen für die unteren Jahrgänge aus; diese wurden dann – mit einiger Verspätung – für die
oberen Klassen übernommen. Auf solche Prozesse, die den Literaturunterricht jahrgangsübergreifend bestimmen, wird hingewiesen.

Das Literaturverzeichnis enthält ausschließlich die im Text genannten Titel. Es handelt sich um eine Auswahl ohne Anspruch
auf Vollständigkeit. Angestrebt wurde eine ausgewogene Mischung
zwischen historischer, älterer und aktueller Literatur (Redaktions-
schluß: Dezember 1998).

Wenn aus sprachökonomischen Gründen bei anonymen Gruppen nur die männliche Form verwendet wird, sind immer alle Ge-
schlechter gemeint.

Diese Einführung ist Resultat mehrerer Vorlesungen, die ich
seit 1992 an der Technischen Universität Berlin und an der Universität Hannover gehalten habe, vor Lehramtsstudierenden für das
Fach Deutsch in der Primar- wie auch den Sekundarstufen I und
II. Es war nicht immer einfach, diesem Publikum zu vermitteln,
warum ein vergleichsweise ausführlicher historischer Rückblick
für zukünftige Deutschlehrer wichtig ist. Vielleicht ist es mir ge-
lungen, in der schriftlichen Darstellung überzeugender zu zeigen,
welche Linien sich für ein Verstehen der Gegenwart ziehen lassen,
wenn die Geschichte präsent ist. Den skeptischen Teilnehmern
der Vorlesungen sei allemal gedankt, weil sie mit ihren bohrenden
Nachfragen die Abfassung dieser Schrift initiiert haben. Gedankt
sei darüber hinaus Inga Kiel für ihre bibliographische Arbeit sowie den kritsch-anregenden Lesern: Ulla Reichelt, Thomas Koch,
Doris Franzen, Christian Hanke, Maud Corinna Hietzge, Stefanie
Oberhellmann, Dorothee Wegmann, Dagmar Plugge und Hermann Kappelhoff.

Vorwort zur zweiten Auflage

Die Überarbeitung der zweiten Auflage dieser Einführung findet unter anderen Bedingungen statt als die Abfassung des Textes zu Ende der neunziger Jahre: Erfreulich ist, daß weitere Einführungsbände erschienen sind, in denen ebenfalls ausschließlich unter literaturdidaktischer Perspektive gearbeitet wird (Bogdal/Korte 2002; Abraham/Kepser 2005) bzw. in denen literatur- und sprachdidaktische (Kämper-van den Boogaart 2003) oder sogar noch mediendidaktische Themen verhandelt werden (Lange/Weinhold 2005). Die Publikationen solcher Einführungen, von denen weitere in Arbeit sind, wird als Zeichen gedeutet für ein intensiviertes Interesse an didaktischen, besonders aber auch an literaturdidaktischen Fragen und Forschungen. Neben diesem erfreulichen Umstand haben auch die schlechten Ergebnisse, die deutsche Schüler im Rahmen der internationalen PISA-Studie erreichten, dazu geführt, daß literaturpädagogische Themen auf breiterer gesellschaftlicher Ebene erneut im Mittelpunkt der Aufmerksamkeit stehen. Zumindest die Frage nach dem **Was und Wie des Lesens** wird neuerdings (wieder) intensiv verhandelt.

Diese Fragen stehen auch im Mittelpunkt der überarbeiteten und erweiterten Fassung: Zum einen wird auf neuere **kanondidaktische Diskussionen** hingewiesen (s. Kap. II.1), zum anderen erfordern die aktuellen **lesedidaktischen Reflexionen**, die im Umfeld der PISA-Studie stattgefunden haben, eine ausführlichere Darstellung (s. Kap. III.3). Bewußt wird dieses Kapitel in den dritten Teil eingegliedert, da augenblicklich noch nicht abzusehen ist, in welche Richtung sich die lesedidaktischen Konzeptionen in den nächsten Jahren entwickeln werden. Dieser Teil schließt mit einer vorsichtigen Auflistungen von Trends, deren Überprüfung aber erst in einigen Jahren stattfinden kann. Neu ist ein Kapitel über die **Didaktik der literarischen Gattungen**; ein solches Kapitel wurde von Leserinnen und Lesern vermißt, weil dieses literarische Gliederungssystem sowohl den Studierenden als auch den Lehrenden eine wichtige Orientierung bietet. Es ist nicht zuletzt dieses Kapitel, das zu einer erheblichen Erweiterung der Bibliographie beigetragen hat, weil nunmehr auch auf gattungsdidaktische Arbeiten hingewiesen wird. Gestrichen wurden die Ausführungen über die Detektiv- und Kriminalliteratur, weil es sich bei diesem

Genre doch eher um ein Randgebiet der literarischen Formen handelt, die in der Schule gelesen werden. Darüber hinaus stellen sich für diese Romane und Kurzgeschichten vergleichbare Fragen wie für die epischen Formen, die in den Erläuterungen zur Gattungsdidaktik enthalten sind. Andere Kapitel wie auch das Vorwort sind stellenweise präzisiert bzw. nur dann ergänzt worden, wenn wichtige Diskussionen stattgefunden haben.

Während die Einführung 1998 mit einem vorsichtigen Ausblick ins neue Jahrtausend beendet wurde, schließt sie im Jahr 2005 mit dem Entwurf einer **Literatur-Film-Didaktik**. Damit wird auf neue didaktische Arbeiten reagiert, in denen mit einer erweiterten Perspektive auf die Verwandtschaft bzw. Differenz zwischen diesen beiden Kunstformen geblickt wird: Nicht länger werden nur Literaturverfilmungen untersucht; vielmehr wird – auch durchaus aus analytischer Perspektive – auf schriftliche Wort- und filmische Bildkunst geschaut. Ein Fach Filmkunde – wie noch 1998 vorgeschlagen – wird zur Zeit (leider!) nicht diskutiert; diskutiert wird aber, wie Filme und Kino so in die Schule integriert werden können, daß eine Heranführung der Jugendlichen an die Filmkunst auch im schulischen Kontext stattfindet. Eigene Arbeiten und nicht zuletzt erst unlängst durchgeführte Lehrveranstaltungen haben zu zahlreichen Hinweisen geführt, wie literarische Lernprozesse durch die Kunst des filmischen Zeigens und Erzählens angeleitet, unterstützt und aktualisiert werden können. Mit dem Entwurf einer Literatur-Film-Didaktik wird einerseits eine **theoretische Fundierung** versucht, wird andererseits aber auch ein deutliches Plädoyer dafür ausgesprochen, weiterhin literarische Lernprozesse in den Mittelpunkt des Unterrichts zu stellen und den Film bzw. Filmszenen zur Unterstützung heranzuziehen.

Auch die Überarbeitung verdankt sich zahlreichen Gesprächen, Anregungen und tatkräftiger Hilfe. Gedankt wird zahlreichen Berliner Studentinnen und Studenten, die sich aufmerksam, forsch und kritisch literaturdidaktischen Fragen stellten und damit einige Impulse für die Überarbeitung und Erweiterung gaben; gedankt wird insbesondere Julia Endler für die nicht unbedeutende Bibliographiearbeit, Guido Schenkel für intensive Filmseminare sowie für kritische Lektüre, Marcus Schotte für ermunterndes Korrekturlesen und Dennis Breitenwischer für ebensolche Gespräche.

I. Historischer Abriß

1. Didaktische Anfänge im 19. und 20. Jahrhundert

Deutsche Literatur gehört noch nicht lange zum Kanon der gymnasialen Unterrichtsgegenstände. Bis ins letzte Drittel des 19. Jahrhunderts hinein waren Grammatik, Rhetorik und Stilistik dominierende Stoffe des Deutschunterrichts (Kopp 1994, 717). Zwar gab es schon im 18., besonders aber ab Anfang des 19. Jahrhunderts immer wieder vereinzelte Initiativen, die Lektüre deutscher Literatur in den Unterricht zu integrieren, aber diese Versuche hatten lange Zeit keinen durchgreifenden Erfolg (Frank 1976, 257–263). Das zeigt noch die erste geschichtliche Darstellung, die über den deutschen Unterricht 1907 erschienen ist: Von 450 Seiten sind nur gut vierzig Seiten den Themen ›Lesebücher‹ und ›Lesestoff‹ gewidmet (Matthias 1907, 385–420). Selbst zu Beginn des 20. Jahrhunderts war über literarische Stoffe als unterrichtlicher Lerngegenstand nicht viel zu berichten. Literaturunterricht, der sich lesend, analysierend und interpretierend einzelnen Werken und Autoren deutscher Sprache widmete, gab es im 19. Jahrhundert nicht.

Rhetorische Erziehung

Wenn Stücke deutscher Literatur gelesen wurden, standen sie vor allem im Dienst einer rhetorisch-stilistischen Schulung (Jäger 1971, 139). Die literarischen Stücke erfüllten die Funktion **sprachlicher Muster**, sie fungierten als Mittel zum Zweck der Schreib- und Sprechausbildung und waren Bestandteil einer philologischen Unterweisung, die die Ausbildung von Autoren und Rednern zum Ziel hatte. Es ist vor allem die **rhetorische Erziehung**, in deren Rahmen diese ›produktionsorientierte‹ Ausbildung stattfand; auf sie wurde bis weit ins 19. Jahrhundert hinein am Gymnasium besonderer Wert gelegt. Der souveräne, gelehrte und angemessene Umgang mit Sprache sollte durch Lesen, Schreiben und Reden geübt und trainiert werden. Diese rhetorischen Übungen waren sei jeher Bestandteil des Griechisch-, besonders aber des Lateinunterrichts, zumal die entsprechenden theoretischen Abhandlungen in dieser Sprache geschrieben waren. Der mit dem Studium des

Lateinischen verbundene Unterricht in Rhetorik suchte Schreiber und Redner auszubilden, die durch das akribische Entziffern der als vorbildlich erachteten Sprache Regeln für eine eigene mündliche und schriftliche Textproduktion in der Muttersprache erlernen sollten.

Diese lateinischen und auch griechischen Musterstücke wurden ergänzt durch deutschsprachige Prosatexte, deren Lektüre ebenfalls mit Blick auf eine rhetorische Schulung stattfand (ebd., 126–128). Die damit einhergehenden pädagogischen Überlegungen zeigt **Johann Gottfried Herders Schulrede**, die er 1796 am Gymnasium in Weimar vor Prüfungskandidaten gehalten hat. Herder geht es – in Anlehnung an das antike Vorbild – vor allem um die Ausbildung der guten Rede, welche »Ausdruck der Seele« sei (Herder 1968, 219), und darum, die Schüler im vollkommenen Gebrauch der deutschen Sprache auszubilden. Aus Gründen der Sprachschulung plädiert er für das (laute) Lesen, Vortragen und Auswendiglernen der edelsten, besten *deutschen* Stücke. Der Vergleich mit anderen europäischen Nationen führt zu seiner vielzitierten Frage: »Wer unter euch, ihr Jünglinge, kennt Uz und Haller, Kleist und Klopstock, Lessing und Winckelmann, wie die Italiener ihren Ariost und Tasso, die Briten ihren Milton und Shakespeare, die Franzosen so viele ihrer Schriftsteller kennen und ehren« (ebd., 222)? Das Plädoyer für eine schulische Vermittlung deutscher Literatur wird verbunden mit dem Ziel, daß die Schüler gut reden und gut schreiben lernen. Daß auch die Gedanken geschult werden, die Phantasie Nahrung erhalte, Gefühle geweckt würden und ein »Nationalcharakter« entstehen könne (ebd., 222), sind nachgeordnete Ziele. Herder plädiert in erster Linie aus Gründen einer deutschen Spracherziehung für die Lektüre deutscher Literatur.

Wenn im folgenden die langsame **Herausbildung eines deutschen Literaturunterrichts** nachgezeichnet wird, so bezieht sich die Darstellung – wie in den meisten historischen Arbeiten – vorwiegend auf *Preußen* (vgl. z.B. Erlinger/Knobloch 1991). Außerdem geht es zunächst, wenn nicht anders erwähnt, um den *gymnasialen* Unterricht: in dieser Schulform waren die Widerstände gegen die Einführung eines muttersprachlichen Literaturunterrichts am größten. Gleichwohl verlor in den höheren Schulen in der zweiten Hälfte des 19. Jahrhunderts die Rhetorik an Bedeutung (Hegele 1996, 3; Zimmer 1983, 38). Wenngleich deutsche Literatur von diesem Zeitpunkt an in den Schulen deutlicher präsent war (Gans 1991, 30–32), gab es noch Mitte des Jahrhunderts Pädagogen, die das Lehren deutschsprachiger Literatur an Gymnasien für überflüssig erklärten. Konkurrieren mußte das neue Fach bis zum Ende des

19. Jahrhunderts mit den **alten Philologien**, mit Griechisch und insbesondere mit der klassischen Gelehrtensprache Latein. Noch 1891 waren an preußischen Gymnasien insgesamt 62 Stunden für das Fach Latein vorgesehen, 36 für den Griechischunterricht, und nur 26 Stunden wurden dem Fach Deutsch zugestanden: Während ihrer gesamten Schulzeit hatten die Gymnasialschüler demnach bald viermal mehr altsprachlichen als deutschen Unterricht (Kopp 1994, 734). Deutschunterricht war im 19. Jahrhundert ein »Mangelfach« (Erlinger 1991, 250). Nicht nur rhetorische Fertigkeiten, auch Literaturkenntnisse sollten die Schüler durch das Studium der griechischen und lateinischen Klassiker erwerben. **Deutschsprachige Texte** wurden, da sie keine Übersetzungsleistungen verlangten, nicht als ernsthafter Unterrichtsstoff akzeptiert. Allzu einfach erschien das Verstehen dieser Literatur; Erklärungs- und Erläuterungsbedarf wurde nicht gesehen; eine philologisch geschulte Vermittlung erübrige sich (ebd., 249). So schlägt **Rudolf von Raumer** 1852 vor, die umfangreicheren Werke der deutschen Klassik weitgehend der Privatlektüre anheimzustellen. Darüber hinaus sollte in den letzten drei Jahren vor dem Abitur jeweils eine Stunde wöchentlich für Dramenliteratur veranschlagt werden. Diese vier bis fünf Stunden sollte man bündeln und regelmäßig einen Schulmorgen im Monat nutzen, um den versammelten Oberstufenschülern ein Drama vollständig vorzulesen. Vorlesebegabte Lehrer des Kollegiums könnten dies aufführungswirksam mit verteilten Rollen tun. Auf diese Weise lernten die Schüler im Laufe der letzten drei Schuljahre ungefähr 15 Werke kennen (vgl. II.1.). Mit der Lesung der Dramen habe die Schule ihrer Vermittlungspflicht genüge getan; weiterer Unterricht sei nicht nötig: »Aufrichtig gesagt bin ich der Meinung, daß diese Dichtungen ihre große und wesentliche Bestimmung erfüllen, auch ohne daß man ein Wort an ihnen erklärt« (in: Boueke 1971, 98).

Erste literaturdidaktische Arbeiten: Hiecke, Wackernagel und Lehmann

Von Raumer will nichts erklären, sondern glaubt an die Wirkung des gesprochenen literarischen Worts. Eine ganz andere Konzeption des Deutsch-, besonders aber des Literaturunterrichts entwirft Robert Heinrich **Hiecke**. Dessen Schrift *Der deutsche Unterricht auf deutschen Gymnasien* (1842) kann als eine der ersten literaturdidaktischen Publikationen bezeichnet werden. Berühmt geworden ist seine Schrift, weil sie ein frühes und engagiertes Plädoyer für das **systematische Studium deutschsprachiger literarischer Texte** im gymnasialen Unterricht enthält. Hiecke entwirft einen Literaturunterricht, in dem mit muttersprachlicher Literatur ähnlich erläuternd und analysierend gearbeitet wird wie mit lateinischen und griechischen Texten. Seine literaturdidaktischen Reflexionen berühren Aufgabenfelder des Literaturunterrichts, die auch heute noch als wesentliche anerkannt sind, im besonderen Schreib-, vor allem aber Lesedidaktik: So wirke sich das kontinuierliche Lesen deutschsprachiger Literatur wohltuend auf einen niveauvollen schriftlichen Sprachgebrauch der Schüler aus. Diese Verbesserung im schriftlichen Ausdruck habe erfreuliche Rückwirkungen auf die Übersetzungsleistungen im altsprachlichen Unterricht. Deutsche Literatur erübrige sich nicht als Lerngegenstand, weil sie zu einfach zu verstehen und deswegen zu wenig geistbildend sei. Im Gegenteil: Lesen – so führt Hiecke literaturdidaktisch weitblickend aus – sei noch nicht gleichzusetzen mit Verstehen, und auf ein gelehrtes Verstehen des Textganzen müsse der deutsche Literaturunterricht hinarbeiten. Hiecke plädiert für eine systematische **Interpretationsschulung**, die in den unteren Klassen mit einfacher Inhaltssicherung und Erläuterung einzelner sprachlicher Schwierigkeiten beginnt und in den oberen Klassen mit abstrakten Gliederungen, anspruchsvoller Inhaltsklärung und intensiven Fragen nach dem Was und Warum endet (vgl. dazu Beisbart 1989, 507–517).

Pädagogisches Ziel dieses Literaturunterrichts ist auch, die **verhängnisvolle »Leserei«**, das süchtige, Bücher verschlingende Literaturlesen der Schüler außerhalb der Schule zu verhindern: »Die Leserei ist nichts als die Befriedigung eines rohen Triebes nach geistiger Beschäftigung [...]. Der rohe Trieb, der eben weil er roh ist, auch mächtig ist, über den der damit Behaftete keine sittliche Gewalt und Herrschaft hat, kann nur dadurch mit Erfolg bekämpft werden, daß man ihn zum gebildeten Bedürfnis erhebt« (Hiecke 1842, 70). Hieckes Konzept einer intellektuellen Literaturunterweisung, das von deutscher Literatur als anspruchsvollem Lerngegenstand ausgeht, versucht sowohl Latein- und Griechischlehrer als Bündnispartner zu gewinnen als auch Pädagogen, die gegen die Lesesucht ankämpfen. Er entwirft einen literarischen Kanon (vgl. II.1.), der beide Seiten befriedigen könnte. Deutlich wird seine tiefe Abneigung gegen die Romantiker und gegen Jean Paul; diese »Einseitigkeit«, diese »Schrullen« sind für die Schule »zu willkührlich« (ebd., 107), »zu sehr von subjectivem Belieben durchzogen« (ebd., 108). Hingegen schätzt und lobt er Ludwig Uhland, mit dessen Werk »die Richtung der Romantiker klare, verständige Gestalt [gewinnt], erst mit ihm hört die exclusive Vornehmheit auf« (ebd., 108); vor allem aber lernten die Schüler durch Ludwig Uhland »den specifischen Kern deutschen Wesens« lieben (ebd., 109), ein Anliegen, das der in der Vormärzbewegung engagierte und in der 1848er Revolution aktiv tätige Hiecke mit deutscher Literatur in der Schule auch verbunden sehen möchte (vgl. Abels 1986, 41–74). Hieckes Entwurf eines deutschen Literaturunterrichts ist insofern nicht nur von einem ästhetischen Interesse getragen, sondern auch von einem demokratisch-nationalen, zu jener Zeit linkspolitischen. Daß die Anfänge der deutschen Literaturdidaktik begleitet sind von politisch kritischen Impulsen, muß – angesichts der weiteren Geschichte im 19. und 20. Jahrhundert – betont werden.

Zur selben Zeit, als Hiecke seinen intellektuellen Literaturunterricht entwarf, publizierte auch Philipp Wackernagel sein dreibändiges Lesebuch mitsamt den didaktischen Erläuterungen *Der Unterricht in der Muttersprache* (1843). Neben Hiecke kann Wackernagel als Begründer der deutschen Literaturdidaktik gesehen werden. Auch er setzte sich früh für einen *literarischen* Unterricht im Deutschen ein. Aber Wackernagel vertrat eine andere literaturdidaktische Position als Hiecke. Er möchte **Literaturstunden als Erbauungsstunden** verstanden sehen: »Die Mühseligkeit des unaufhörlichen Lernens wird auf eine wohltuende Weise durch eine Beschäftigung mit so schönen Dingen unterbrochen, und daß dieß in der Schule selbst geschieht und nicht dem Zufall oder der Willkühr außerhalb derselben empfohlen bleibt, darin liegt der eigentliche Seegen« (Wackernagel 1843, 18).

Wackernagel will vor allem lautes Lesen lehren und die mündliche wie schriftliche Wiedergabe des Gelesenen in den Unterricht integrieren. Häusliche Arbeit soll so weit als möglich vermieden werden, der Deutschlehrer soll sich überhaupt jeder Zwangsausübung enthalten. Wackernagel will deutsche Stücke nicht auswendig lernen lassen, weil diese Tätigkeit »Verstand und Gefühl« zerstöre (ebd., 97); fremdsprachige Texte eigneten sich besser für diese Gedächtnisübung. Er hat sein *Deutsches Lesebuch* wie einen schönen (Natur)Garten angelegt, um den Schüler »auf eine freundliche Weise in die Literatur« einzuführen (ebd., 19). Durch die literarische Sprache werde der Schüler mit der »Sprache des Lebens« bekannt; diese stünde im Gegensatz zur üblichen »wißenschaftlichen« »Schulsprache« (ebd., 20). Literarische Sprache hingegen sei zweckfrei, und deshalb müsse Literaturunterricht außerhalb von Prüfungs- und Bildungszwängen angesiedelt werden. »Ein königliches, ein hohepriesterliches Amt« (ebd., 90) übe der Lehrer aus, der darüber zu wachen habe, »daß nicht der reflectierende Verstand die Liebe tödte« (ebd., 91).

Die beiden ersten deutschen Literaturdidaktiker waren unterschiedlicher Herkunft: Robert Heinrich Hiecke hat unter anderem klassische Altertumswissenschaften studiert und Philosophievorlesungen bei Hegel gehört. Philipp Wackernagel hingegen ist bekannt geworden als Mineraloge, Pädagoge und Kirchenliedhistoriker. Ausgebildete Germanisten gab es Mitte des 19. Jahrhunderts noch nicht (Kopp 1994, 695–713). Deutsche Grammatik haben beide studiert, und als Lehrer des Deutschen haben ebenfalls beide gearbeitet: Hiecke vorwiegend an Gymnasien, Wackernagel an Realgymnasien, Gewerbeschulen, privaten Anstalten, Privatgymnasien und an Realschulen. Daß Hiecke Verstandesschulung im Umgang mit Literatur anstrebt, Wackernagel hingegen für einen gefühlsbetonten Literaturunterricht plädiert, mag seine Ursache in der unterschiedlichen fachlichen Herkunft und Unterrichtspraxis der beiden haben.

Die **Kontroverse Verstand-Gefühl**, die schon die Geburtsstunde der Literaturdidaktik bestimmte, ist ein Thema, das die literaturdidaktischen Diskussionen bis in unsere Gegenwart hinein immer wieder dominiert hat. In dieser Einführung soll eine gegensätzliche Akzentuierung dieser gerne polemisch diskutierten Pole von Beginn an vermieden werden. Angebracht erscheint vielmehr, die Debatte um Verstand- oder Gefühlsorientierung als eine der zentralen Fragen der literaturdidaktischen Disziplin zu akzeptieren. Sie taucht zu früh und zu häufig auf, als daß ausschließlich personen-, zeit- oder ideologieabhängige Motive ausschlaggebend gewesen sein können; sie muß mit der Sache ›Literatur in der Schule‹ selbst zu tun haben. So machen es sich die üblichen Festschreibungen – Hieckes Position sei fortschrittlich, die Wackernagels konservativ – zu einfach: Fortschrittlich war Wackernagel aus heutiger Sicht durchaus, wenn er in den dritten Band seines Lesebuchs für zwölf- bis vierzehnjährige Schüler vier Stücke von Jean Paul aufnahm, – einen zu jener Zeit avantgardistischen Autor. Fortschrittlich könnte man auch die Anlage seines Lesebuchs nennen, wenn man es mit den Lesebüchern der Gegenwart vergleicht: der bunte Wechsel von Poesie und Prosa bietet den Schülern vielfältige Leseeinstiege; ein Verfahren, das man in der Gegenwart auch drucktechnisch hat perfektionieren können. Konservativ hingegen wirkt heute Hieckes rigide Ablehnung der Romantiker und seine Entscheidung, nicht einmal den Primanern den ›chaotischen‹ und ›wirren‹ Jean Paul zu erlauben. Konservativ können wir heute auch seine Warnung vor der Lesesucht und seine Angst vor deren Folgen befinden: daß Vielleben und genußvolles Lesen den Verstand und den Charakter verderbe, ist eine pädagogische Sorge des 19. Jahrhunderts, die wir heute anders beurteilen (vgl. II.2.). Hingegen ist Hieckes engagierte Offenheit gegenüber der deutschen Aufklärung und Klassik seiner Zeit weit voraus, ist sein Interpretationsmodell eines, das heute noch Anwendung findet.

Ganz so einfach ist eine Etikettierung nicht, das wird sich auch im Zusammenhang mit der Bewertung literaturdidaktischer Ansätze für unsere Gegenwart zeigen. Aber schon im 19. Jahrhundert wurde die Verstand-Gefühl-Debatte erregt geführt, wie die Ausführungen Rudolf Lehmanns zeigen (1890). In Lehmanns Schrift über den *Deutschen Unterricht* kann auch schon nachgelesen werden, wie ohne Polarisierung mit diesen (Nicht)Gegensätzen umgegangen wird. Lehmann sucht nach einer klugen, ausgewogenen und reflektierten Vermittlung zwischen Hieckes analytischer und Wackernagels synthetisch genannter literaturdidaktischer Position:

»Was [...] die [..] Synthetiker erstreben, ist offenbar nicht eine verstandesmäßige Auffassung, nicht begriffliche Klarheit, sondern lebendige, gefühlsmäßige Anschauung des vom Dichter Geschaffenen; und in der That, ein solches anschauendes Mitfühlen ist es ja, was sich uns als nächstes und wesentlichstes Ziel jedes künstlerischen Schaffens [...] dargestellt hat. [...] Allein es giebt eine große Anzahl von Dichtungen, welche, nicht um vom Schüler verständnismäßig zersetzt und zergliedert, sondern gerade um ihm lebendig und anschaulich zu werden, der erläuternden Beihülfe, der methodischen Thätigkeit des Lehrers bedürfen. Unsere großen Dichter haben nicht geschrieben, um die Jugend zu bilden. Wollen wir einen Theil ihrer Werke dennoch diesem Zwecke dienstbar machen, so bedarf es einer Vermittlung für den jugendlichen Leser, und diese vermittelnde Thätigkeit eben hat der deutsche Unterricht zu übernehmen« (Lehmann 1890, 35/36).

Lehmann gibt sich als Anhänger eines **analytischen Literaturunterrichts** zu erkennen, distanziert sich aber von übertriebener, einseitiger und auf die Spitze getriebener Verstandesschulung, vor allem in zu frühen Jahren: Für die unteren und mittleren Klassen sei ein lebendiges, gefühlsmäßiges, anschauliches Literaturverständnis – im Wackernagelschen Sinne – angemessen und zu üben. Dieses erste Ziel des Literaturunterrichts müsse aber nicht das letzte bleiben: In den oberen Klassen sei ein Unterricht anzustreben, in dem – im schülergemäßen Rahmen – analytische Arbeit an Texten gelehrt und ein historisches Verständnis der Werke erzielt werde. Lehmann gelangt auf der Basis dieser Zweiteilung des literarischen Verstehens zu einem anderen Kanon für die unteren Klassen: Hatte Hiecke einen relativ anspruchslosen Kanon für diese Klassen zusammengestellt, weil er auf vollständige gedankliche Durchdringung der Werke Wert legte, so kommt Lehmann zu dem Schluß, daß die Balladen Schillers und Goethes hier durchaus schon gelesen werden könnten, wenn man nicht anstrebe, daß die Schüler alles verstünden.

Konservativ-nationalbildende Ausrichtung des Literaturunterrichts

Aber diese theoriedidaktische Diskussion, bei der auch die Namen Rudolf von Raumer (pro Wackernagel) und Ernst Laas (pro Hiecke) eine wichtige Rolle spielen (beide in: Boueke 1971), spiegelt nicht die Unterrichtswirklichkeit, die auf gymnasialer Ebene weiterhin durch den altsprachlichen Unterricht dominiert war. Kulturpolitisch blieben die Verantwortlichen in Preußen dem Gegenstand ›deutsche Literatur‹ gegenüber reserviert, verstärkt in der restaurativen Phase nach der gescheiterten 1848er Revolution. Die »berüchtigten Stiehlschen Regulativen« von 1854 (Frank 1976, 488), in denen die Elementarschullehrerausbildung geregelt wurde (vgl. Zimmer 1983, 42; vgl. auch Ernst 1977, 86–87), lassen vermuten, daß man in deutschsprachigen Texten staatsgefährdende Ideen befürchtete: Friedrich Stiehl, preußischer Referent für das Volksschulwesen, untersagte in diesen Regulativen angehenden evangelischen Volksschullehrern sogar die Privatlektüre der Werke deutscher Klassik; angeordnet wurde hingegen die Einführung des Wackernagelschen Lesebuchs, das für ungefährlich gehalten wurde, weil es nicht so viele klassische Texte enthielt (Boueke 1971, 100/101). Daß Literatur schließlich als unterrichtlicher Gegenstand akzeptiert wurde, steht auch mit der zunehmenden Verbreitung von **Realschulen** und Realgymnasien zusammen. Im höheren Realschulwesen »bildete spätestens seit den Lehrplänen von 1859 der Deutschunterricht [...] einen Schwerpunkt im Lehrplan mit einer gegenüber dem altsprachlichen Gymnasium erheblich höheren Stundenzahl« (Zimmer 1983, 38). Langfristig haben die realistischen Bildungsintentionen, die zudem in der zweiten Jahrhunderthälfte erheblich an Bedeutung gewannen, auch zu einer breiten gymnasialen Durchsetzung des Faches Deutsch beigetragen.

Außerdem spielt eine veränderte Einstellung der **Weimarer Klassik** gegenüber eine Rolle für die Literarisierung des Unterrichts. National-chauvinistische Bestrebungen waren dafür ausschlaggebender als pädagogisch-ästhetische. Nach der Reichsgründung von 1871 wurden die engen Stiehlschen Regulativen aufgehoben. Im Zuge eines aggressiver werdenden Nationalgefühls zu Ende des 19. Jahrhunderts gelangte die deutsche Literatur und insbesondere die Literatur der deutschen Klassik zu einer Anerkennung, die ihr bis dahin versagt worden war (vgl. Gans 1991, 33–52). Mit Goethe hatten vor allem die christlich-konservativen Schulmänner im 19. Jahrhundert ihre Schwierigkeiten, als Autor für die Schule war er bis in das letzte Viertel hinein umstritten: unpolitisch, weltfern, unmoralisch, kosmopolitisch, unchristlich lauteten einige Urteile (vgl. Paefgen 1990, 80–89). Mit Schiller konnten sie besser umgehen, aber ohne Einbrüche war selbst die Rezeption dieses Klassikers nicht, obgleich er politisch und moralisch leichter einzuordnen war. Im wilhelminischen Kaiserreich wurde die Literatur der Weimarer Klassik und die der Romantik als identitätsstiftendes Moment für das gerade neu gegründete deutsche Reich entdeckt. Die wilhelminische Literaturdidaktik nutzte diese Literatur für das Konzept einer »literarischen Nationalbildung« (Hegele 1996, 10), das den nationalliberalen und -konservativen Einstellungen des wachsenden Bürgertums entgegenkam. Hegele spricht in diesem Zusammenhang von einem »›Klassikerboom‹« (ebd., 27). Er weist aber auch darauf hin, daß die Akzeptanz klassischer Literatur mit ihrer Verklärung einherging: ihre Rezeption wurde einer falschen Idealismusvorstellung unterworfen und stand nun für das ›Gute, Wahre, Schöne‹. »Von der Volksschule bis zu akademischen Lehrkanzeln bestand ein Konsens darüber, daß Dichtung nicht ›herabziehend‹ oder ›niederziehend‹ wirken dürfe [...]« (ebd., 17).

Die neue konservative, nationalbildende Aufgabe des wilhelminischen Deutschunterrichts spiegelt sich auch in der 1887 von dem Gymnasiallehrer Otto Lyon gegründeten *Zeitschrift für den deutschen Unterricht*, der ersten deutschdidaktischen Zeitschrift, der erst sehr viel später andere Beispiele folgen sollten (vgl. I.2.; I.3.1. und I.3.2.). In einem Einführungsaufsatz stellt der Lehrer Otto Lyons Rudolf Hildebrand – einer der führenden Germanisten jener Zeit, der vor allem mit der Schrift *Vom deutschen Sprachunterricht in der Schule* bekannt wurde – die These auf, daß der Deutschunterricht ein Erziehungsfach sei und der Steigerung des Nationalbewußtseins diene. Der Deutschunterricht sei eine Schule der Nation, »›denn eine veredelte Sprache würde in der Folge auf eine veredelte Nation schließen lassen‹« (Ernst 1977, 119). Im Unterschied zu dieser noch relativ gemäßigten nationalen Haltung prägte Otto Lyon die Zeitschrift über zweieinhalb Jahrzehnte hinweg zunehmend im Sinne einer »radikalen Volkstumsideologie«, in einem Verständnis von Deutschtum und Germanismus, das »in einer dauernden Abwehrstellung gegen alles Moderne, gegen [...] Rationalismus, [...] Materialismus und Sozialismus, gegen Vernunft, Aufklärung und Intellektualismus« gipfelte (ebd., 218). Die Zeitschrift steht nicht mehr in einer humanistisch geprägten kosmopolitischen Bildungstradition; aus ihren Beiträgen spricht eine

neue deutsch-völkische Gesinnung, wie sie in den ersten Jahrzehnten des 20. Jahrhunderts manifestere Formen annehmen sollte:
1920 erfolgte die Umbenennung in *Zeitschrift für Deutschkunde*,
und als solche bestand sie auch während des Nationalsozialismus
weiter. »Das Bemerkenswerte an dieser Zeitschrift ist, daß sie in
dem halben Jahrhundert ihres Erscheinens ihre eigentliche Tendenz nur dem Grade nach, nicht aber in der Grundrichtung geändert hat: nicht geändert hat 1918 und nicht zu ändern brauchte
1933« (Frank 1976, 508).

Wurde bisher vorwiegend die gymnasiale Schulbildung dargestellt, so gewinnt für die folgende deutschunterrichtliche Phase die
Volksschule an Bedeutung. In dieser Schulform wurde die literarische Erziehung fatal durch die bereits erwähnten Stiehlschen
Regulativen von 1854 beeinflußt. Initiativen, die sprachliche Elementarerziehung zu systematisieren und zu versachlichen, wurden
durch diese staatlichen Reglementierungen rückgängig gemacht.
Friedrich Adolf Wilhelm Diesterweg hatte 1830 seine »höhere
Leselehre« vorgelegt, die auf Verstandesbildung, Urteilsfähigkeit
sowie aufmerksames, logisches und besonnenes Lesen ausgerichtet
war: »Das Lesestück wird durch die Zergliederung der Gegenstand
einer belehrenden Unterhaltung des Lehrers mit dem Schüler« (in:
Boueke 1971, 38). Breite unterrichtspraktische Relevanz gewann
Diesterweg ebensowenig wie Hiecke. In den Stiehlschen Regulativen wurde die Elementarbildung gerade im deutschunterrichtlichen
Bereich zurückgeschnitten und statt dessen deren moralisch-religiöse Erziehungsfunktion betont. Auswendiglernen dichterischer
Stücke spielte eine große Rolle im literarischen Volksschulunterricht, gelesen wurde die Bibel. Aber das literaturdidaktische Interesse galt im 19. Jahrhundert nicht dem Elementarschulbereich; es
konzentrierte sich auf die altsprachlich-gymnasiale Bildung. Das
änderte sich grundlegend in der reformpädagogischen Diskussion
um die Jahrhundertwende. Intensiv und innovativ befaßten sich
Pädagogen mit der schulischen Erziehung der Jüngsten, und eine
nicht geringe Rolle spielte in den vielen Publikationen dieser Zeit
der Deutschunterricht, besonders der schriftliche Teil desselben.

Reformpädagogische Erneuerungen

Die **Reformpädagogen** literarisierten das Schreiben der Schüler.
Sie wollten den Aufsatzunterricht von starren, rigiden, kindfernen
Vorschriften befreien. Wurde die literaturdidaktische Diskussion
bisher von Gymnasial- und Hochschullehrern geführt, so meldeten
sich jetzt auch Volksschullehrer – vorwiegend aus den nördlichen

Städten Hamburg und Bremen – zu Wort und plädierten für das Recht des Kindes auf einen ihm gemäßen Sprachgebrauch auch in den schriftlichen schulischen Arbeiten (vgl. Mieth 1994). Adolf Jensen und Wilhelm Lamzus, zwei Hamburger Schulreformer, verfaßten 1910 ein polemisches Manifest mit dem Titel *Unser Schulaufsatz ein verkappter Schundliterat*. Sie versuchen nachzuweisen, daß selbst die Trivialliteratur sprachlich bessere Ergebnisse hervorbringe als der stark formalisierte deutsche Schulaufsatz. Ihr Gegenvorschlag: Die Phantasie der Kinder gehe eigene und unterschiedliche Wege. Inneres Sehen und Erleben sei wesentliche Grundlage eines glaubwürdigen Schreibens. Alltagserfahrungen und -erlebnisse seien es, die Kinder zum Schreiben drängten –, zu einem Schreiben, ›wie Künstler es tun‹. Eine Kapitelüberschrift trägt den bezeichnenden Titel: »Das Kind arbeitet wie ein Künstler« (Jensen/ Lamzus 1910, 146–160): Wenn man die Kinder schreiben lasse, wie ihr Innerstes sie dränge, dann könne sich ein »Kleinmädchenaufsatz [...] den Produktionen des erfahrenen Schriftstellers getrost an die Seite stellen« (ebd., 154).

Nicht so radikal wie Jensen und Lamzus war Fritz Gansberg, ein Volksschullehrer aus Bremen. Wenngleich Gansberg den Aufsatz ebenfalls befreit sehen wollte von schematischen Vorgaben, so hat er doch erhebliche Einwände gegen das Konzept der Hamburger: Zum einen spricht er sich dagegen aus, Alltagserfahrungen der Kinder zum vorrangigen Schreibanlaß und -gegenstand zu wählen; er möchte hingegen die erdachte, die erfundene Erzählung kultivieren. Im weiteren befindet er einen literarischen Unterricht für wichtig, weil durch die Lektüre literarischer Stücke gehobene Anreize für die Produktionen der Schüler geschaffen werden könnten. Er wirft Jensen und Lamzus vor, einen frühen Ästhetikunterricht mit dem Schreibunterricht zu verbinden und die Schüler zu Schriftstellern erziehen zu wollen. Einer Gleichstellung von Kind und Künstler steht Gansberg ablehnend gegenüber. Leseunterricht müsse in Aufsatzunterricht gipfeln, aber die Schüler sollen nicht nachahmen, sondern sich im »Schatten« der literarischen Vorbilder »ansiedeln«: »in den Ausläufern, Nebengedanken und Lücken, da können wir uns niederlassen« (Gansberg 1914, 189; vgl. moderne schreibdidaktische Positionen, in denen sich diese Kontroverse wiederholt; dargestellt in: II.3. u. III.2.).

Ästhetisches Lernen durch ›gute‹ Literatur – das ist auch das Programm der noch heute oft zitierten Schrift des Pädagogen Heinrich Wolgasts über das *Elend unserer Jugendliteratur* (1896). Wolgast schaltete sich zum Ausgang des 19. Jahrhunderts noch einmal in die Lesesuchtdiskussion ein. Erbittert beklagte er, daß

Kinder zwei bis drei Stunden täglich läsen, um ein Unterhaltungs-
bedürfnis zu befriedigen; diese Kinder betrachtet er als »Produkt
[...] der Barbarei in der Kultur« (Wolgast o.J., 7. Aufl., 20). Die
Zeit für Lektüre sei auf zwei bis drei Stunden wöchentlich zu redu-
zieren, indem man die Kinder lehre, »echte Dichterwerke« (ebd.,
25), »Kunstwerke« (ebd., 42) zu genießen. ›Echte Kunstwerke‹
seien aber auch solche jugendliterarischen Schriften nicht, die in
patriotischem oder religiösem Sinne ›belehren und veredeln‹ wollten. Von diesen »Tendenzschriften« hält Wolgast überhaupt nichts
(ebd., 22): »So liegt wohl im echten Kunstwerk, das ohne Rücksicht auf Sittlichkeit und Erziehung entstanden ist, ein stärkerer
Anreiz zum sittlichen Handeln als in jenen eigens auf die Moral
zugeschnittenen Pseudodichtungen [...]« (ebd., 62). Wolgast geht
es zunächst und vor allem um die »künstlerische Erziehung«, besonders die breiter Volksschichten, weswegen er sich auch insbesondere Gedanken um den Lesestoff der Volksschule macht (ebd.,
23). Er plädiert hier wie überall für Qualität: Er engagiert sich für
Theodor Storms *Pole Poppenspäler*, aber auch für die Grimmschen
Märchen und die Andersens sowie die Balladen Ludwig Uhlands,
nennt aber auch Novellen Adalbert Stifters, einige Dramen Schillers und Kleists *Michael Kohlhaas* für dreizehn- bis vierzehnjährige
Schüler.

Kennzeichnend für die unterschiedlichen reformpädagogischen
Initiativen ist **psychologisches Interesse am Aufwachsen und Lernen des Kindes**, ist der Blick auf bildungsferne Schichten sowie
das ausgeprägte Engagement für deren ästhetische Erziehung und
Bildung. So wurde die literarische Bildung und Schreiberziehung
der Volksschüler im ersten Jahrzehnt des 20. Jahrhunderts zum
Gegenstand einer lebhaften didaktischen Debatte. Auswirkungen
auf die Unterrichtswirklichkeit haben diese Vorstöße allerdings
erst in den zwanziger, besonders aber in den siebziger und achtziger Jahren gehabt (Hegele 1996, 36). Im allgemeinen folgten die
reformpädagogischen Ideen eher der Wackernagelschen Tradition
als der Hieckeschen: Gemütsbildung durch Lektüre war wichtiger als Verstandesschulung. Allerdings gab es auch in der Reformpädagogik didaktische Entwürfe, in denen Hieckes Überlegungen
fortwirkten, beispielsweise im *Deutschunterricht in der Arbeitsschule*
von Lotte Müller (1921). Müller will mit einer gliedernden, sehr
detailliert inhaltssichernden Arbeit an literarischem »Schrifttum«
Denkschulung bei ihren Schülern erreichen. Die Schüler sollen
selbständig denken lernen und ihre eigenen Überlegungen im
ziemlich offenen und dezent gelenkten Unterrichtsgespräch vortragen. Der mündliche Teil des Unterrichts ist Müller wichtig. In

diesem übt sie eine Fülle von Formen ein, die für die Arbeit an Texten – wie wir heute sagen – nötig sind. Diese Arbeit beginnt, wie die abgedruckten Unterrichtsgespräche dokumentieren, bereits in der zweiten Klasse. Aufgelockert wird dieser arbeitsame Unterricht mit produktionsorientierten Methoden, wie antizipierenden Verfahren oder Rollenspielen.

Deutschkunde und nationalsozialistischer Literaturunterricht

Diese reformpädagogischen Einflüsse auf den Literaturunterricht im 20. Jahrhundert waren ein innovativer Impuls. Ein anderer, der seine Wurzeln rückwärtsgewandt in der nationalen beziehungsweise nationalistischen Literaturerziehung des 19. Jahrhunderts hatte und der seine Fortsetzung im nationalsozialistischen Deutschland fand, war die **Deutschkundebewegung**. Eingeführt wurde dieser Begriff durch den 1912 gegründeten Germanistenverband, einen Zusammenschluß von Hochschulgermanisten und gymnasialen Deutschlehrern. Neben fachspezifischen Forderungen – wie beispielsweise der nach einer fachwissenschaftlich qualifizierten Ausbildung zukünftiger Deutschlehrer – dominierten völkisch-ideologische Impulse den Gründungsaufruf. Das deutsche Geistesleben müsse »stärker als bisher auf völkische Grundlagen gestellt werden«, die Pflicht der höheren Schule sei die »entschiedenere Betonung des Deutschen«, die Schüler müßten zur »Mitarbeit an der Ausgestaltung unseres Volkstums und unserer Kultur« erzogen werden (Frank 1976, 528). Aufgabe des Deutschunterrichts sei es, »eine allgemeine Deutschkunde« zu betreiben (ebd., 530). Eben dieser deutschkundliche Gedanke spiegelt sich während der Weimarer Republik in den Lehrplänen und Stundentafeln aller Klassenstufen. Deutschkunde meinte zunächst, daß nicht nur deutsche Sprache und Literatur Gegenstand des Deutschunterrichts sein sollten. Vielmehr sollte das gesamte deutsche Kulturleben unterrichtet werden: Kunst, Sitten und Gebräuche, Staats- und Wirtschaftsleben, Landschaften. Wurde zunächst nur eine Ausweitung des Deutschunterrichts angestrebt, so dehnte man den deutschkundlichen Gedanken während der Weimarer Republik auf alle Unterrichtsfächer aus: Religion, Geschichte, Erdkunde, Kunst gehörten zu den deutschkundlichen Kernfächern; andere, auch fremdsprachliche Fächer, sollten ebenfalls auf die deutschkundlichen Ziele Rücksicht nehmen. Besonders in Preußen sollte der Unterricht aller Klassenstufen, von der Volksschule bis zum Gymnasium, in diesem Sinne organisiert werden. Deutsche Literatur spielte eine wesentliche Rolle im Rahmen dieser Bewegung. Sie

wurde für völkisch-nationale Zwecke funktionalisiert: nicht ihre
ästhetische Seite zählte, sondern ihre deutsche.

Ein **Kritiker dieser überspannten nationalistischen Bestrebungen** war der Berliner Deutschlehrer Martin Havenstein (Frank
1976, 693–712). Havenstein ›übersetzt‹ in seinem liberalen literaturdidaktischen Entwurf *Die Dichtung in der Schule* die reformpädagogischen Ideen für den gymnasialen Literaturunterricht (Havenstein 1925), reflektiert die Lektürewahl sehr schülerorientiert
und will die Schüler nicht zu Aufsatzthemen zwingen, die ihnen
gänzlich fremd seien und deren gequälte Bearbeitung zwangsläufig
zu unerfreulichen Ergebnissen führen müßte; die Schüler sollten
selbst wählen können, worüber sie schreiben wollen:

>»Auch die reichlichste, kaum noch zulässige Vorbereitung durch den Leh-
>rer ändert an der fluchwürdigen Beschaffenheit solcher Arbeiten nach
>meiner Erfahrung nichts. Denn man findet in diesen Wiederkäuereien
>die eigenen Gedanken selten anders wieder als in gänzlich verballhornter
>Form, so daß man sich mündlich und mit roter Tinte fortgesetzt gegen
>Mißverständnisse zu verwahren hat [...]. Es geschah nach einem Aufsatz
>über Shakespeares ›Macbeth‹, der diese gewaltige Dichtung so fürchterlich
>verplattete, daß ich die Korrektur nur unter wirklichen Folterqualen zu
>Ende brachte und mir dann selber den Eid abnahm, daß ich fortan nie
>wieder einen Schüler zu einem Aufsatz über eine bedeutende Dichtung
>zwingen oder auch nur überreden wolle. Diesen Eid habe ich gehalten
>und fühle mich seitdem ein ganzes Teil glücklicher in meiner Arbeit als
>Deutschlehrer« (ebd., 20).

Die bösen, vorwurfsvollen Worte, die er für die Schülerarbeiten
findet, richten sich nicht an die Schüler, sondern an die Lehrer,
die von oktroyierten Aufsatzthemen nicht lassen wollen. Gleichwohl ist die ›vaterländische Aufgabe‹, die mit der Vermittlung von
Dichtung einhergeht, diesem aufgeschlossenen und aufmüpfigen
Didaktiker ein wichtiges Anliegen. Wenn er diese begründet, wird
er pathetisch: »Es gibt ja doch in der ganzen Welt nichts, was so
durch und durch und ganz und gar, so ausschließlich deutsch
wäre wie die deutsche Dichtung« (ebd., 32/33; im Original ge-
sperrt). Aber Havenstein wehrt sich gegen eine ideologische Ver-
absolutierung all dessen, was als ›deutsch‹ gilt, spricht sich gegen
den übertriebenen Historizismus im Deutschunterricht aus und
kritisiert den Ausschluß nichtdeutscher Literatur aus der Schule. Seine Schrift belegt ein Weiterleben der reformpädagogischen
Ideen, weist auf die Selbstverständlichkeit eines deutschorientier-
ten Denkens hin und zeigt nicht zuletzt, welch widersprüchliches
und widerspenstiges literaturdidaktisches Potential auch in diesem
deutschkundlichen Jahrzehnt existierte.

Auch wenn ab Mitte der zwanziger Jahre die kritische Diskussion um das deutschkundliche Primat fortgesetzt wurde, sich vor allem die süddeutschen Länder diesem Diktat nicht beugten und sogar die Forderung nach Gegenwartsliteratur im Deutschunterricht laut wurde (Hegele 1996, 41–43), so konnte der deutschkundliche Impuls ab 1933 unter **nationalsozialistischer Herrschaft** aufgegriffen, aktualisiert und radikalisiert werden. Die völkische Deutschkunde wurde der nationalsozialistischen Ideologie angepaßt (vgl. die Darstellung zum Deutschunterricht im Nationalsozialismus bei Hopster/Nassen 1983). Das bedeutete vor allem eine Adaption an die Rassenlehre; nicht länger eine »völkisch orientierte Bildungsbewegung«, sollte der deutschkundliche Gedanke jetzt »direkt und ›eingreifend‹ auf die politische Praxis der faschistischen Diktatur« bezogen werden (Hegele 1996, 71). Literarische Bildung war nicht länger das Ziel des Deutschunterrichts; hier wie in allen anderen Bereichen galt es, den nationalsozialistisch überzeugten Tatmenschen zu erziehen. Andererseits diente die Literatur einem ideologisch gefärbten Innerlichkeitskult. Sie wurde als Ersatzreligion funktionalisiert, mit deren Hilfe emotionale Bedürfnisse und Sehnsüchte befriedigt werden konnten.

Objekt der literarischen ›Anbetung‹ waren zumeist die deutsche Natur und Landschaft, die deutschen Bauern: Deutlich wird diese Tendenz bei der nationalsozialistischen Neugestaltung des *Echtermeyer*, einer Gedichtanthologie, die 1836 erstmals erschienen war und damit so alt ist wie der deutsche Literaturunterricht. Diese Gedichtsammlung wurde im 19. und 20. Jahrhundert immer wieder neu aufgelegt und neu bearbeitet, zwischen 1845 und 1861 auch durch Robert Heinrich Hiecke. 1936, als die Anthologie auf eine hundertjährige Geschichte zurückblicken konnte, erlebte sie ihre 48. Auflage. In dieser nimmt die damalige Gegenwartslyrik breiten Raum ein. Es handelt sich meist um »gefühlsbeseelte, kitschig-sentimentale und dramatisch-pathetische« Naturlyrik, die in ihrer »Symbiose aus harmloser Idyllik, konsequenter Heimattreue, rührselig-religiöser Gefühle und indirekt-subtiler Koppelung an das Deutsche schlechthin« beispielhaft die nationalsozialistische Literaturerwartung spiegelt (Paefgen 1990, 175). Diese Lyrik kann ›andächtig‹ rezipiert, kann ›gefühlt‹ werden, und darauf kam es an. Literatur dieser Machart bestimmte die nationalsozialistische Lesebuchauswahl für alle Klassenstufen. Neben dieser von ›Blut-und-Boden-‹ und Rassenideologie beeinflußten Gegenwartsliteratur galt weiterhin der literarische Kanon. Dieser erfuhr Akzentuierungen an ›passenden‹ Stellen: lieber Schillers *Tell* als *Don Carlos*, weniger Lessing, dafür die heroischen Züge bei Kleist und Hölderlin; er

ignorierte aber auch solche Werke nicht, die ideologisch unpassend
waren (wie z.b. Goethes *Iphigenie*; vgl. Hegele 1996, 67–96). Die
Literatur des 19. Jahrhunderts wurde – bis auf Fontane – weiterhin
gelesen.

Die zwölfjährige nationalsozialistische Einflußnahme auf den
Literaturunterricht machte aus den nationalen Intentionen, die
mit ›deutscher Literatur in der Schule‹ von Beginn an verbunden
waren, eine aggressiv-gefährliche Idyllik: Das Potential der Literatur, Emotionen wecken und bewegen zu können, wird in den
Dienst einer übertriebenen deutschen Heimattreue gestellt. Darüber hinaus bedeutet diese diktatorisch-ideologische Vereinseiti-
gung des Literaturunterrichts einen Rückschritt gegenüber ersten
liberal-demokratischen Aufbrüchen in der Weimarer Republik.
Die nationalsozialistische Diktatur beendete abrupt diese deutschunterrichtliche Phase, die die Chance zu einer Reform geboten
hätte; diese konnte erst fünfzig Jahre später stattfinden.

2. Nach 1945: Von der Methodik zur Didaktik

Deutsche Literatur war in dem Jahrzehnt nach der nationalsozialistischen Diktatur nicht nur ein unumstrittener Unterrichtsgegenstand; Literatur erfuhr sogar besondere Anerkennung, weil sie
als wertvoller und idealbildender, aber neutraler Stoff behandelt
werden konnte. Jenseits der politischen Implikationen, mit denen
die Literaturvermittlung in der ersten Hälfte des 20. Jahrhunderts
belastet war, siedelten Germanisten und Deutschlehrer Literatur
nun in einem historienfernen Raum an und suchten in ihr nach
befreienden Antworten auf gleichbleibende Lebensfragen. **Literaturunterricht wurde zur Lebenshilfe.** Das war unverfänglich und
entsprach vielleicht auch den Bedürfnissen der damaligen Schülergeneration. Texte nationalsozialistischer Autoren wurden aus
den Lesebüchern entfernt. Die Lehrer knüpften am literarischen
Kanon der zwanziger Jahre an, wie überhaupt eingeschränkte und
aktualisierte deutschkundliche Tendenzen in den fünfziger Jahren
fortlebten. Die literarische Moderne der zehner und zwanziger
Jahre und die Werke der Exilautoren waren der Lehrergeneration
noch zu wenig vertraut, als daß sie sofort zum selbstverständli-
chen Unterrichtsstoff hätten avancieren können. Die Tendenz zur
idyllisch-beschaulichen, moralisierenden, naturverbundenen oder
traditionell erzählten Literatur herrschte auch Anfang der fünfziger Jahren noch vor: gelesen wurden beispielsweise weiterhin die

Werke Carossas und Seidels, die auch während der nationalsozialistischen Phase nicht verboten gewesen waren. Eine solche Entscheidung lag zunächst umso näher, als sich schon vor 1933 für die Literatur des Expressionismus und der klassischen Moderne keine aufgeschlossene Didaktik hatte ausbilden können, auf die die verantwortliche Lehrergeneration nach 1945 sich hätte berufen können. Unterstützt wurde die traditionell-beschauliche Literaturauswahl in gewisser Weise durch die in der Germanistik jener Jahre vorherrschende werkimmanente Literaturbetrachtung. Historische Informationen über die Entstehungsbedingungen des Werkes spielten dabei weniger eine Rolle als philologische Genauigkeit und der Versuch einer geschlossenen Deutung. Für diese Methode waren die klassischen literarischen Werke sowie die traditionell erzählten geeigneter als die modernen brüchig-fragmentarischen eines Kafka, Döblin oder Musil; für deren Interpretation reichte das werkimmanente Deutungsmuster nicht immer aus.

Daß sich zumindest im Gymnasialbereich während der fünfziger Jahre zögernd eine Wandlung anbahnte, deuten die dem Literaturunterricht gewidmeten Hefte der 1948/49 gegründeten Zeitschrift *Der Deutschunterricht* an. Das Organ wurde von dem Gymnasiallehrer Robert Ulshöfer begründet und wollte »Beiträge zu(r) [...] Praxis und wissenschaftlichen Grundlegung« des Deutschunterrichts – so der Untertitel – an Gymnasien liefern. Trugen die ersten Hefte Titel wie »Wege zum Gedicht« (1948/49/ H. 2), »Begegnung mit klassischer Dichtung« (1948/49/H. 7) oder »Deutsche Novellen des 19. Jahrhunderts I« (1951/H. 2), so erschienen nach 1951 in größeren Zeitabständen Heftreihen zu Lyrik, Prosa und Romanen *der Gegenwart* in der Schule. Unter Gegenwartsautoren werden unter anderem Franz Kafka, Rainer Maria Rilke und Georg Trakl verstanden. 1957 gab es das erste Heft zur »Kurzgeschichte« (H. 1), in dem neben Heinrich Böll auch Matthias Claudius und Heinrich von Kleist als Autoren von Kurzgeschichten genannt werden. Diese Beispiele zeigen, daß die Öffnung des Literaturkanons zur klassischen Moderne und zur ›wirklichen‹ Gegenwartsliteratur hin nur langsam und vorsichtig vonstatten ging; erst Heft 5 des Jahres 1965 war dem Thema »Expressionismus« gewidmet. Für den gymnasialen Literaturunterricht der fünfziger und auch noch der sechziger Jahre muß *Der Deutschunterricht* als wichtiges Dokument betrachtet werden, da Studienräte als Autoren willkommen waren; die Folge ist, daß die einzelnen Hefte zumindest einen Eindruck davon vermitteln, welche Unterrichtsinhalte und interpretatorische Praxen in jenen Jahren auf Interesse stießen.

Methodische Grundlagen: Ulshöfer und Essen

Zwei Methodiken haben neben *Der Deutschunterricht* Einfluß auf
den Literaturunterricht jener Zeit genommen, von denen eine
ebenfalls von Robert Ulshöfer verfaßt wurde. Beide Schriften rich-
teten sich an Gymnasiallehrer, aber die drei Methodikbände Ulshöfers für Unter- und Mittelstufe enthalten unterrichtspraktische
Vorschläge, die auch an Haupt- und Realschulen umgesetzt werden
konnten (1. Aufl. 1952). Erika Essens *Methodik des Deutschunterrichts* hingegen ist von der Anlage her gymnasialorientiert (1. Aufl.
1956). Beide Methodiken haben bis in die siebziger Jahre hinein
immer wieder Neuauflagen erlebt: die Essens mit moderaten Neu-
bearbeitungen; die Ulshöfers mit grundlegenden inhaltlichen Um-
gestaltungen, die Anpassung an einen sich verändernden Zeitgeist
verraten. So nennt noch die zweite Auflage des Mittelstufenbandes
II als Erziehungsziel den »ritterlichen Menschen« (Ulshöfer o.J.,
43). In der fünften Auflage ist vom gesellschaftlichen Auftrag des
Deutschunterrichts im »Zeitalter der Demokratie« die Rede (Ulshöfer 1968, 49), in der Neufassung aus dem Jahr 1974 dann von
einer kommunikativen Didaktik »im Zeitalter der sozialen Demokratie« (ebd., 9).

Während Ulshöfers didaktische Begründungen für den Literaturunterricht wechseln und der Kanon der literarischen Texte
ebenfalls modernisiert wird, bleiben die Methoden die gleichen.
Daß er die methodischen Konzeptionen unabhängig von den didaktischen Reflexionen behandelt, hat die Fachleute irritiert (vgl.
z.B. Stocker 1976, 327; Müller-Michaels 1980, 4–30; Hegele
1996, 111). Die Lehrer haben Ulshöfer vor allem wegen seiner
phantasievollen, schülerorientierten und reformpädagogisch geprägten methodischen Vorschläge gelesen, in denen die Aktivität
und Produktivität der Schüler herausgefordert wird.

Ganz anders Aufbau und Begründung der Essenschen Methodik: »Kern des Deutschunterrichts ist die Tatsache, daß der Mensch
sein Leben in der Welt durch Sprache bewältigt« (Essen 1962, 11).
Auch wenn Erika Essen diesen Satz in späteren Auflagen gestrichen hat, ist sie einer vorrangig sprachbildenden und -erziehenden
Konzeption von Deutschunterricht immer treu geblieben. Daß
auch Literatur ›aus Sprache gemacht ist‹, ist die Basis ihrer literaturdidaktischen Überlegungen. Die »Betrachtung dichterischer
Sprachwerke« wird in Unter- und Mittelstufe integriert in sprach-
unterrichtliche Abschnitte: Ein Kapitel beginnt mit allgemeinen
Ausführungen zur ›sprachlichen Äußerung‹ und endet bei einem
literarischen Thema, dem lyrischen Gedicht; ein anderes gelangt

vom Gespräch zum Drama; ein drittes von der Aufsatzform ›Darstellung‹ zur Novelle. Die Sprachanalyse ist themenbestimmend, die Arbeit an literarischen Texten ist nachgeordnet. Das ändert sich grundsätzlich auch in der Oberstufe nicht, aber der »Betrachtung von Dichtung« wird in den letzten drei Jahren mehr Aufmerksamkeit geschenkt. Essen stellt 1956 einen Kanon von zu lesenden Werken zusammen, der in allen Auflagen unverändert bleibt (vgl. II.1.). Die methodischen Angaben beschränken sich darauf, was und wieviel in häuslicher Arbeit, arbeitsteilig oder gemeinsam im Unterricht gelesen werden soll. Essen argumentiert sachorientiert, fern jeder Pathetik und verbindet mit dem Deutschunterricht keine über den Gegenstand hinausgehenden Erziehungsziele. Sie will weder einen ritterlichen noch einen demokratischen Menschen bilden, sondern einen, der mündlich und schriftlich die deutsche Sprache verstehen, sprechen, lesen und schreiben kann. Dichtung wird als Sprachkunst verstanden.

Lesebuch-Diskussion

Entscheidend für die erste Reformstufe des Literaturunterrichts in der Nachkriegszeit ist die **Lesebuch-Diskussion** (dokumentiert in: Helmers 1969; alle in diesem Zusammenhang zitierten Aufsätze sind diesem Band entnommen). Robert Minder, ein französischer Germanist, hatte 1953 in einem polemischen Essay französische und deutsche Lesebücher verglichen. Letztere schneiden schlecht ab bei dieser Gegenüberstellung: Das französische Buch ist intellektueller als das deutsche. Mit Fußnoten, Kommentaren und Erläuterungen versehen, ordnet es die literarischen und philosophischen Texte in historische und biographische Kontexte ein. Der französische Dichter wird als Teilhaber am Staats- und Gesellschaftsleben betrachtet. Der deutsche hingegen scheint in einem Vakuum zu leben. Im deutschen Lesebuch jener Zeit fällt Minder falsche Agrarromantik, häusliche Idyllik und fataler Rückzug in Innerlichkeit auf. »Das deutsche Lesebuch lebt neben der Zeit. Das französische scheint mitten drin zu stehen« (ebd., 12). Angeregt durch Minders Pamphlet, studierte auch der deutsche Germanist Walther Killy ein Lesebuch, *Lebensgut* aus dem Jahr 1955. Killys Urteil fällt hart aus: »Sentimentalisierung der ernsten Dinge« (ebd., 19), »verlogene Süße der Sprache« (ebd., 20), »es fehlt alles, was echte intellektuelle Anforderung stellt« (ebd., 21), »Süßspeisen«, »Gefühlsbrei« (ebd., 22). Killy hat nicht nur gelesen, was die Bände enthalten, sondern listet auch auf, was im Oberstufenband fehlt: Schiller, Lessing, Jean Paul, Büchner, Heine, Raabe, Hofmannsthal, Kafka.

Mit diesen beiden Statements war eine Diskussion eröffnet, die
erregt geführt wurde, bis Mitte der sechziger Jahre dauerte und in
die sich Pädagogen, Lehrer, Didaktiker, Politik- und Literaturwissenschaftler einschalteten. So bestätigt 1960/61 der Berliner Didaktiker Wolfgang Schulz nach einer Analyse aller im Land Berlin
zugelassenen Volksschullesebücher die Ergebnisse Minders und
Killys auch für die Bücher dieser Schulstufen.

Man besann sich der historischen Lesebuchforschung, wie die
Arbeit von Peter-Martin Roeder aus dem Jahr 1961 dokumentiert.
Die Debatte blieb nicht im theoretischen Diskurs stecken, sondern
führte zur Konzeption neuer, erheblich veränderter Lesebücher.
1965 legte der Politikwissenschaftler Peter Glotz zusammen mit
Wolfgang Langenbucher in den *Versäumten Lektionen* den *Entwurf
eines Lesebuchs* vor, der die deutsche Literatur vom 18. bis zum
20. Jahrhundert als ›linke Geschichte‹ erzählt: Bisher ungeliebte
Schulautoren wie beispielsweise Johann Gottfried Seume, Ulrich
Bräker, Georg Forster, Ludwig Börne, Adolf Glasbrenner, Karl
Marx, Georg Büchner, Lion Feuchtwanger und Walter Benjamin
finden sich in diesem sozialhistorisch engagierten Lesebuchentwurf
versammelt. Weniger ein literarisches Lesebuch als vielmehr ein
politisches, sind die *Versäumten Lektionen* ein Versuch, Minders
Kritik am deutschen Lesebuch und an der deutschen Literatur
zu widerlegen. Dieses nicht in einem Schulbuchverlag erschienene Lesebuch lief ›außer Konkurrenz‹, es ist ein Dokument jener
Umbruchphase, in der sich Germanisten und Deutschlehrer bisher
verdrängter widerständiger, widerspenstiger und sozial engagierter
Traditionen deutscher Literaturgeschichte besannen.

Ein anderes, ebenfalls 1965 erschienenes Lesebuch repräsentiert
eigentlicher den Trend der sechziger Jahre, dem es auf den **ästhetischen Wert des Literaturunterrichts** ankam: gemeint ist Klaus
Gerths *Lesebuch 65* (ab 1965; vgl. dazu Gerth 1969). Sachlich-
poetisch nach Gattungen gegliedert, sind die Bände für die zweite
bis dreizehnte Klassenstufe konzipiert, so daß ein ganzes (literarisches) Schulleben von ein- und demselben Lesebuch begleitet
werden kann. Sachtexte sind nicht länger ausgeschlossen, sondern
bilden eigene Kapitel. In Form eines Spiralcurriculums werden die
Gegenstände auf den höheren Klassenstufen anspruchsvoller und
intensiver behandelt, aber einige kommen kindgemäß schon in den
unteren Klassen vor. Eine Aufwertung von Volks-und Hauptschule
geht mit dieser Lesebuchkonzeption einher. Maßstab für die Auswahl ist hier – wie bei anderen Lesebüchern jener Jahre – die Frage
nach der ›ästhetischen Qualität‹. Daß nunmehr literarästhetische
Ziele betont werden, ist auch Ergebnis der Lesebuch-Diskussion,

durch die man auf die minderwertige sprachliche Qualität einiger Lesebuchstücke aufmerksam geworden war.

Im Zuge der Reformierung des Literaturunterrichts konzentrierten sich die Didaktiker auf den **ästhetischen Wert der Dichtung**, und nicht darauf, ob die ausgewählten Stücke pädagogischen, politischen, weltanschaulichen und moralischen Intentionen gerecht werden. Sie besannen sich – auch im Zusammenhang mit der Wertungsdiskussion (vgl. II.1.3) – auf ein in der ›Sache Literatur‹ naheliegendes, aber in der literaturdidaktischen Geschichte so deutlich noch nicht berücksichtigtes Kriterium für literarische Auswahl und Bildung. Diese Ästhetisierung des Faches Literatur führte zu einem neuen, aktualisierten literarischen Kanon: die klassische Moderne wurde in die Lesebücher aufgenommen und in der Schule zugelassen, Werke des Expressionismus' und Bertolt Brechts konnten gelesen werden, und sogar die Gegenwartsliteratur der fünfziger und sechziger Jahre wurde als schulfähig akzeptiert: Heinrich Böll, Max Frisch, Friedrich Dürrenmatt, Uwe Johnson, Christa Wolf. Der Maßstab ›gute Literatur‹ sorgte dafür, daß der umstrittenste Teil der Literaturproduktion in die Schule gelangte: noch nicht kanonisierte Texte der Gegenwart.

Theoretisierung des literarischen Lehr- und Lernprozesses

Die Debatte um die Qualität der deutschen Lesebücher und die Besinnung auf den literarischen Wert von Schullektüren haben nicht nur zu einer Veränderung der literaturunterrichtlichen Praxis beigetragen; sie haben auch die Forschung über den Literaturunterricht intensiviert und zur Herausbildung der **(Literatur)Didaktik als universitärer Disziplin** geführt. Hermann Helmers' Schrift *Didaktik der deutschen Sprache* aus dem Jahr 1966 setzt ein programmatisches Zeichen, wenn im Titel nicht länger Methodik, sondern *Didaktik* steht: Es geht um eine grundlegende Theoretisierung, vor allem auch der Inhalte des literarischen Lehrens und Lernens – und das ist neu in der Geschichte des literarischen Unterrichts. Helmers rechnet die »Theorie der Bildungsinhalte« zur »Didaktik im engeren Sinn«, während er unter »Theorie der Unterrichtsverfahren« die Methoden versteht (Helmers 1966, 25/26). Die Klärung und die theoretische Begründung des Inhalts komme zuerst, die Methoden folgen nach. Helmers Anliegen ist es, eine Wissenschaft des muttersprachlichen Unterrichts zu etablieren; deswegen zeigt er die Beziehung der Didaktik der deutschen Sprache zu den näheren und weiteren Bezugswissenschaften auf, zu denen insbesondere die universitär bereits etablierten Erziehungs- sowie die

Sprach- und Literaturwissenschaften gehören. Helmers' didaktischer Entwurf reicht vom ersten bis zur dreizehnten Schuljahr, so
daß er der erste Didaktiker ist, der ein Konzept der sprachlich-lite-
rarischen Bildung aller Schulstufen anstrebt.

Wir sehen bestätigt, was bereits das *Lesebuch 65* andeutete: Die
Wissenschaftler richten ihr Augenmerk auch auf die Primarstufe;
sie konzentrieren sich nicht länger nur auf die gymnasiale Bildung,
sondern beziehen alle Schularten – und damit alle sozialen Schichten – in ihre deutschunterrichtlichen Konzeptionen ein. Nicht zufällig trägt Helmers' Schrift den Titel *Didaktik der deutschen Sprache*. Die *literarische* Bildung, das »Verstehen von Literatur«, ist bei
Helmers zugleich Unter- wie »Höhepunkt« der muttersprachlichen
Bildung (ebd., 262), ist – wie bei Erika Essen – der sprachlichen
Erziehung *nach*geordnet. Dichtung ist ein »sprachlicher Bezirk«.
Ihre ästhetische Qualität entwickelt allerdings einen eigenen »Wir-
kungsbereich«, der in der Schulerziehung berücksichtigt werden
muß (ebd., 17). Helmers tut dies, indem er sein letztes Kapitel
diesem Thema widmet und **dem Verstehen literarischer Werke,
der literarischen Bildung** ein Sechstel des Gesamtumfangs zuge-
steht. Er sucht die literarische Bildung im Dreieck zwischen Literaturwissenschaft, didaktischen Lösungswegen und methodischen
Überlegungen anzusiedeln.

Die mehrfach abgesicherte wissenschaftliche Verankerung der
literarischen Vermittlung ist neu an diesem Entwurf wie auch die
Tatsache, daß literaturwissenschaftliche Kenntnisse als unabding-
bare Voraussetzung für unterrichtliche Planung und Durchführung
genannt werden.

Allerdings wird Helmers mit seinen unterrichtskonkreten Vorschlägen den eigenen theoretischen Ansprüchen nicht gerecht: Er
listet Textbeispiele für die einzelnen **Gattungen** auf, die in den jeweiligen Schulstufen unterrichtet werden können. So nennt er unter anderem den Kinderreim für die *Lyrik* in der Grundschule, die
Fabeln für die *Epik* in Klasse 7 bis 9, das Hörspiel für *Drama* in
Klasse 8 bis 10 und Romane für die *Epik* in Klasse 11 bis 13. Zum
einen wirken diese Zuordnungen steif und rigide, zum anderen
sind sie nicht neu. Sie scheinen aus einer pädagogisch bewährten
Tradition übernommen. Helmers befindet es selten für notwendig,
Begründungen für die Behandlung eines Gattungsbeispiels in einer
bestimmten Klassenstufe anzugeben.

Wenngleich diese Mängel an Helmers' literaturdidaktischer
Konzeption auffallen, so bleibt festzuhalten, daß seine Ausarbeitung eine neue Stufe in der theoretischen Reflexion über literarische Bildung signalisiert (vgl. zur Kritik Müller-Michaels 1980,

70). Literaturunterricht aller Schulstufen wird in ein theoretisch-praktisches Spannungsfeld eingeordnet, in das Bezüge zur Literaturwissenschaft ebenso gehören wie Rückgriffe auf die bisherige literaturunterrichtliche Praxis. Helmers hat seinen ersten Entwurf in zahlreichen Neuauflagen durch Neubearbeitung aktualisiert, hat allerdings seine ursprüngliche Gliederung beibehalten und *das* »Verstehen ästhetischer Texte«, den »Literaturunterricht«, wie es in der 8. Auflage von 1975 heißt, immer in einem einzigen, letzten Kapitel abgehandelt.

Rückblickend auf den bisherigen historischen Durchgang könnte man Ulshöfer in die Nachfolge Wackernagels stellen und Erika Essen wie auch Helmers als Hiecke-Schüler betrachten. Auch Johannes Bauer tritt mit seinem Lesebuch *Schwarz auf Weiß* die Hiecke-Nachfolge an (seit 1967; vgl. dazu Bauer 1973). Charakteristisch für diese Lesebuchkonzeption ist ihr »variables System von lernzielorientierten Kursen zu allen wesentlichen Textsorten und literarischen Formtypen, durch die die Kommunikationsfähigkeit gezielt entwickelt werden kann« (Bauer 1973, 3). Diese **Lernzielorientierung**, deren Quellen in der Lernpsychologie sowie der Curriculumforschung liegen (vgl. Bauer 1978), dominiert das Lesebuch auf allen Ebenen: die Auswahl der Texte ist durch Lernziele bestimmt; die Sequenzen, zu denen die Texte in »»Serie«« zusammengestellt sind (Bauer 1973, 11), folgen »einzeltextübersteigenden Kriterien« (Bauer 1978, 45); und die Bände aller Jahrgangsstufen haben das Ziel im Auge, die Kommunikationsfähigkeit der Schüler in und außerhalb der Schule zu fördern. Umfangreiche Lehrerhandbücher mit »Lernzielkatalogen« und Analysen jedes einzelnen Textes ergänzen die Schülerbände (ebd., 11). *Schwarz auf Weiß* wird nicht als Sammlung verstanden, die einem literarischen Bildungsanspruch nachkommen will, sondern als ein Buch, dessen Texte vorrangig die kommunikative Qualifikation seiner Leser erreichen sollen. Nicht zuletzt aus diesem Grunde wird der zugrundegelegte Literaturbegriff in den siebziger Jahren immer extensiver: keine Textsorte, die in der gegenwärtigen Kommunikation eine Rolle spielt, soll unberücksichtigt bleiben; Werbetexte gehören ebenso zum Bestand wie Trivialliteratur und Auszüge aus Fernsehmagazinen.

Bauers angesteuertes Ziel ›Kommunikationsfähigkeit‹ verknüpft seine literaturdidaktische Konzeption mit einem didaktischen Schwerpunkt, der in den siebziger Jahren weitaus größere Bedeutung gewann: **Literatur und Sprache** (vgl. I.3.1.). Wenngleich Bauers Position zur literarästhetischen Didaktik gezählt wird, die Texte wegen ihrer ästhetischen Qualität auswählt (Schober 1977,

87), so markiert sein lernzielfixiertes Lesebuchcurriculum eine
neue Stufe, was die formal-sachliche Begründung des Literaturunterrichts angeht.

Die Anlage des *Lesebuchs 65* und die der Helmerschen Didaktik
sind symptomatisch für einen Zeitgeist, der **literarische Bildung
für alle** forderte. Weil es aber nun Schüler gibt, die von Hause
aus wenige oder gar keine Literaturkenntnisse mitbringen, und
damit jede Selbstverständlichkeit in der Vermittlung von Literatur
fehlt, ist eine reflektierte Literaturdidaktik herausgefordert. Eine
vorläufige Antwort auf diese neue Lage gibt Rolf Geißler 1970 mit
seinen *Prolegomena zu einer Theorie der Literaturdidaktik*. Geißler leitet literarische Bildung nicht von der sprachlichen Bildung
ab, sondern siedelt sie im Geflecht der literaturwissenschaftlichen
Methoden an. Er geht von etwas aus, mit dem wir es von nun an
immer wieder zu tun haben werden: von der **Krise der Literatur**
und der Krise des Literaturunterrichts. Die Rettung des Faches
sichert Geißler **literaturwissenschaftlich** ab und nicht literaturpäd-
agogisch. Er diskutiert ausführlich und kritisch Wilhelm Diltheys
Hermeneutikverständnis, dessen ahistorische Kunstphilosophie
– um die Jahrhundertwende entstanden – alle literaturdidaktischen
Hauptströmungen der nachfolgenden Phasen beeinflußt habe.
Geißler problematisiert insbesondere Diltheys Erlebnis- und seinen Verstehensbegriff sowie sein geschichtsloses Literaturverständnis – und damit auch die ästhetische Basis der werkimmanenten
Schule. Hingegen kommt es Geißler ganz besonders auf die historische Einbettung der Literatur an. Er findet in Hans-Georg Ga-
damers *Wahrheit und Methode* einen zeitgenössischen hermeneutischen Ansatz, der die Historizität der Literatur berücksichtigt. Auf
Gadamer beruft sich Geißler aber auch, weil dieser das Verstehen
von Literatur selbst als wandelbares, historisches Moment sieht.
Verstehen wird als dynamischer Vorgang begriffen, der abhängig
ist vom jeweiligen geschichtlichen Standort des Lesers, von dessen
sich stets veränderndem Horizont. Daß auch das Verstehen literarischer Texte nicht länger als statisches, sondern als veränderbares
Moment begriffen wird, hat für Geißler didaktische Konsequenzen: Bei Schülern könne ein literarischer Verstehenshorizont nicht
als gegeben vorausgesetzt werden. Der Literaturunterricht habe
am Aufbau solcher Horizonte zu arbeiten: durch die literarische
Auswahl, die Vergangenes und Gegenwärtiges berücksichtigen
und produktiv-kritisch im Unterricht thematisieren müsse. Der
Literaturunterricht müsse den zukünftigen Leser (nicht nur das
Werk) im Blick haben und an einer »Theorie des Lesers und des
Lesens« arbeiten (ebd., 24). Wir werden im Zusammenhang mit

der Rezeptionsästhetik der siebziger Jahre auf diese Gedanken zu-
rückkommen und sehen, wie diese ersten leserorientierten Ansätze
weitergedacht werden (vgl. I.3.3.).

Geißler steht eigentlich in der Hieckeschen Tradition, akzeptiert
aber als unhintergehbare Tatsache, daß literarische Werke auch die
Gefühle ansprechen. Er löst dieses Dilemma mit dem Begriff der
»didaktischen Differenz«: Einerseits müsse ein erkenntnisorien-
tierter Literaturunterricht auf eine rationale Analyse der Werke zie-
len, andererseits gehe literarisches Verstehen aber unweigerlich mit
»irrationalen Momenten« einher, in denen so etwas wie »existen-
tielles Getroffensein und Verändertwerden« stattfinde. Auf dieses
»›Mehr‹ des literarischen Kunstwerkes« dürfe der Unterricht nicht
ganz verzichten (ebd., 92/93). Rolf Geißler versucht, den beiden
literatureigenen Polen Verstand und Gefühl einen Platz im Verste-
hensprozeß einzuräumen. Eine rationale Analyse des literarischen
Werkes solle ungelöste Reste und offene Probleme sichtbar werden
lassen, die nicht unbedingt im Unterricht geklärt werden müßten.
Er schlägt vier Unterrichtsmöglichkeiten vor, die es ermöglichten,
Räume für emotionale Reaktionen offenzulassen. Ein Vorschlag
geht dahin, literarische Texte nicht immer ängstlich nach dem Verstehenshorizont der Schüler auszuwählen, sondern eine »verfrühte
Textbehandlung« zu wagen (ebd., 93). Im Grunde sei die Lektüre
von Dichtung immer verfrüht, und ein vollständiges, angemesse-
nes Verstehen sei nie möglich. Außerdem verhinderten anspruchsvolle Texte den »bloßen Konsum von Literatur« (ebd., 93).

Das Ende dieser ersten Reformphase ist mit Ausgang der sechziger Jahre erreicht. Es war das Jahrzehnt, in dem Bildung im
Mittelpunkt des politisch-gesellschaftlichen Interesses zu stehen
begann; anderen sozialen Schichten als bisher sollte der Zugang
zur höheren Schulbildung und zur Universität ermöglicht werden.
Wesentliche Ergebnisse für den Literaturunterricht und die Literaturdidaktik waren:

- neue, ästhetisch anspruchsvolle Lesebücher, die zum Teil auch
  das literarische Lernen in der Grundschule einbezogen;
- der Maßstab ›ästhetische Qualität‹ als Kriterium für die schulische Auswahl;
- Erweiterung des schulischen Kanons um gegenwartsliterarische
  Texte;
- der Wechsel von der praxisorientierten Methodik zur theoretischen Didaktik führte zu einem neuen Reflexionsniveau über
  Gegenstände und Prozesse des literarischen Lernens und Lehrens.

3.   Didaktische Aufbruchzeit: die siebziger Jahre

Es ist nicht zufällig, daß die Zeiträume, denen die drei historischen Kapitel gewidmet sind, kürzer werden: Während der erste
Teil gut einhundert Jahre abhandelt, befaßt sich das zweite Kapitel
mit einem Zeitraum von gut zwei Jahrzehnten. Der letzte Teil konzentriert sich auf die Zeit zwischen 1970 und 1980, betrifft aber
Jahre, in denen **tiefgreifende Reformen** den Literaturunterricht
umgestalteten (ein Überblick über den Diskussionsstand zu Anfang der siebziger Jahre in: Vogt 1972; Wilkending 1972). Gleichzeitig stellt dieser Zeitraum eine Phase dar, in der sich die Literaturdidaktik als universitäres Fach zu konsolidieren begann. Die
literaturunterrichtlichen Reformanstrengungen fanden in einem
politischen Klima statt, das von den Auswirkungen der studenti-
schen Protestbewegung geprägt war; die SPD hatte mit der Parole
›Mehr Demokratie wagen‹ erstmals die Regierung übernommen.
Konservative Strömungen, die die bisherige Geschichte der universitären Germanistik grundiert hatten, wurden im Zuge einer
politischen Linksorientierung kritisch aufgearbeitet. Entscheidend
wurde der Münchener Germanistentag von 1966, auf dem der
Zusammenhang von Nationalsozialismus und Germanistik thematisiert wurde (vgl. dazu *Germanistik* 1967); erstmals wurden
reaktionäre Tendenzen des Faches öffentlich gemacht und einer
kritischen Reflexion unterzogen. Das hatte Auswirkungen für die
Ausbildung zukünftiger Deutschlehrer und für den Literaturunterricht, zumal das Interesse an Bildung und Erziehung groß und
allgemein verbreitet war. Daß es nicht auf Spezialisten beschränkt
blieb, belegen die zahlreichen Pädagogik-Reihen und Erziehungs-
bücher in den Taschenbuchverlagen. Literaturunterricht war insofern nur ein pädagogisches Element unter vielen anderen, das in
diesem reformfreudigen Jahrzehnt eingehend theoretisch reflektiert
und unmittelbar praktisch reformiert wurde. Die Reformansätze
der sechziger Jahre wurden radikalisiert, wie überhaupt einige Paradigmen der literaturunterrichtlichen Tradition in Frage gestellt
wurden. Wissenschaftlich unterstützt wurden diese Bestrebungen
durch die Linguistisierung der Sprachwissenschaft, die erheblichen
Einfluß auf den sprachlichen Teil des Unterrichts nahm, aber auch
den literarischen nicht unberührt ließ. Die eigentliche Veränderung des Literaturunterrichts bestand allerdings darin, daß die
historisch-materialistische Literaturanalyse Einzug in die Lehrwer-
ke, Materialien und den Unterricht hielt. Diese beiden für jene
Zeit wichtig gewordenen Reformbewegungen gilt es im einzelnen
darzustellen. Hinzu kommt als drittes innovatives Moment die

Konstanzer Rezeptionsästhetik, die in Rezeptionsforschung mündete und den lesenden wie auch produktiven Schüler ins Blickfeld rückte.

3.1 Literatur und Sprache

»[...] die Linguistik beansprucht [...] für alle Fälle, die zu sprachlichem Ereignis als zu sprachlicher Kommunikation überhaupt führen, theoretische Gesamtzusammenhänge zu entwerfen und sie allmählich mit Teiltheorien zu vervollständigen, die schließlich eine Gesamttheorie ergeben zu allem, was sich als sprachliche Erscheinung verstehen läßt [...]« (Ader/Kress/Riemen 1975, 18). Sprache wird in kleinste Segmente zerlegt, wie unter einem Mikroskop untersucht und ihr Funktionieren beziehungsweise ihr Nicht-Funktionieren zum Gegenstand eines Forschungsinteresses, das Ähnlichkeiten mit naturwissenschaftlichen oder mathematischen Untersuchungsmethoden aufweist. Diese **Theoretisierung und Spezialisierung der Sprachwissenschaft** sowie ihre Entfernung von den Geisteswissenschaften hat revolutionäre Auswirkungen auf die Sprachdidaktik aller Schulstufen, die in den siebziger Jahren eine wissenschaftliche Fundamentierung ungekannten Ausmaßes erfährt. Aber auch die Literaturdidaktik erhält neue Impulse: Die strukturalistisch-semiologischen Arbeiten bringen den Literaturbegriff ins Wanken, die kommunikationstheoretischen Forschungsergebnisse dynamisieren den literarischen Prozeß, die Textlinguistik führt zu neuen Formen der literarischen Textanalyse. Eine Versachlichung des Literaturunterrichts geht mit der linguistischen Einflußnahme einher. Fern jeder Pathetik erhält der literarische Vermittlungsprozeß in den Didaktiken, die sich auf die neuen Sprachwissenschaften berufen, eine sprach- und vor allem leseschulende Ausrichtung. Schon die Titel sind Signal einer sprachbewußten Zeit: *Literatur und Kommunikation* heißt die 1971 erstmals erschienene und 1975 in zweiter Auflage bedeutend erweiterte Schrift Hans Küglers. Auch die Erscheinungszeit verdient Aufmerksamkeit: Die *Prolegomena* Geißlers, ein Jahr zuvor erschienen, wirken im Vergleich zu Küglers Didaktik um Jahrzehnte älter. Wie radikal sich die Literaturdidaktik schon zwischen 1970 und 1971 verändert hat, läßt sich an diesen beiden Publikationen ablesen.

Strukturalistischer Literaturunterricht

Zunächst fällt die andere Terminologie auf. Geißler hatte Philosophen und Literaturwissenschaftler zitiert, die nach tradierten hermeneutischen Methoden vorgegangen waren. Kügler hingegen sympathisiert mit einem **strukturalistisch-semiologischen Literaturbegriff** und beruft sich auf neue Text-Theoretiker wie Umberto Eco und Roland Barthes. Sowohl Eco als auch Barthes verbinden die ältere strukturalistische Schule aus der Nachfolge Ferdinand de Saussures mit einer neuen semiologischen. Semiologie meint die Lehre vom Zeichen, nicht nur von sprachlichen, sondern auch von bildlichen und anderen Zeichen. Nutzte Hermann Helmers 1966 die strukturalistische Literaturforschung noch, um die literarischen Gattungen zu sortieren und sicher entsprechenden Altersstufen zuzuordnen, so wirkt Küglers semiologisch beeinflußtes Strukturalismusverständnis auf den ersten Blick dynamischer und flexibler; vor allem, weil Kügler die Beziehung zwischen Leser und Text als einen Prozeß der Kommunikation auffaßt, auf den auch die jeweilige Lebenssituation des Lesers Einfluß hat. Außerdem stellt Kügler zur Diskussion, was Literatur überhaupt sei und wodurch sie sich von anderen Texten unterscheide. Diese Frage ist ein Novum in der literaturdidaktischen Geschichte, in der zwar viel über Sinn und Ausrichtung des literarischen Unterrichts gestritten wurde, in der man aber immer wußte, was Dichtung, Poesie, Literatur ist. Zu dieser Verunsicherung hat unter anderem die Semiologie beigetragen, die nicht nur poetische Texte untersuchte, sondern unterschiedlichste sprachliche (und andere) Zeichen als gleichwertige Untersuchungsgegenstände wählte. Auf diese Weise konnte sie in Frage stellen, was bisher als selbstverständlich galt, konnte sie aber auch die eigene Qualität des Poetischen neu umschreiben. Literarische Sprache als »»Botschaft mit ästhetischer Funktion««, die in Bezug auf die Erwartung des Lesers »»zweideutig strukturiert«« ist (Umberto Eco; in: Kügler 1975, 87); beziehungsweise als »»privilegiertes semiologisches Objekt««, weil sie Bedeutung nicht nur produziert, sondern weil sie Bedeutung aufschiebt (Roland Barthes; in: Kügler 1975, 91).

Ein Ergebnis dieser Arbeiten ist die **Einführung des Begriffes › Text‹**, der den der Dichtung, der Poesie, der Literatur ersetzt. Kügler wendet diese Erkenntnis didaktisch an, indem er die zweite Auflage seiner Didaktik um die Lektüre pragmatischer Texte erweitert. Er behandelt die poetischen und die Sachtexte gleichrangig, davon ausgehend, daß beide ›bedeuten‹ wollen. Wichtiger ist ihm, daß die Schüler den zugrundeliegenden Strukturen auf die Spur

kommen, als daß sie werten lernen. Kügler interpretiert denn auch
weniger, sondern er strukturiert, vor allem wenn er die von ihm
favorisierte strukturale Methode des lesenden Erschließens vor-
führt. Er zeigt in seinen Sachanalysen graphisch und sprachlich
die binären Oppositionen auf, die den Texten zugrundeliegen: sei
es in dem Märchen »Frau Holle« für eine 2./3., sei es in einem
Werbecomic für eine 5., sei es in Kafkas »Auf der Galerie« für eine
9. Klasse. Wenn es um konkrete Analysen geht, wird Kügler zu
einem strengen Strukturalisten. Gerade weil Kügler als Basis seiner
Theorie annimmt, daß es das »lesende Subjekt« ist, das »aktiv«
den »Vorgang des lesenden Erschließens von Zeichen« vornimmt,
scheint er die Rechte des Textes umso energischer sichern zu wollen (ebd., 95).

Kügler will einen erkenntnisorientierten Literaturunterricht.
Die verschiedenen ernsthaften »Modi literarischen Verstehens«
(hermeneutisch, dialektisch und struktural) werden gegen bloß
informatives, vor allem aber auch **gegen emotionales Lesen** abge-
grenzt (ebd., 125). Emotionales Lesen steht nun für Lesesucht. Die
Bezeichnung hat sich geändert, geschätzt wird es (noch) nicht. Es
wird als ein »*vorübergehendes Moment*« im literarischen Lernprozeß
– vor allem der Primarstufe – akzeptiert, das aus der ersten Textbe-
gegnung erwächst und das im nachfolgenden literarischen Kom-
munikationsprozeß »methodisch und kontinuierlich« differenziert
werden muß (ebd., 130). Kügler geht es um eine qualifizierte Lesedidaktik, um die intensive Rezeption eines einzigen Textes. Die
Schüler lernen viel in Küglers Literaturstunden, und zwar von der
Primarstufe an. Literatur erscheint dem Fach Mathematik ähnlich
als ein Gegenstand, dessen Erlernen Mühe bereitet.

Küglers Didaktik repräsentiert wesentliche Grundzüge einer
Literaturdidaktik, die mit den linguistischen Sprachforschungen
sympathisiert. Dazu gehört die theoretisch begründete Einführung
des Kommunikations- wie auch die des Textbegriffes. Dazu gehört die Entwicklung einer fundierten Lesedidaktik, die das Entziffern literarischer Texte als aktiven Vorgang begreift und davon
ausgehend die Rolle des Lesers neu wertet. Lesen wird nicht länger
didaktisch übergangen, sondern auf der Basis neuer Erkenntnisse
über die sprachliche Komplexität literarischer Texte als kognitive
Leistung anerkannt. Dazu gehört aber auch, daß der besondere
Status der literarischen Sprache nicht länger unumstritten ist: er
muß immer wieder neu begründet werden.

Aber so offen wie Kügler gehen nicht alle linguistisch beeinflußten Literaturdidaktiker mit dem Literaturbegriff um. Albrecht
Weber beispielsweise lehnt zwar den Begriff ›Dichtung‹ ab, hält

aber die Bezeichnung ›Literatur‹ nach wie vor für legitim: Literatur
definiert er als »gesteigerte Sprache«, als höhere Stufe der Sprach-
entfaltung (Weber 1975, 46). Weber will pragmatische Texte
nicht in den Literaturunterricht integrieren: diese gehören seiner
Auffassung nach in die Sprach- beziehungsweise Gestaltungsleh-
re. Ergebnisse älterer und neuerer linguistischer Sprachforschung
nutzt Weber, um die poetische Sprache von der Alltagssprache
abzugrenzen und ihre besondere symbolische Leistungsfähigkeit
sprachtheoretisch abzusichern. Er nutzt sie aber auch, um die Gat-
tungspoetik, die in Helmers' Didaktik und in Gerths *Lesebuch 65*
eine so wichtige Rolle gespielt hatte, als überholt zu beurteilen.
Aus kommunikationstheoretischer Sicht erwiesen sich die Eintei-
lungen in Lyrik, Dramatik, Epik als unwesentlich; wichtig sei, daß
etwas in »gesteigerte Sprache« gefaßt werde, nicht aber, welche der
tradierten Formen gewählt würde. Basis für diese Überzeugung ist
sein Literaturmodell: Während im Gesprächs- oder Textmodell die
jeweilige Situation die entsprechende Sprache hervorruft, ist es im
Literaturmodell umgekehrt: die Sprache schafft erst die Situation
(ebd., 35). Die Aufgabe der Literaturdidaktik bestehe demzufolge
darin, eben diese besondere Sprache zu betrachten und zu analysieren, ihre Strukturen zu erkennen und »am Wirkungsgrad den
Grad ihrer Steigerung« abzulesen (ebd., 46).

Anders als Kügler gibt Weber trotz der linguistisch abgeleite-
ten Literaturdefinition eine optimistisch-emphatische Einstellung
zur Literatur und damit auch zum Literaturunterricht nicht auf.
Deutlich wird diese Haltung, wenn er die Funktion der Literatur
in der Gesellschaft beschreibt: Sie rufe »durch ästhetische Distanz
und rationale Konzentration von der Emotionalität und der Af-
fektivität zur allgemeinen Reflexion, zu Besinnung und Bedacht«
(ebd., 71).

Gemeinsam ist den beiden Autoren – Kügler und Weber
–, daß sie sich von einer vorrangig historischen beziehungsweise
ideologiekritischen Literaturdidaktik abgrenzen. Das **Interesse an
(literarischer) Sprache** steht in der Küglerschen und Weberschen
Didaktik im Vordergrund, nicht das an Geschichte, Gesellschaft,
Ökonomie, demokratischer Erziehung, Emanzipation. Kügler wie
Weber leiten ihre literaturdidaktische Position vor allem von literaturwissenschaftlichen Methoden ab: Kügler favorisiert die strukturale Literaturwissenschaft, Weber schlägt eine Kombination aus
struktural-linguistischer, literaturgeschichtlicher, soziologischer
und psychologischer Literaturanalyse vor, abhängig von »Text,
Lehrziel, Klasse und Person des Lehrers« (ebd., 148).

Linguistische Prägung des Literaturunterrichts

Die beiden vorgestellten Didaktiken können als repräsentativ für die **sprachinteressierte Richtung der Literaturdidaktik** jenes Jahrzehnts angesehen werden; diese hat vor allem zur Entwicklung einer elaborierten Lesedidaktik beigetragen. Die Aufgabenfelder Schriftlichkeit und Mündlichkeit fanden in diesem Zusammenhang weniger Beachtung; sie wurden dem sprachdidaktischen Bereich zugeordnet. Es war vor allem der sprachliche Anteil des Deutschunterrichts, der von der Linguistisierung nicht nur theoretisch, sondern auch praktisch verändert wurde.

Das läßt sich exemplarisch an den ersten Ausgaben der Zeitschrift *Praxis Deutsch* ablesen, die 1973 gegründet wurde und mit dem Anspruch auftrat, den Lesern nicht nur theoretisch reflektierte, sondern auch praxisorientierte Unterrichtsmodelle zu bieten. Die ersten sechs Hefte dieser Zeitschrift sind sprachlichen Themen gewidmet (z.B. »Sprache als Zeichen«, »Sprache als soziales Handeln«, »Grammatik als Sprachförderung«), das erste Heft zur Literatur hat eine soziologische Ausrichtung (»Literaturbetrieb«); erst in Heft 11, 1975 und damit zwei Jahre nach Gründung erschienen, wird ein traditionelles literarisches Thema behandelt: »Lyrische Texte«. Bezeichnend ist, daß nicht von ›Lyrik‹ die Rede ist; die Ergänzung ›Text‹ spiegelt die linguistisch beeinflußte neue Literaturdefinition. Der Basisartikel Klaus Gerths zeigt den Legitimationsdruck, unter dem ein solches Thema, das nicht explizit zur »›Kommunikationsfähigkeit‹« beiträgt, im Jahre 1975 stand (Gerth 1975, 13). Heft 13 (1975) trägt den Titel »Lesen« und geht vor allem auf den um pragmatische Texte erweiterten Literaturbegriff ein. ›Klassische‹ Literatur wird in keinem der Modelle gelesen. Dagegen bilden Kinder- und Jugendbücher, Comics, Werbetexte, Zeitungsartikel, Wildwestromane und Fernsehprogramme die Textgrundlagen der lesedidaktischen Ausführungen. Bis 1977/78 dominieren die sprachorientierten Themen, werden auch Aufgabenfelder, die eigentlich zu den literaturdidaktischen gehören, unter sprachdidaktischen Gesichtspunkten abgehandelt: so »Sprachbilder« (1976, H. 16), »Bedeutungen« (1976. H. 17) oder »Textanalyse – linguistisch« (1977, H. 23). Letztgenanntes Thema ist symptomatisch für eine Literaturdidaktik, die linguistische Forschungen für die Interpretation von Texten nutzen will.

Dorothea Ader, die Herausgeberin des *Praxis Deutsch*-Heftes, hatte bereits 1975 zusammen mit Kollegen eine Schrift unter dem Titel *Literatur im Unterricht – linguistisch* publiziert: Die erste von Siegfried Lenz' masurischen Geschichten – »Der Leseteufel«

– wird nach textlinguistischen Kriterien akribisch untersucht; die
»außerordentlich exakten Beschreibungsbedingungen der Linguistik« werden für die literarische Textanalyse angewandt (Ader/
Kress/Riemen 1975, 18/19). Damit soll ein Mangel der literaturwissenschaftlichen Methoden ausgeglichen werden; diese seien
vielfach zu subjektiv und hätten zu wenige normative Kriterien
ausgebildet. Die linguistischen Instrumentarien ergänzen (oder
ersetzen?) die tradierten hermeneutischen Interpretationsweisen,
weil sie erlauben, die sprachlichen Mittel »kurzer Lesetexte [...] in
ihrem Bestand und ihrer Funktion erkennend zu ordnen und zu
erklären« (ebd., 19/20). Die Autoren gelangen auf diese Weise zu
einer intensiven Lektüre der kleinen Erzählung; sie nehmen diese
ernst und zerlegen sie – einer Maschine ähnlich – in ihre winzigen
Einzelteile. Sie beschreiben eher, als daß sie interpretieren. Und vor
allem nehmen sie ausschließlich den literarischen Text als Grundlage ihrer Analyse; eine historische oder soziologische Einordnung
des masurischen »Leseteufels« findet nicht statt. Das wurde dieser
literaturdidaktischen Richtung von den Vertretern eines ideologiekritischen Deutschunterrichts zum Vorwurf gemacht.

3.2   Literatur und Kritik

›Kritik‹ ist das Wort, mit dem eine Phase des Literaturunterrichts
umschrieben werden kann, in der eine grundsätzlich andere Lese-
Praxis angestrebt wurde als bisher üblich. Die Schüler sollten den
literarischen Werken, besonders denen der klassischen Periode,
nicht länger affirmativ-bewundernd gegenüberstehen, sondern eine
kritisch-skeptische Haltung einnehmen; sie sollten **ideologiekritisch lesen lernen,** d.h. ein potentiell im Text verborgenes ›falsches
Bewußtsein‹ ent- und aufdecken: »Kritisches Lesen fragt nicht
nur nach dem Thema, nach der Intention eines Textes, sondern
nach den dahinterstehenden gesellschaftlichen Interessen und den
möglichen Folgen in Situationen, d.h. es ist ideologiekritisches Lesen« (Hussong 1973, 124). Möglich gemacht werden sollte dieser
kritische Leseprozeß, indem den Schülern Informationen gegeben
wurden über den sozialen, historischen und ökonomischen Kontext, in dem das jeweilige Werk entstanden war. Der Akzent eines
so initiierten Leseprozesses lag zum Teil weniger auf dem Text als
auf werkexternen Faktoren, deren Kenntnis eine distanzierte Einstellung zu dem literarischen Text provozieren sollte.
    Distanz statt Identifikation war das erklärte Ziel. Um diese
Einstellung zu erreichen, wurde auch die Rezeptionsgeschichte der

klassischen Werke miteinbezogen: Diese konnte darauf hinweisen, daß Werke, die in unserer Gegenwart unumstrittene Anerkennung genießen, nicht immer selbstverständliche Hoch- und Wertschätzung erfahren hatten. Berücksichtigung fanden auch Informationen über die jeweiligen materiellen Bedingungen der Literaturproduktion und -distribution. Eine Ausweitung des Literaturbegriffs fand statt: Die tradierte kanonisierte Literatur nahm phasenweise eine Außenseiterposition ein; Trivial- und Massenliteratur stand im Vordergrund des didaktischen Interesses. Darüber hinaus wurden literarische Schaffensphasen entdeckt, die man bisher im literaturwissenschaftlichen und im didaktischen Kontext ignoriert hatte: Lyrik des Vormärz, Exilliteratur, Arbeiterliteratur, Literatur der DDR.

Linkspolitische Einflüsse auf den Literaturunterricht

Der Literaturunterricht wurde politisiert: Lernen an Literatur solle als politisches Lernen erfolgen, das zu einem sozial engagierten Handeln führen sollte (vgl. die Darstellung bei Stein 1980b, 4–13). Theoretische Bezugssysteme für diese literaturdidaktische Richtung waren unter anderem die marxistische Wirtschafts- und Gesellschaftsanalyse, Positionen der Kritischen Theorie – insbesondere die philosophischen und ästhetischen Arbeiten Theodor W. Adornos – und die kommunikationssoziologischen Forschungen des Frankfurter Soziologen Jürgen Habermas. Das Studium dieser Theorien setzte Signale: Der Rückgriff auf den Marxismus warf die Frage nach der Abhängigkeit der Literatur von ökonomischen, politischen und sozialen Systemen so eindringlich auf wie nie zuvor im deutschen Literaturunterricht. Die Rezeption der Kritischen Theorie und der Habermasschen Analysen zur kommunikativen Kompetenz provozierte neue Erziehungsziele wie Emanzipation, Aufklärung, Toleranz und Kritikfähigkeit.

Ein solchermaßen konzipierter Literaturunterricht brach nicht nur mit reaktionären beziehungsweise konservativen Traditionen des 19. und 20. Jahrhunderts, sondern auch mit den liberalen Bestrebungen der sechziger Jahre, deren Ziel eine qualifizierte literarästhetische Erziehung gewesen war. Wenngleich der Literaturunterricht in dieser radikalen Form keinen langfristigen Bestand hatte, so gehört ein **sozialgeschichtlicher Blick** auf Epochen und literarische Texte seit den siebziger Jahren zum festen Bestandteil von Lesebüchern und Textausgaben für den Schulgebrauch. Zur gängigen Publikationspraxis der Schulbuchverlage zählen inzwischen sogenannte Materialienbände, die historische, biographi-

sche, quellengeschichtliche, produktionsästhetische und andere
Informationen über ein literarisches Werk oder eine literarische
Phase enthalten. Während die strukturale Methode in Vergessenheit geriet beziehungsweise in eine produktionsästhetische Didaktik überging, blieb eine sozialgeschichtlich angeleitete Analyse literarischer Werke bis in unsere Gegenwart hinein relevant. Dieses ist
das wesentliche Ergebnis, das aus der linksorientierten Phase der
Literaturdidaktik dauerhaften Bestand gewinnen konnte.

    Schon 1969 hatte Hubert Ivo, Gymnasiallehrer und später
Inhaber einer Didaktik-Professur an der Frankfurter Universität,
mit dem *Kritischen Deutschunterricht* eine skeptische Bestandsaufnahme deutschunterrichtlicher Praxis vorgelegt; den Titel seiner
Schrift erläutert er im Vorwort: »**Kritischer Deutschunterricht**‹
kann nur heißen, Schülern durch das Medium der Beschäftigung
mit Sprache und Literatur zu helfen, sich selbst im Handlungszu-
sammenhang gesellschaftlicher Vermittlungsprozesse zu verstehen«
(Ivo 1969, o.S.). Ivos Kritik richtet sich u.a. gegen einen Literaturunterricht, der die Literatur der Klassik unzeitgemäß betont,
der dem veränderten Selbstverständnis der modernen Schriftsteller
ebenso wenig gerecht wird wie dem veränderten Leseverhalten einer neuer Schülerschaft und dagegen, daß die bisherigen sprach-
lich-literarischen Vermittlungsprozesse ohne theoretisch begründete Lernzielformulierung auskommen.

    In seinen unterrichtskonkreten Vorschlägen versucht Ivo, die-
se Kritik zu berücksichtigen und einen aktuellen, für politische
und gesellschaftliche Fragen aufgeschlossenen Literaturunterricht
zu entwerfen, der auch Schülern gerecht wird, die abseits einer
traditionellen Bildung aufgewachsen sind.

    Von vergleichbaren kritisch-innovativen Impulsen geprägt ist
die deutschdidaktische Zeitschrift, die Hubert Ivo mit anderen
Didaktikern 1970 gegründet hat: *Diskussion Deutsch*, die ›Zeitschrift mit der (Kneif)Zange‹ auf dem Titelbild. Mit ihr sollte
die theoretische Debatte intensiviert und ein Deutschunterricht
konzipiert werden, der – anders als in dem traditionellen Periodi-
kum *Der Deutschunterricht* – eine sozial engagierte Unterrichtspraxis umzusetzen versuchte: Bei den sprachlichen und literarischen
Lernprozessen sollte auf die Bedürfnisse und (Nicht-)Kenntnisse
buchfern aufgewachsener Schüler aus unterprivilegierten Schichten Rücksicht genommen werden. Der Untertitel ›Zeitschrift für
Deutschlehrer aller Schulformen in Ausbildung und Praxis‹ signa-
lisierte, daß nicht länger nur die Gymnasiallehrer als Adressaten
eines periodisch erscheinenden Organs anerkannt, sondern daß
nunmehr alle Lehrer in die didaktische Diskussion einbezogen

wurden. *Diskussion Deutsch* repräsentierte die linksorientierten Reformbestrebungen der Literaturdidaktik, sowohl vom Anspruch als auch von der Durchführung her. Diese Zeitschrift wurde in den siebziger Jahren zu einem wichtigen Forum für diese Diskussionen. In den Beiträgen der ersten Jahrgänge wurden bisherige Traditionen kritisch überprüft und ›in die Zange genommen‹. In den Gegenvorschlägen wurde ein Literaturunterricht entworfen, der Trivialliteratur, Medien, Comics, Science-fiction-, Kinder- und Jugend- sowie Arbeiterliteratur in den Unterricht zu integrieren suchte. Klassische Literatur nimmt eine Randposition ein und wird ideologiekritisch gelesen. Überlegungen zum Literaturunterricht in der Volks-, Haupt-, Gesamt-, ja sogar in der Berufsschule, werden angestellt. Im Unterschied zu den beiden anderen deutschdidaktischen Zeitschriften gibt es *Diskussion Deutsch* nicht mehr; das Erscheinen dieser Zeitschrift wurde 1995 eingestellt.

Ein vergleichbares literaturdidaktisches Programm, das sich der Massenliteratur gegenüber öffnet und den Literaturunterricht aller Schulformen berücksichtigte, wurde auch im ersten Entwurf der **Hessischen Rahmenrichtlinien Deutsch** von 1972 favorisiert. Diese Richtlinien für die Sekundarstufe I, erarbeitet von einer Kommission, deren Vorsitzender Hubert Ivo war, lösten eine erbittert und polemisch geführte Diskussion aus. Zwar drehte sich die Debatte vor allem um die Bedeutung der Hochsprache im schulischen Vermittlungsprozeß, aber auch die Tatsache, daß der Deutschunterricht »nicht [...] der Einführung in einen nationalen Kanon wertvoller Dichtung dienen soll« (Christ/Holzschuh/Merkelbach u.a. 1974, 103), wurde zum Gegenstand der Auseinandersetzung. Vorgeworfen wurde der Kommission, daß sie eine literatursoziologische, ideologiekritische Textbetrachtung vorschlage beziehungsweise die Dimension des Ästhetischen aus dem Literaturunterricht eliminieren wolle und daß das ›Kulturgut Dichtung‹ nicht mehr im Mittelpunkt des literarischen Lernprozesses stehe. In einer zweiten Fassung der Richtlinien wurden die beanstandeten Punkte einer Revision unterzogen. Auf Akzeptanz stieß allerdings die Entscheidung der ersten Richtlinien-Kommission, nicht länger zwischen dem Deutschunterricht der drei Schularten zu unterscheiden und alle Schüler den gleichen Stoff zu lehren.

Heftige Kritik wird auch in *Bestandsaufnahme Deutschunterricht* geübt, einer Aufsatzsammlung, die 1970 von Heinz Ide – einem Bremer Studienseminarleiter – herausgegeben wurde: an der schulischen Literaturauswahl, die eine der »Herrschenden« sei (Ide 1970, 9–18); an der Textauswahl für die Lesebücher, die unter anderem auf »Emotionalisierung, Moralisierung und Infantilisie-

rung« von Schülern und Lehrern hinausliefe (ebd., 58) sowie an
dem unreflektierten und nicht aktualisierten Lernziel ›literarische
Bildung‹ (ebd., 69–76). Repräsentant des solchermaßen inkrimi-
nierten Deutschunterrichts ist für Ide Robert Ulshöfer, dem er im
Vorwort vorwirft, »im alten Geist neue Kurse bestimmen zu wollen« (ebd., o.S.).

Die Arbeiten des Bremer Kollektivs

Die Liberalisierungstendenzen der sechziger Jahren, die sich auch
in der Zeitschrift *Der Deutschunterricht* niedergeschlagen hatten,
gingen den Autoren dieses Bandes, von denen einige dem ›**Bremer
Kollektiv**‹ angehörten, nicht weit genug. Das Bremer Kollektiv
war ein Zusammenschluß von Bremer Deutschlehrern unter der
Mentorenschaft Heinz Ides; der Name steht für einen politischen
Literaturunterricht linker Provenienz (vgl. zur Geschichte: Hildebrandt 1980). Die in *Bestandsaufnahme* geübte Kritik fand in kom-
primierter Form ihren Ausdruck in den »Thesen über Erziehung
zu kritischem Lesen« (Ehlert/Hoffacker/Ide 1971); theoretisch
entfaltet wurden diese Thesen in dem *Grundriß einer Didaktik
und Methodik des Deutschunterrichts* (Bremer Kollektiv 1974) und
praktisch ausgestaltet in der zwölfbändigen Reihe *projekt deutschunterricht*. In diesen Bänden wurden Arbeiten vorgelegt, die einen
Unterricht entwarfen, der »Literatur als soziales Phänomen analysiert [...]; der soziale Probleme [...] zum Thema macht; der die Frage nach seiner Funktion in der gesellschaftlichen Wirklichkeit und
ihren Auseinandersetzungen stellt [...]« (*Projekt Deutschunterricht*,
Bd. 1, 1974, o.S.). Bei der Stoffwahl sollte von den Interessen und
Fragen der Schüler ausgegangen werden und nicht von dem, was
ein überholter literarischer Bildungsanspruch vorschrieb.

Diese Bände verdeutlichen wie kaum eine andere Publikation
jener Zeit die Intentionen und Ziele, die linke Lehrer und Hoch-
schullehrer während der reformfreudigen siebziger Jahren mit
dem Literaturunterricht verbanden. Sie demonstrieren das hohe
theoretische Niveau, auf dem diese didaktischen Reflexionen statt-
fanden. Eine ausführliche Lernzielformulierung ist Ergebnis einer
theoretischen Durchdringung des jeweiligen Gegenstands. Die
Bände bestehen aus zwei Teilen: Der erste Teil enthält die Aufsätze
der einzelnen Autoren mit ihren Interpretationen der jeweiligen
Texte und der Analyse der didaktischen Problemfelder. Charakteristisch für die historisch-materialistische Literaturdidaktik ist
der zweite Teil: In ihm sind ergänzende Informationstexte, Tabel-
len, Auszüge aus philosophischen und historischen Darstellungen

enthalten, die entweder dem zeitlichen Umfeld des literarischen
Werkes entstammen oder diese Verhältnisse aus anderer als literaturwissenschaftlicher Sicht zu erläutern versuchen. Die Hälfte der
Bände sind dem Literaturunterricht gewidmet: in den Bänden 1,
7 (1974) und 9 (1975) wird versucht, tradierte Schulliteratur neu
zu lesen: Märchen, Sage und Fabel beziehungsweise die Literatur
der Klassik; in den Bänden 5 (1973) und 8 (1974) werden neue
Stoffe für den literarischen Lernprozeß thematisiert: Massenmedien und Trivialliteratur beziehungsweise politische Lyrik; und in
Band 6 wird eine Umsetzung des eigentlichen Programms dieser
Initiative angestrebt: *Kritischer Literaturunterricht – **Dichtung und
Politik*** (*Projekt Deutschunterricht*, Bd. 6, 1974). In diesem Band
findet sich beispielsweise eine ausführliche soziologische Märchenanalyse, »die das *Interesse* an bestimmten Konflikten und Lösungen im Märchen« jenseits ihrer sagen- und mythengeschichtlichen
Dimensionen beleuchtet (ebd., 23); ist Annette von Droste-Hülshoffs *Judenbuche* in einen sozialkritischen Kontext eingeordnet
mit der Lernzielbestimmung, daß die Schüler die Novelle »in ihrer
geschichtlichen Bedingtheit erkennen« und »Einsicht in die Wech-
selbeziehung zwischen Literatur und Gesellschaft« gewinnen (ebd.,
121); wird im Rahmen einer »politische(n) Didaktik des Literaturunterrichts« (ebd., 164) die historisch-materialistische Analyse des
Hörspiels »Träume« von Günter Eich vorgenommen, in der die
Schüler »Grundbegriffe der politischen Ökonomie« kennenlernen
und die Widerspiegelung der historisch-gesellschaftlichen Situation im literarischen Text erkennen sollen (ebd., 165).

Diese zitierten Beispiele zeigen die Bandbreite der vom Bremer
Kollektiv initiierten Arbeiten: Während sich die Märchenanalyse
um eine sozial engagierte Neuinterpretation eines bekannten literaturunterrichtlichen Stoffes bemüht, versucht die Auseinandersetzung mit Droste-Hülshoffs Novelle, eine dem Text gerecht werdende Interpretation zu erreichen, die nicht im mystischen Dunkel
befangen bleibt. Der Unterrichtsentwurf zu Eichs Hörspiel ist
politischer als die beiden anderen Beispiele und bricht radikaler
mit bisherigen Traditionen: Ausführliche Darstellungen über die
politisch-ökonomische Lage sowie Informationen über den Stand
der »Klassenkämpfe« sollen der Analyse des Hörspiels selbst vor-
ausgehen. Es ist nicht zufällig, daß dieser Beitrag im ergänzenden
Anhang die umfangreichste Materialsammlung aufzuweisen hat:
Vierzig engbedruckte Seiten mit Zahlen und Texten über die materielle Lage der Arbeiterklasse, die Währungsreform, die Arbeits-
kämpfe und die Wiederaufrüstung der Bundesrepublik ergänzen
das Unterrichtsvorhaben, das für eine Hauptschulklasse gedacht ist.

Diese Tendenz zu einer ausufernden Ansammlung von werkexternen Informationen ist symptomatisch für die radikale Richtung
der materialistischen Literaturdidaktik, die davon ausgeht, daß
ohne genaue Analyse der materiellen Lebensbedingungen die **Frage
nach der künstlerischen Widerspiegelung** der jeweiligen Realität
im literarischen Werk nicht diskutiert werden kann.

In dem Band über Massenmedien und Trivialliteratur nimmt
der gesamte Materialteil sogar über die Hälfte der Seiten in Anspruch (*Projekt Deutschunterricht*, Bd. 5, 1973). Während bei der
Behandlung von Fernsehserien, Schlagern, Liebes- und Kriminal-
romanen sowie Comics die Absicht der Autoren unverkennbar
ist, die Schüler zu einer kritischen Rezeption und Lektüre dieser
Massenliteratur zu erziehen, stehen die beiden Bände über die Literatur des 18. Jahrhunderts unter dem Druck, die klassischen Texte für den gegenwärtigen Literaturunterricht neu zu legitimieren:
»Im heutigen Deutschunterricht, daran lassen Schülerreaktionen
keinen Zweifel, bedarf die Beschäftigung mit klassischer Literatur
entweder einer [...] vielleicht bis zur radikalen Ablehnung führenden Kritik, einer entschiedenen Revision oder aber einer neuen
Legitimation durch eine ›politisch‹ konzipierte Didaktik« (*Projekt
Deutschunterricht* Bd. 9, 1975, 1; vgl. auch Bremer Kollektiv 1974:
in dieser Didaktik wird bezeichnenderweise der »Dichtung« nur
ein letztes von sieben Kapiteln zugestanden; der Hauptteil ist der
Massenliteratur und den Massenmedien gewidmet). Letztlich versuchen die Autoren die klassische Literatur für den schulischen
Vermittlungsprozeß zu retten. Sie interpretieren sie neu im Sinne
Franz Mehrings als »›ideologische Vorbereitungsarbeit‹ zur bürger-
lich-demokratischen Revolution in Deutschland« (*Projekt Deutschunterricht* Bd. 7, 1974, 1) und ergänzen Goethes *Götz von Berlichingen* sowie den *Werther*, Schillers *Don Carlos* und seine *Maria
Stuart*, Claudius' *Abendlied* und andere kanonisierte Literatur um
philosophische Texte der Zeit, um politische, historische, ökono-
mische Daten und nicht zuletzt um rezeptionsgeschichtliche Dokumente.

Kritische Auseinandersetzungen um die Bremer Didaktik

Der im *Projekt Deutschunterricht* konzipierte Literaturunterricht
stellt **hohe Ansprüche an die intellektuellen Leistungen** der Schüler. Der theoretische Anspruch, den die Lehrer-Autoren bei der
Erarbeitung der jeweiligen Materie verfolgen, wird an die Schüler
weitergegeben; zwar wird das Erkenntnisniveau nach unten hin
reduziert, aber es bleibt hoch: Da dem literarischen Werk nicht

länger unumstrittene Gültigkeit zukommt, muß seine Ablehnung
oder Annahme in einem theoretischen Kontext reflektiert und
rational begründet werden. Die zu lesende Textmenge vergrößert
sich. Bei den werkexternen Informationen handelt es sich vielfach
um komplexe Texte, deren Studium nicht einfach ist. Auch die
Literatur, die die Schüler freiwillig außerhalb der Schule zur Befriedigung ihrer Unterhaltungsbedürfnisse lesen, wird in diesen
theoretisch-kritischen Leseprozeß eingebettet: die Gründe für die
Herstellung solcher Texte sowie deren Machart sollen aufgedeckt
werden, so daß die Schüler zukünftig massenmediale Produkte bewußter und damit skeptischer aufnehmen.

Abgesehen von den politisch-aufklärerischen Implikationen
dieser Didaktik, wird mit ihr auch eine elaborierte Lesedidaktik
konzipiert, die an Hieckes Entwurf anknüpft und diesen aktualisiert. Daß Literatur und deren Vermittlung erstmals von radikal
demokratischen Intentionen geleitet war und den Blick auf soziale
Probleme und Widerstandsbewegungen richtete, hat in dem Fach
ein Protestpotential aktiviert, dessen Entdeckung den Literaturunterricht bis in unsere Tage hinein beeinflußt. Andererseits verfolgte
der politische Literaturunterricht des Bremer Kollektivs gleichfalls
Erziehungsziele, die über den eigentlichen Gegenstand des Faches
hinausgingen. Hatte man dem ›bürgerlichen‹ Deutschunterricht
Erziehung zur Anpassung und zur konservativen Gesinnungsbil-
dung vorgeworfen, formulierte man mit dem mündigen, eman-
zipierten und engagierten Schüler ein entgegengesetztes Ziel, das
aber ebenfalls ein ›menschenbildendes‹ war; zur ›Sache Literatur‹
gehörte es nicht. Außerdem legte eine eng verstandene marxistische Widerspiegelungstheorie, derzufolge der literarische Text bestimmte materielle Probleme seiner Zeit wiedergebe, die Literatur
auf eine dogmatische Weise fest und wurde Widersprüchen literarischer Texte nicht gerecht.

Zum Problem wurde zudem, daß literarische Lernprozesse
von einer Fülle zusätzlicher Lesestoffe begleitet wurden; eine Akzentverschiebung zum politisch-historischen Lernen war die Folge. Dem Interesse der Schüler, an das mit dieser Ausrichtung des
Unterrichts angeknüpft werden sollte, kamen die Didaktiker auf
diese Weise weniger entgegen als dem einer neuen Lehrergeneration, die Hoffnungen auf eine Veränderung der Gesellschaft mit
dieser neuen Ausrichtung des Literaturunterrichts verbanden (vgl.
Darstellung dieser Phase bei Stein 1980b, der zu ähnlicher Kritik
gelangt).

An dem literaturdidaktischen Entwurf des Bremer Kollektivs
wurde weitergearbeitet. Martin Hussong legte 1974 eine *Theorie*

und Praxis des kritischen Lesens vor, die das rationale, ideologiekritische Lesen eher mit einer kommunikativen Kompetenzschulung
verband als mit dem Studium der marxistischen Geschichtsschrei-
bung. Auch auf Adornos kritische Analysen der kapitalistischen
Gesellschaft bezieht sich Hussong bei seinem didaktischen Versuch, das naive und triviale Lesen der Schüler durch ein kritisches
Lesen zu ersetzen. Kritisches Lesen sei auch selbstkritisches Lesen,
das »Wissen um die Genesis und Funktion der eigenen Lesehaltungen und der Lesethemen« voraussetze (Hussong 1974, 123/124).
Wenngleich Hussong Information über den historischen Kontext
von Literatur für unverzichtbar hält, so gewinnen diese Materialien
in seinen skizzierten Unterrichtsentwürfen nicht ein solches Gewicht wie in den Bremer Arbeiten.

In der Kontroverse zwischen Christa Bürger, die dem Bremer
Kollektiv nahestand, und Karlheinz Fingerhut ging es um die Frage, ob der Literaturunterricht **gegenstandsbezogen** (Bürger) oder
problem- beziehungsweise **qualifikationsorientiert** (Fingerhut)
begründet und perspektiviert werden sollte. Beide Literaturwissenschaftler und -didaktiker sympathisierten mit der kritischen
Didaktik, aber Christa Bürger insistierte darauf, daß »ein wissenschaftlicher Deutschunterricht« sich auf die zu vermittelnden
Sache konzentrieren müsse und einen Kanon an Texten zusammenzustellen habe, der der Funktion nachkomme, die Gegenwart
zu erhellen und mögliche Orientierung für soziales Handeln zu
geben (Bürger 1976, 337). Über die entsprechenden Curricula
haben die politische Öffentlichkeit und die am Bildungsprozeß
beteiligten Gruppen zu entscheiden, nicht aber das Interesse der
Schüler. Letztere hatte Fingerhut in die Diskussion gebracht; die
Bremer Didaktik sei »›Aufklärung von oben‹« (Stein 1980b, 28)
und ginge nicht von den konkreten Schülern und der konkreten
Unterrichtssituation aus. Fingerhuts Kritik am Bremer Kollektiv
bezieht sich auf einen wesentlichen Punkt: Er bezweifelt das in
dieser didaktischen Konzeption unterstellte aufklärerische Potential der Literatur; er bezweifelt auch, daß ein Literaturunterricht,
der politische Handlungsfähigkeit der Schüler aus einer politisier-
ten Lektüre von Texten ableiten will, zu dem beabsichtigten Erfolg führe. Aufgewertet wird auch das identifikatorische Lesen, das
eine wichtige Rolle bei der Ausbildung von Ich-Identität spiele.
Fingerhuts Entwurf vom historischen Verstehen bezieht den Schüler, dessen (Nicht-)Wissen, seine Vorurteilsstruktur sowie seine
unterschiedliche private und schulische Lektürepraxis in sein didaktisches Denken ein (Fingerhut 1976). Letzteres sei von großer
Bedeutung, weil das im Unterricht Gelernte nicht automatisch auf

die Freizeitlektüre übertragen werde. Ziel der von Fingerhut entworfenen Didaktik des historischen Verstehens ist es, den Unterricht »als eine Lern-Situation« zu definieren, »in der das *Instrumentarium* vermittelt wird, private Lektüre im Sinne der Gegenstände
besser zu organisieren« (ebd., 255). Fingerhut konzipiert einen
Literaturunterricht, der weniger verhaltensorientierte, als vielmehr
sachorientierte Lernziele anstrebt. Dazu gehören beispielsweise:
formale Lesekompetenz, Textsortenkenntnis, textsortenentsprechende Lesehaltungen, Erkennen poetischer Syntax, Kenntnisse
der Literaturgeschichte und anderes. Ein solcher Unterricht sei »als
*Propädeutik eines differenzierten, den didaktischen Trivialisierungen
entgehenden privaten Lesens*« zu verstehen (ebd., 246).

Literaturunterricht in der DDR

Fingerhuts didaktische Konzeption bezieht den Schüler als (naiven)
Leser ein; indirekt wird damit Bezug genommen auf die dritte didaktische Richtung, die in den siebziger Jahren ihren Ursprung
hatte und die die Rolle des Lesers im literarischen Prozeß theoretisierte. Fingerhut bezieht sich aber nicht auf die westdeutsche
Konstanzer Rezeptionsästhetik (vgl. I.3.3.), sondern bezeichnenderweise auf die rezeptionstheoretischen Ausführungen Manfred
Naumanns, eines Literaturwissenschaftlers aus der DDR (Fingerhut 1976, 243/244). Der **Literaturunterricht der DDR** wurde in
den siebziger Jahren aufmerksamer beobachtet als in den ersten
beiden Jahrzehnten nach Gründung der DDR. Wenngleich die
Konzeption des kritischen Literaturunterrichts auf den ersten Blick
in Verwandtschaft mit sozialistischen Ideen zu stehen scheint, so
zeigt sich bei näherem Hinsehen, daß die Literaturvermittlung in
der DDR anderen Prinzipien folgte als die westdeutsche kritische
Didaktik. So kann für die DDR – auch noch bezogen auf die
zwischen 1966 und 1973 stattgefundene Lehrplanrevision – festgehalten werden, daß die klassische deutsche Literatur hohe Anerkennung genoß und daß sie eine unangefochtene Stellung im
Kanon innehatte. Daran änderte auch die kontroverse Diskussion
um die Verpflichtung gegenüber dem klassischen Erbe nichts, die
in den siebziger Jahren stattfand.

»Man kann nicht nur von einer bedeutenden Stellung der klassischen
deutschen Literatur im Literaturunterricht der DDR sprechen [...], man
muß davon sprechen, daß der deutschen Klassik und dem von ihr entwickelten Menschenbild normative Bedeutung im Literaturunterricht der
DDR zukommt« (Motzkau-Valeton 1979, 108).

Das »›zukunftsweisende‹« Menschenbild, das die DDR-Methodi-
ker besonders in den späten Werken Goethes und Schillers entdeckten, entwerfe mit seinem »›lebensbejahend[en], schöpferisch
tätig[en], allseitig ausgebildet[en]‹« Menschen nicht nur ein Hu-
manitätsideal, sondern auch ein Vorbild, das den Schülern nahege-
bracht werden müsse (aus dem Lehrplan für die 10. Klasse; zitiert
nach Motzkau-Valeton 1979, 76). Dabei sind die Vorgaben durch
den Lehrplan rigide und lassen wenig Raum für eine andere Li-
teraturwahl oder andere Ziele. Gesichert wurde auf diese Weise,
daß die Schüler bis zur 10. Klasse (und das waren ca. 90% eines
Jahrgangs) zahlreiche und umfangreiche literarische Werke lesen
mußten, und zwar in der gesamten DDR an allen Schulen mehr
oder weniger dieselben. Motzkau-Valeton sieht in dem Lehrplan
der DDR einen für die Geschichte des deutschen Unterrichts ein-
zigartigen Versuch, sowohl allgemeine Lernziele als auch Feinziele
für jeden Stoffkomplex beziehungsweise für jedes literarische Werk
vorzuschreiben und darüber hinaus die Schwerpunkte in der Besprechung zu entwerfen und genaue Hinweise zu geben, mit welcher Methode ein bestimmtes Werk zu bearbeiten sei. Das betraf
nicht nur die Werke der deutschen Klassik, das galt auch für die
anderen literarischen Werke, die nach dem DDR-Lehrplan zugelassen waren: das waren literarische Beispiele aus der demokratischen Tradition und der Arbeiterbewegung des 19. Jahrhunderts;
das war die gesellschaftskritische Literatur des 20. Jahrhunderts,
wobei die formal experimentelle Moderne (z.B. die Literatur des
Expressionismus', die Kafkas und Musils) ausgespart blieb; das betraf Beispiele aus der sowjetischen Literatur und aus der Gegenwart der DDR (ebd., 40–42). Methodisch konzentrierten sich die
Didaktiker auf organisierte Wissensvermittlung und enge Lenkung
der Schüler. Ein wichtiges Ziel des Literaturunterrichts war die
Formung der (richtigen) Moral, vermittelt durch ein idealisiertes
Menschenbild: »Im künstlerisch gestalteten Menschenbild gewinnen die Ideale, die moralischen Werte und Normen der Arbeiterklasse mobilisierende Kraft und fördern die Entwicklung zu
sozialistischen Persönlichkeiten. Da in den literarischen Werken
immer Beziehungen von Menschen zu anderen Menschen gestaltet
[...] werden, ergeben sich vielfältige Möglichkeiten für die welt-
anschauliche und ganz besonders für die moralische Erziehung«
(*Methodik* 1977, 39). Da die Rezeptionsforschung in der DDR
an dieser wirkungsästhetischen Überzeugung festhielt, vermochte
ein Rückgriff auf diese neue Forschung die Enge und Steifheit der
Literaturmethodik auch während der siebziger Jahre nicht aufzubrechen (*Methodik* 1977, 101–121).

Geprägt von dieser didaktisch-methodischen Auffassung zeigte sich auch die deutschdidaktische Zeitschrift der ehemaligen DDR, die denselben Titel wie ihr westdeutscher Konkurrent trug – unter Weglassung des bestimmten Artikels – und zur selben Zeit wie dieser gegründet wurde: *Deutschunterricht* (seit 1948). Diese Zeitschrift besteht seit der Vereinigung der beiden deutschen Staaten unter demselben Namen, aber in deutlich veränderter Form weiter und ist gegenwärtig die dritte deutschdidaktische Zeitschrift. *Deutschunterricht* bildet mit seinen praxisorientierten Beiträgen, den unterrichtskonkreten Materialien, seinen Berichten aus der Praxis, den historischen Rückblicken und theoretischen Einführungen, seinen Rezensionen und zahlreichen Hinweisen auf aktuelle deutschunterrichtlich relevante Ereignisse eine Mischung aus *Praxis Deutsch* und *Der Deutschunterricht*, ohne allerdings die ehemals kritischen Impulse von *Diskussion Deutsch* aufzunehmen.

Rezeptionstheoretische Anfänge

Während die Rezeptionsforschung in der ehemaligen DDR zu keiner durchgreifenden Änderung führte, wurde die westdeutsche Literaturdidaktik zunehmend von dieser neuen Literaturtheorie beeinflußt. Mit einem Seitenblick auf die rezeptionstheoretische Literaturwissenschaft hat Jürgen Kreft 1977 die theoretisch fundierteste Überarbeitung der kritischen Didaktik vorgelegt (Kreft 1982; 1. Aufl. 1977). Mit den ›Bremern‹ geht er hart ins Gericht und befindet deren Konzeption ebenso positivistisch wie die literaturpädagogische und die literaturästhetische Richtung vorausgehender Jahrzehnte; er wirft dieser Didaktik vor, trotz gegenteiliger Behauptungen, sich an die »spätkapitalistische Gesellschaft [...] angepaßt« zu haben (ebd., 23). Ziel seines Arbeit ist es, »die Bedeutung der Literatur, zumal der ästhetischen oder poetischen, für die **Ich-Entwicklung** der Heranwachsenden betont zur Geltung« zu bringen (ebd., 11). Kreft trennt in Metaprobleme der Literaturdidaktik einerseits und in die Binnenproblematik des Literaturunterrichts andererseits. In einem umfangreichen theoretischen Teil arbeitet Kreft die neueren sprachtheoretischen Impulse ebenso auf wie die Ansätze einer materialistisch begründeten Gesellschafts- und Literaturwissenschaft; vor allem aber verknüpft er diese Theorien mit einem Blick auf die psychologischen Forschungen (Piaget, Kohlberg) und damit auf die Entwicklung des Schülersubjekts. Kreft formuliert eine eigene kritische, ästhetisch begründete Position, die den besonderen Status der »autonome(n) Poesie« von »sprachliche(n) Kunstwerke(n) als Superzeichen« (ebd., 182) her-

ausarbeitet. Er kommt zu dem Schluß, daß Literatur »ein für die
Gewinnung und Bewahrung von Identität, für Ich-Entwicklung
unentbehrliches Medium ist [...], weil in ihr Bedürfnisse entdeckt
und im Horizont gesellschaftlicher Normativität interpretiert werden« können (ebd., 314). Der Literaturunterricht hat deswegen
mit der »Biographie und Identitätsgewinnung«, mit »Lebensge-
schichte und Lebenspraxis der Schüler« zu tun (ebd., 346); er kann
keine Kompetenz ausbilden, sondern er kann die poetisch/literari-
sche Kompetenz, die unabhängig vom Literaturunterricht existiert,
mit pädagogischer Hilfe »betreuen« und sie »ermöglichen«, wo die
Sozialisation wenig Voraussetzungen für sie bietet« (ebd., 368).

Folgerichtig nimmt Kreft gegenüber der Trivialliteratur eine
ablehnende und gegenüber der Hochliteratur eine zustimmend-
gelassene Haltung ein. Sein Vier-Phasen-Modell, mit dem er die
umfangreiche Darstellung abschließt, weist bereits auf die Folgen
der rezeptionstheoretischen Forschungen hin, weil Kreft eine An-
fangsphase der »borniertren Subjektivität« der Schüler akzeptiert
und sie schrittweise zur anspruchsvollen Stufe der »allgemeintheo-
retischen Applikation« führen will (ebd., 379).

Bei Kreft zeichnet sich ein ›Zurück zur Literatur‹ ab; allerdings
wird eine Literaturdidaktik der Hochliteratur nunmehr anders begründet als vor der kritischen Phase. Literatur gilt nicht länger als
selbstverständliches Gut, das auf der Basis eines bildungsbürgerli-
chen Traditionsbewußtseins vermittelt werden muß. Literaturunterricht kann jetzt aus sprachtheoretischer, historischer, psychologischer, soziologischer und auch aus evolutionsgeschichtlicher Sicht
legitimiert werden.

3.3   Literatur und Leser

Die rezeptionstheoretischen Arbeiten Konstanzer Provenienz haben zu einer langfristigen Veränderung des literarischen Lernens
geführt: In ihren Antrittsvorlesungen an der Universität Konstanz
haben der Romanist Hans Robert Jauß und der Anglist Wolfgang
Iser Ende der sechziger Jahre aus rezeptions- und wirkungstheore-
tischer Sicht auf die **Rolle des Lesers** im literarischen Prozeß aufmerksam gemacht (vgl. Warning 1975; Grimm 1975). Während
Jauß darauf hinweist, daß der historische Horizont des Textes und
der aktuelle Horizont des jeweiligen Lesers immer wieder neu in
Übereinstimmung gebracht werden müßten (Stichworte: »Erwar-
tungshorizont« und »Horizontverschmelzung«), kommt es Iser
darauf an zu belegen, daß der Leser bereits bei der Produktion des

literarischen Werkes mitgedacht ist: vom Autor eingebaute »Leerstellen«, die – besonders in moderner Literatur – Füllung durch
den Leser erforderten, belegten seine These. Jauß plädierte für
eine Rehabilitierung des ästhetischen Genusses, des genießenden
Verstehens; beides sei untrennbar mit Literaturlektüre verbunden.
Iser sucht die Besonderheit fiktionaler Texte zu begründen und die
aktive Rolle des »impliziten Lesers« in diesen nachzuweisen. Jauß
wie Iser gehen davon aus, daß das literarische Werk nicht zu allen
Zeiten das gleiche sei, sondern – wie eine Partitur – durch den
jeweiligen Lektürevorgang zu einem (jeweils neuen) Leben erweckt
und mit immer wieder aktualisierten Bedeutungen gefüllt werde.

Diese rezeptionstheoretischen Arbeiten, die im deutschen
Sprachraum ein neues Bewußtsein für Leseprozesse schufen, pro-
vozierten geradezu eine **literaturdidaktische Umsetzung**. Kreft hat
das 1977 so formuliert: Die rezeptionsorientierte Literaturwissenschaft integriere einen didaktischen Blick auf Literatur, auf literarische Prozesse: Wenn die Literaturwissenschaft »den Rezipienten und die Probleme des Rezipierens als Forschungsgegenstand
entdeckt und akzeptiert hat, dann fällt darunter auch der Schüler
als Rezipient« (Kreft 1982, 215). Jauß und Iser gehen von einem
ideellen Leser aus; in literaturdidaktischen Überlegungen wurden
die gedachten Leser zu konkreten Schülern. Die didaktisch orientierten Arbeiten, die in Anlehnung an die Konstanzer Schule entstanden, sind rezeptionspragmatische Studien, die sich der Frage
nach dem ›Was‹ der literarischen Textwahrnehmung durch naive
Leser stellen. »Das spezielle Erkenntnisinteresse der Literaturdidaktik liegt in der Erforschung der Rezeptionswirklichkeit und ihren
Bedingungen zum Zweck der Planung literarischer Kommunikation im Literaturunterricht« (Hein 1972, 68; Fehler im Zitat).

Im Unterschied zu den bisher aufgezeigten literaturdidaktischen Schwerpunkten entsteht durch die rezeptionstheoretische
Wende ein beobachtender, studierender und empirisch orientierter Blick auf literarische Lernverhältnisse. Es geht zunächst nicht
um (Lern-)Ziele, sondern um die Wahrnehmung und das Studium
dessen, was von den Schülern bereits gewußt wird. Während die
linguistisch beeinflußte Literaturdidaktik das literarische auch als
sprachliches Lernen betrachtet und die kritische Didaktik den auf-
geklärten, sozial engagierten Leser/Bürger anstrebt, gelangt durch
die Rezeptionsdidaktik ein offenes Moment in den literarischen
Lernprozeß: Wenn nicht länger nur dem gebildeten, sondern auch
dem naiven Leser Mitspracherecht beim literarischen Prozeß ein-
geräumt wird, muß man die Frage nach der Organisation literarischen Lernens auf der Makroebene neu stellen; da die bisher still-

schweigend angenommenen Defizite nicht länger gelten, muß die
Mikrostrukur des Lernprozesses neu reflektiert werden.

Empirische Studien: was findet wirklich statt im Literatur-unterricht?

Eine der ersten Rezeptionsstudien, in der literaturunterrichtlicher Alltag beobachtet wird (vgl. Überblick bei Baurmann 1980,
67–68), liegt mit *Schüler im Literaturunterricht* vor. Der Berliner Literaturwissenschaftler Hartmut Eggert und seine Mitarbei-
ter Hans Christoph Berg und Michael Rutschky versuchen, den
›idealen‹ Blick auf den Leser zu konkretisieren. Über ein halbes
Jahr hinweg haben sie den Deutschunterricht in der zehnten
Klasse eines Berliner Gymnasiums beobachtet. Die »Fallstudie aus dem Deutschunterricht« (Eggert/Berg/Rutschky 1975a,
9) will die rezeptionsorientierte *Theorie* in die *Praxis* umsetzen:
»Bei unserer [...] Planung gingen wir von dem theoretischen Ansatz aus, daß die Literaturrezeption von Schülern – grob gesagt
– ernst genommen werden muß, wenn sich der Literaturunterricht nicht gleich in Fiktionen verfangen soll« (ebd., 35/36).
Der unterrichtende Lehrer wird in dieser Unterrichtskonzepti-
on als Teilnehmer an einer literarischen Diskussion verstanden,
der seine Interessen am Text transparent machen, diese aber den
Schülern nicht aufzwingen soll: dies ist ein Versuch, den rezeptionsästhetischen Gedanken in die Praxis umzusetzen, daß jeder Leser der Offenheit des Textes auf eigene Weise begegnet.
Die wissenschaftliche Beobachtergruppe präsentiert in Abspra-
che mit der unterrichtenden Lehrerin während des beobachteten
Schulhalbjahres ein breites Spektrum literarischer Texte: interessiert
sind die Forscher an den jeweiligen Schülerreaktionen. Wichtig an
ihrem Bericht ist, daß er offenlegt, zu welchen Erkenntnissen auch
noch (Literatur-)Wissenschaftler gelangen, wenn sie die Rezepti-
onsvorgänge von jugendlichen Schülern verfolgen und ernstneh-
men. Deutlich wird dies an den beiden Unterrichtseinheiten zu
Franz Kafkas *Bericht für eine Akademie* und Robert Musils *Die Ver-
wirrungen des Zöglings Törleß*. So hält einer der Autoren nach einer Kafka-Stunde fest, »[...], der Text sei für die Klasse ›nörgelfest‹
gewesen. Das war Kafkas Erzählung gewiß; aber dem Rezensenten
war entgangen, in welch schmerzhaftem Prozeß sie ›nörgelfest‹ gemacht wurde« (ebd., 55). Daß Kafkas *Bericht* Vereinfachungs- und
Trivialisierungsversuchen sechzehnjähriger Schüler widersteht, ist
ein neues Kriterium für die Einschätzung und Kommentierung
dieses literarischen Textes.

Dieser frühe Erfahrungsbericht aus dem literaturunterrichtlichen Alltag macht deutlich, welch geringe Kenntnisse über schulische Literaturrezeption zu Beginn der Rezeptionsforschung vorlagen. Sowohl die Planung der Stunden als auch die Auswertungen sind von tatsächlicher Neugierde getragen: Die Forscher wissen nicht, wie die Schüler auf die von ihnen ausgewählte Literatur reagieren werden.

Die neue **Konzentration auf das Schülersubjekt** spiegelt sich in diesem Erfahrungsbericht, der erstmals zu dokumentieren und auszuwerten versucht, was tagtäglich im normalen Literaturunterricht geschieht. In dieser Reflexion des deutschunterrichtlichen Schulalltags geht das Autorenkollektiv nicht auf Jauß oder Iser ein, obwohl die rezeptionsästhetischen Forschungen den hier vorgelegten Beobachtungen und Unterrichtsvorschlägen ganz offensichtlich zugrundeliegen. Deutlich wird dies in dem Aufsatz über »die im Text versteckten Schüler« (Eggert/Berg/Rutschky 1975b), in dem die Forschergruppe Interviews mit Schülern über Kafkas *Auf der Galerie* auswertet. Diese Ausführungen können als theoretisches Fundament des rezeptionspragmatischen »Erfahrungsberichts« – so der Untertitel zu *Schüler im Literaturunterricht* – gelesen werden. Die Autoren bemängeln an der Jaußschen Theorie den fehlenden Bezug zur Sozialwissenschaft und zur Psychologie. Sie stellen die These auf, daß die Rezeption des jeweiligen Schülers abhängt von der öffentlichen Situation, in der sie zustandekommt, und vom sozialen Hintergrund des Schülers. Eben dieser Sachverhalt werde im Literaturunterricht nicht genügend berücksichtigt. – In diesen ersten von Eggert initiierten Arbeiten werden Rezeptionsprozesse (staunend) beschrieben, werden erste Auswertungen und theoretische Einordnungen versucht. Es unterscheidet diese Studien von denen der sprachorientierten und kritischen Literaturdidaktik, daß in ihnen **keine Verbesserungs- und Erziehungsprogramme** angesteuert werden; sie zeigen auf, was ist.

Diese didaktischen Forschungen – wie überhaupt die rezeptionsästhetisch beeinflußten Veränderungen des Literaturunterrichts – könnten eher von Wackernagel inspiriert sein als von Hiecke: akzeptiert wird, daß Literaturlesen auch die Emotionen bewegt; das jugendliche Rezeptionsverhalten wird studiert und nicht dequalifiziert; Toleranz waltet gegenüber dem privaten (Sucht-)Lesen. Erst in einem späteren Aufsatz diskutieren Eggert und Rutschky das widerspruchsvolle Verhältnis von *ermitteln* wollender Rezeptionsforschung und die Rezeption *verbessern* wollender Literaturdidaktik (Eggert/Rutschky 1977).

Das *Deutschunterricht*-Heft, in dem diese Ausführungen über
»Rezeptionsforschung und Literaturdidaktik« enthalten sind, ist
dem Thema ›Rezeptionsästhetik‹ gewidmet; in ihm wird die neu
entstandene Konfliktlage theoretisch analysiert und mit Berichten
aus der Praxis anschaulich gemacht. Eggert und Rutschky weisen
in ihrem Beitrag auf die didaktische Konfliktlage hin, die durch
die rezeptionsästhetischen Forschungen besonders für die Interpretation literarischer Texte entstanden ist (vgl. III.1.). Sie zeigen
auf, daß die Konstanzer Forscher das »hermeneutische Paradigma«
– ein literarischer Text sei auf einen »substantiellen Sinn« hin zu
interpretieren – außer Kraft gesetzt haben (ebd., 20); sie schlußfolgern: »Für die Literaturdidaktik scheinen die Arbeiten der Konstanzer Schule erst einmal zu bedeuten, daß sie nicht den Sinn der
Texte selbst lehren wollen« (ebd., 20). Ein liberales Verhalten des
Lehrers gegenüber dem unterschiedlichen Textverstehen der Schüler kann aber zu einem »fruchtlosen ›Rumreden‹« führen, bei dem
die literarischen Texte zu beliebig deutbaren »Rohrschachbildern«
verkommen (ebd., 21).

Im Unterschied zur »quasitranszendentale(n)« Rezeptionsästhetik erblicken Eggert und Rutschky in der »irdischen« Rezeptionsforschung die Chance, eine Form »literarischer Öffentlichkeit«
im Unterricht zu realisieren (ebd., 20); dieser liegt der Gedanke
zugrunde, daß jeder Leser mit seiner veröffentlichten Interpretation das »Insgesamt seiner Biographie« einbringen möchte und daß
der Lehrer – entlastet von einem »pädagogischen Totalitarismus«
– interessiert an den unterschiedlichen Inhalten ist und ihre Aus-
formulierung fördert (ebd., 22). Ein Ausweg aus dem literaturdidaktischen Dilemma – Anspruch des Textes und Freiheit des
Lesers –, das nach der Rezeptionsästhetik entstanden ist, wird damit nicht aufgezeigt. Vielmehr wird der Freiheit des Lesers großer
Bewegungsraum verschafft und der Anspruch des Textes auf ein
kaum noch erkennbares Minimum reduziert. Die Akzentuierung
biographischer Momente bringt ein psychologisches Element in
den literarischen Lernprozeß ein: ein konsequentes Ergebnis, wenn
man die Individualität von Leseprozessen betont (vgl. Willenberg
1978). Allerdings erleichtert es die Aufgabe des Literaturlehrers
nicht, der zum einen seine (erfahrenere, sachkundigere) Interpretation nicht länger (dogmatisch) vertreten darf und der zum anderen die biographisch bedingten Interpretationen seiner Schüler
berücksichtigen und würdigen muß.

Neue rezeptionstheoretisch begründete Modelle für den Literaturunterricht

Auf die enge Verwandtschaft von **Rezeptions- und psychologischer Forschung** weist auch der 1975 herausgegebene Sammelband *Literarische Rezeption* hin. Heuermann, Hühn und Röttger haben vor allem Aufsätze englischer und amerikanischer Provenienz aufgenommen, weil die Rezeptionsforschung in diesen Ländern eine längere und anerkannte Tradition hat. So befassen sich die Autoren beispielsweise mit Vorurteilen und der Möglichkeit ihrer Revision durch Lesen. Bekannt geworden ist die in diesem Band erneut abgedruckte Untersuchung von Heinz Hillmann, der eine schriftliche Befragung von gut dreihundert Schülern aus Berufs-, Berufsaufbauschulen und Gymnasien zugrundeliegt. Diesen Probanden wurde Brechts Keuner-Geschichte *Das Wiedersehen* – ohne Nennung des Autornamens – mit der Bitte vorgelegt, sich schriftlich zu diesem Text zu äußern. Die dokumentierten Formen des Miß-, Daneben- und Nichtverstehens dieses kleinen Textes lassen Hillmann zu dem Ergebnis gelangen: »Wenn man die kritische Potenz von Literatur nicht im Leseakt verschwinden sehen, sondern für den Leser wirksam und brauchbar machen will, so müßte – da ja die vorliegende Literatur es aus eigner Kraft nur selten schafft – ihr eine Literaturpädagogik an die Seite treten« (Hillmann 1975, 128). Für diese formuliert er die Aufforderung, dem »Text zu seinem Recht zu verhelfen«, allerdings nicht »um des Textes, sondern um des Lesers willen« (ebd., 128).

Hillmann gelangt zu einem anderen Ergebnis als Eggert und Rutschky: Während die Berliner Forscher das Literaturverstehen so weit als möglich öffnen wollen gegenüber den individuellen Rezeptionsweisen, argumentiert Hillmann wirkungsästhetisch für ein elaboriertes Textverstehen – im Interesse des Lesers, weil dieser zu wesentlicheren Erkenntnissen gelangen soll. Eggert und Rutschky reden für die Rechte der Leser, den Text so zu verstehen, wie ihre Biographien und sozialen Umstände es erlauben; Hillmann redet für die Rechte der Leser, beim Textverstehen ein höheres Niveau zu erreichen. Empirische Rezeptionsforschung, die bekanntmacht, wie harmlos uninformierte Leser literarische Texte verstehen, führt zu neuen Definitionen des literaturdidaktischen Aufgabenfeldes: Der Literaturlehrer kann in den Status eines Beobachters und Betreuers literarischer Rezeptionsprozesse versetzt werden, in dem er (unzensiert) registriert, was seine Schüler während beziehungsweise nach einer Lektüre wahrnehmen; oder der Literaturlehrer *weiß* um die Naivität und Begrenztheit der ersten, unbefangenen Lektüre

und konzipiert davon ausgehend einen Unterricht, der zu tieferen
Texteinsichten führt.

Eine **lebensweltlich orientierte Interpretation** des rezeptionsästhetischen Ansatzes leistet der Literaturdidaktiker Harro Müller-
Michaels in seiner Bochumer Antrittsvorlesung *Literatur im Alltag
und Unterricht* (1978). Müller-Michaels geht es ebenfalls um eine
Konkretisierung des Jaußschen Erfahrungshorizonts. Er vermißt
in dieser Konzeption einen konkreten Bezug zur tatsächlichen Lebenspraxis. In der von ihm entworfenen rezeptionspragmatischen
Didaktik begründet er eine Rückbezüglichkeit der Literatur auf
das Leben, die insbesondere bei nicht-wissenschaftlichen Literatur-
lesern – wie es Schüler sind – eine Rolle spiele. Müller-Michaels
vertritt eine Rezeptionspragmatik, die nicht nur beobachtet (wie es
die Eggert-Gruppe getan hat), sondern die konstruktive Modelle
als Anlaß »ästhetischen Lernens« entwickeln will, »so daß die Alltagserfahrung den literarischen Text interpretieren hilft, aber auch
die ästhetische Erfahrung die Alltagserfahrung ergänzt, erweitert,
vertieft« (Müller-Michaels 1978, 22). Es ist vor allem die Wechselwirkung und die gegenseitige Beeinflussung von Literatur und
Leben, die in diesem literaturdidaktischen Konzept wichtig ist.
Müller-Michaels will genaue Textanalyse und -auseinandersetzung
verknüpfen mit dem alltagsweltlichen Erfahrungshorizont. Sein
Konzept tendiert bewußter als in den Vorstellungen der Eggert-
Gruppe zu einem pädagogischen Verständnis von Literatur, weil
er sich Rück- und Auswirkungen von der diskutierenden, kom-
munizierenden Begegnung mit Literatur erhofft, die weit über eigentlich unterrichtsabhängige Ziele hinausgehen: »Dabei ist Kunst
nicht nur Gegenstand der Auseinandersetzungen, sondern kann
auch ein bedeutendes Medium für einen humanen Diskurs in der
Gesellschaft werden« (ebd., 39). Erneut wird der Literaturunterricht, dieses Mal unter der rezeptionsorientierten Regie, in den
Dienst einer sozialen ›Menschenbildung‹ gestellt; daß im Zuge der
Rezeptionspragmatik eine sich gegenseitig befruchtende Wirkung
von Literatur und Alltag angestrebt wird, provoziert eine neue
Hoffnung auf eine über den Unterricht hinausreichende Wirkung
von Literatur.

Die Eggert-Berg-Rutschky-Gruppe und Müller-Michaels konzentrieren sich in erster Linie auf die Rezeptionsästhetik Hans
Robert Jauß', die eher als Basis für psychologische Deutung und
lebensweltliche Orientierung zu dienen vermag als Wolfgang Isers
text- und wirkungsbezogene Theorie. Der Didaktiker Jürgen Baurmann bezieht sich in seiner Rezeptionsstudie (1980) neben In-
garden und den Prager Strukturalisten insbesondere auf Iser und

dessen Auseinandersetzung mit der Rezeptionsforschung in der ehemaligen DDR. Baurmann arbeitet **Unterscheidungen von Rezeption und Interpretation** heraus, wobei erstere das literarische Werk (subjektiv) konkretisiert und letztere auf überindividuelle, wissenschaftlich orientierte Analyse ausgerichtet ist. Baurmann verwendet den übergeordneten Begriff ›Leseweise‹ und sieht es als »Ziel eines rezeptionsorientierten Leseunterrichts [...], die Begegnung und Auseinandersetzung mit verschiedenen Leseweisen« zu ermöglichen (Baurmann 1980, 56). Allerdings betont er das schulisch institutionell vorgegebene Raster, das Leseweisen im Klassenzimmer beeinflußt und dominiert. Er relativiert die Ergebnisse empirischer Untersuchungen: »Rezeptionsprozesse und Leseweisen – das zeigen insbesondere die empirischen Untersuchungen – sind zudem niemals unmittelbar zugänglich. Forscher und Beurteiler können lediglich von den Äußerungen der Leser auf deren Rezeptionen oder Leseweisen schließen« (ebd., 65). Vielleicht nicht zuletzt aufgrund dieser Skepsis hat Baurmann einen deutlich **standardisierten Rezeptionstext** (Rezeption einer Textvorgabe mithilfe eines Fragebogens) in den Mittelpunkt seiner empirischen Untersuchung in dritten Grundschulklassen gestellt, um so »mögliche Zusammenhänge zwischen einigen Indikatoren und der Textrezeption« zu überprüfen (ebd., 108). Seine Ergebnisse zeigen vor allem, daß es keine geschlechts- und schichtenspezifisch signifikanten Unterschiede in der Rezeption gibt (ebd., 108–109). Hingegen seien kognitive Leistungsfähigkeit, Intelligenz und Vertrautsein mit der Lesetechnik die wesentlichen Faktoren. Interessant ist auch, daß sich die Rezeptionsleistung, die *vor* der unterrichtlichen Besprechung stattfand, nicht signifikant unterschied von der *nach* dem Unterricht (ebd., 112–113). Das mag aber auch im Zusammenhang damit stehen, daß die Schüler bereits durch den Fragebogen angeleitet wurden und nicht ›frei‹ rezipieren konnten.

Kritische Würdigung der rezeptionsorientierten Didaktik

Die Rezeptionstheorie hat in der didaktischen Fortsetzung eine andere Ausrichtung bekommen. Der Leser, auf den Jauß und Iser hingewiesen hatten, war stillschweigend als ein literaturwissenschaftlich und -geschichtlich gebildeter vorausgesetzt worden. Die rezeptionspragmatische Didaktik hat ihre Forschung auf den naiven und unerfahrenen Leser ausgedehnt. Sie macht darauf aufmerksam, was Leser unweigerlich tun, wenn sie Literatur lesen – gleich welchen Wissens- oder Bildungsstand sie erreicht haben. Die Einführung dieses (einzelnen) Lesers als unberechenbares,

aber ernstzunehmendes Element in den literarischen Prozeß hat zu
langfristig wirksamen literaturdidaktischen Konsequenzen geführt.
Während die bisherigen literaturdidaktischen Konzeptionen von
der Unkenntnis und dem (Noch-)Nicht-Wissen der Schüler aus-
gingen, setzt eine rezeptionsorientierte Didaktik einen potentiell
›literaturbefähigten‹ Schüler voraus: **Rezipieren kann jeder.**
Im Unterschied zu den schriftorientierten Fertigkeiten des
Lesens und Schreibens, die gelehrt werden müssen, hat mit der
Rezeptionsfähigkeit eine schulunabhängige Basisqualifikation Einzug in den Literaturunterricht gehalten, die nunmehr Beachtung
findet: Leser literarischer Texte, ja schon ihre kindlichen Zuhörer
können Kommentare abgeben (vgl. Wieler 1997), unqualifizierte
zwar, aber von einem potentiellen Interesse für den Lehrenden und
den Lernprozeß. Der Schüler als Rezipient ist nicht nur Lerner.
Vergleichen lassen sich die rezeptionsorientierten Impulse mit den
reformpädagogischen Aufbrüchen zu Anfang des 20. Jahrhunderts.
In letztgenannter Phase hatte ebenfalls eine Aufwertung des kind-
lich-naiven Schülers stattgefunden, deutlicher in Hinblick auf seine Schreib- als auf seine Lese- und Verstehensfähigkeiten. Aber im
Zuge einer rezeptionsdidaktischen Wende wird aus dem zunächst
mündlich rezipierenden Schüler auch sehr schnell ein schreiben-
der. Die literarische Schreibbewegung und -didaktik (vgl. II.3.)
ist ebenso eine Folge der Rezeptionsästhetik wie sogenannte krea-
tivfördernde Konzepte und der produktions- und handlungsorientierte Literaturunterricht (vgl. III.2.): Der rezipierende Schüler
muß zu einem produzierenden werden, wenn seine aktive und
bedeutende Rolle im literarischen Prozeß einmal erkannt ist und
geschätzt wird. Den darauf aufbauenden didaktischen Konzeptionen ist eigen, daß sie von einem Fähigkeits-, Kenntnis- und
Bedürfnispotential bei den Schülern ausgehen, das im nicht rezep-
tionsbetonten Literaturunterricht keinen Platz findet; sie wollen
Raum schaffen für **subjektive Verarbeitungen** literarisch provo-
zierter Eindrücke. Daß beim literarischen Lernen Emotionen eine
Rolle spielen können, wird nicht ignoriert. Während sich sowohl
die sprachorientierte als auch die kritische Didaktik – bei allen
Unterschieden in der Zielsetzung – einig sind im Entwurf eines intellektuell anspruchsvollen Literaturunterrichts, fördern die rezeptionsästhetischen Impulse eine gelassene Haltung gegenüber emotionalen Anteilen. Diese werden nicht gefürchtet, müssen nicht
ausgegrenzt und dürfen geäußert werden. Der daraus entstehende
Konflikt zwischen den intendierten Lehrabsichten des Unterrichtenden und den manifest gewordenen Vorstellungen der Schüler
wird im Zuge der Rezeptionsforschung zu einem didaktisch re-

levanten Reflexionsgegenstand: »Wenn zehn Leute einen literarischen Text lesen, kommt es zu zehn verschiedenen Lektüren. Das weiß doch jeder. [...] Der Leser hat in diesem Sinn immer recht, und es kann ihm niemand die Freiheit nehmen, von einem Text den Gebrauch zu machen, der ihm paßt. [...] Die Lektüre ist ein anarchischer Akt« (Enzensberger 1988, 33/34; 1. Aufl. 1976). Der Schriftsteller Hans Magnus Enzensberger hat den literaturdidaktischen Konflikt in seinem *Bescheidenen Vorschlag zum Schutze der Jugend vor den Erzeugnissen der Poesie* ebenso polemisch wie richtig auf den Punkt gebracht: Nicht mehr aus der Welt zu schaffen ist seit der rezeptionsästhetischen Wende die Erkenntnis, daß in das Lesen eines literarischen Textes zahllose nicht steuerbare Faktoren eingehen und daß der zielorientierte Literaturunterricht einen Widerpart verkörpert, in dem diese wilde Lektüre gebändigt werden soll. Daß zwischen den Leseerfahrungen des einzelnen und den Intentionen eines gesteuerten Lernprozesses ein Widerspruch bestehen könnte, ist seit der Konstanzer Rezeptionsästhetik als didaktisches Wissen präsent.

Nach **Lösungswegen** hat man früh gesucht. Die Unterscheidung zwischen Rezeption als einem spontanen, unbefangenen Beitrag auf einer ersten und Interpretation als reflektiertes, weitere Informationen berücksichtigendes Ergebnis auf einer zweiten Stufe bietet sich als akzeptabler Kompromiß an. Was bleibt ist, daß der ersten Rezeption überhaupt Aufmerksamkeit geschenkt wird, daß sie sogar als Basis für den weiteren Unterricht gewählt werden kann.

Konsequenter als die kritische Didaktik demokratisiert die Rezeptionsdidaktik somit das literarische Lernen, weil sie allen Schülern voraussetzungslos die Chance der aktiven Teilnahme am Unterricht ermöglicht. Sie setzt auf einem niedrigen Niveau an und strebt nicht eilig nach einem hohen. Konsequenter als die beiden anderen didaktischen Richtungen der siebziger Jahre reagiert die rezeptionsorientierte Konzeption auf den Wertewandel der literarischen Bildung, weil sie den Ist-Zustand akzeptiert und diesen erkunden will. Ihr Problem ist die Zielformulierung; während die beiden anderen Didaktiken auf diese den Akzent legen beziehungsweise dezidierte Vorstellungen bezüglich beabsichtigter Veränderungen formulieren, ist die rezeptionsorientierte Forschung diesbezüglich zurückhaltend und vage. Weniger optimistisch und weniger eindeutig in der Entscheidung, in welche Richtung sich Änderungsabsichten überhaupt bewegen müßten, sind die rezeptionsdidaktischen Konzepte der ersten Jahre eher beschreibend, Eindrücke fixierend und Daten sammelnd. Aber

auch die didaktischen Konzeptionen, die in der Folge der Rezep-
tionswende entstehen, orientieren sich weniger an weitreichenden
Ansprüchen und (Erziehungs)Zielen als vielmehr daran, im Literaturunterricht Raum für unterschiedlichste Formen literarischen
Lernens zu schaffen. Dabei geraten sachbestimmte Lernziele zunächst aus dem Blick. Daß aber auch rationales Lernen in eine
rezeptionsorientierte Didaktik integriert werden kann, zeigt sich
an späteren Konzeptionen, in denen kognitive Lernprozesse in
Einklang gebracht werden mit einem leserorientierten Ansatz (vgl.
z.B. Frommer 1988; Waldmann 1988). Die rezeptionstheoretisch
abgeleitete Didaktik ist undogmatisch und nicht auf große Ziele
fixiert; sie kann als Basis für unterschiedliche literaturunterrichtliche Profilierungen dienen. Vielleicht liegt darin der Grund für ihre
langfristige, bis in die Gegenwart anhaltende Wirksamkeit.

Mit dem Ausgang der siebziger Jahre ist ein vorläufiges Ende
der historischen Phase erreicht; in den folgenden Jahren werden
einzelne der literaturdidaktisch relevanten Aufgabenfelder und
Theorien diskutiert, revidiert, empirisch überprüft, kritisiert oder
in neue Konzeptionen überführt. Nicht alle Strömungen der siebziger Jahre haben über dieses Jahrzehnt hinaus gedauert; vorsichtig
formuliert können folgende Ergebnisse genannt werden, die die
didaktische Entwicklung längerfristig geprägt haben:

- eine weitere Theoretisierung der Erforschung literarischer Lehr-
  und Lernprozesse;
- die Ablösung der werkimmanenten Interpretation durch einen
  historisch-soziologischen Blick auf literarische Texte, die den
  Schülern nicht länger als ›vom Himmel gefallen‹, sondern auf
  dem ›staubigen Erdboden entstanden‹ präsentiert wurden;
- die Entdeckung des naiven Schüler-Lesers als wichtiger unbe-
  rechenbarer Teilnehmer am literarischen Lernprozeß und die
  Unterscheidung von Rezeption und Interpretation.

II. Literaturdidaktische Aufgabenfelder

1. Auswahl der literarischen Gegenstände: Kanon-Diskussion

Kanon bedeutet **Verbindlichkeit, Vorschrift, Dogma.** Ein literarischer Kanon enthält Werke, die »für eine bestimmte Zeit jeweils als wesentlich, normsetzend, zeitüberdauernd« eingeschätzt werden und »deren Kenntnis für eine gewisse Bildungsstufe vorausgesetzt wird (z.B. in Lehrplänen)« (Metzler Literatur Lexikon, 2. Aufl. 1990, 232); d.h. tradierte Werke, die eine längere Rezeptionsgeschichte aufweisen und deren ästhetischer Wert als relativ unumstritten gilt. Sein Bestand kann sich ändern, aber langsam und mit einigem Abstand von der Entstehungszeit der Werke: »[...] der Kanon ist kritisierbar und sogar revidierbar. [...] Beweglichkeit ist paradoxerweise eines seiner hervorstechenden Merkmale« (Bark 1996, 6).

Bis in die fünfziger Jahre hinein orientierte man sich in der Lektürepraxis des gymnasialen Literaturunterrichts weitgehend an jeweils geltenden kanonischen Vorgaben. In den sechziger, insbesondere aber Anfang der siebziger Jahre wurde die Festsetzung eines literarischen Kanons von Literaturwissenschaftlern wie Literaturdidaktikern kritisiert und als überholt, konservativ, antiquiert, unflexibel sowie autoritär abgelehnt; es wurde der »Vorschlag einer immanenten Kanonrevision« angemeldet (Raitz/Schütz 1976, 9; vgl. auch I.3.2.; vgl. auch Brackert 1974). Seit dieser Phase gibt es keinen unumstritten gültigen Literatur-Kanon mehr – weder für die gymnasiale Ausbildung noch für ein literaturwissenschaftliches Studium, die Rede ist zukünftig eher von einer Kanon-Frage, einem Kanon-Problem. Nunmehr muß ein Kanon legitimiert beziehungsweise kann bezweifelt werden, eine Sicherheit in dem, was an literarischen Kenntnissen vorausgesetzt werden kann, gibt es nicht mehr. Die Rede ist nunmehr eher von einer Literatur-Auswahl, von einer *Leseliste*: So werden auch die »kommentierten Empfehlungen« genannt, die 1994 im Reclam-Verlag erschienen sind und in die gut 600 Titel aufgenommen wurden. Die große Anzahl der Texte zeigt, daß wir uns in der ›Zeit nach dem Kanon‹ befinden, in einer Zeit der Lektüre-Empfehlungen. Obwohl aus diesen Gründen der Begriff ›Kanon‹ vielfach nicht mehr der richtige ist und z.b. die Herausgeber der umfangreichen *Leseliste* mit ihren Vorschlägen auch nur noch einen »provisorischen Anspruch« erheben (*Leseliste* 1994, 9), wird er gleichwohl in allen Zusammenhängen verwandt, in denen es um präskriptive oder deskriptive Literatur-Auswahlpraxen geht (vgl. historische Darstellung und aktuelle Kommentierung bei Hegele 1996, 220–236).

Kanon-Beispiele aus dem 19. und 20. Jahrhundert

Wie wurde – beziehungsweise wie wird – die **Frage nach dem Lektüregegenstand**, dem WAS des Literaturunterrichts konkret behandelt? Einige historische und aktuelle Beispiele sollen das Kanon-Problem konkretisieren: So fühlten sich die Literaturdidaktiker Harro Müller-Michaels und Helmut Fuhrmann Anfang der achtziger Jahre durch eine Kanon-Diskussion herausgefordert, die von Kollegen in der Zeitschrift *Diskussion Deutsch* ohne Einigung auf einen Textkorpus geführt worden war (1982, H. 64), und legten in nachfolgenden Heften nicht nur ein Bekenntnis zum Kanon ab, sondern machten *die* konkreten Text-Angaben, die ihre Kollegen verweigert hatten (Müller-Michaels 1982; Fuhrmann 1983). Sie nennen literarische Werke, vor allem solche, die lange tradiert sind (die jüngsten Werke entstammen den fünfziger Jahren) und schlagen sie für den Lektüre-Kanon in der gymnasialen Oberstufe vor. Müller-Michaels kommt auf zwölf Titel, Fuhrmann auf neunzehn für den Leistungs- und dreizehn für den Grundkurs. Müller-Michaels ist radikal und entscheidet sich für einzelne Werke, Fuhrmann gibt für die meisten literaturgeschichtlichen Phasen eine Fülle von alternativ zu wählenden Titeln an (z.B. sind es für die zweite Hälfte des 19. Jahrhunderts 21 Titel der europäischen Literatur, die er zur Auswahl vorschlägt, so daß seine Liste insgesamt weit über einhundert Titel umfaßt). Interessant ist Müller-Michaels' **rigoroser Zwölf-Werke-Kanon**, der folgende Texte enthält:

1. theoretische Schriften zur Aufklärung
2. Schiller: *Wallenstein*
3. Goethe: *Faust*
4. Büchner: *Woyzeck*
5. Heine: *Deutschland. Ein Wintermärchen*
6. Mann: *Buddenbrooks*
7. Brecht: *Der Kaukasische Kreidekreis*
8. Grass: *Die Blechtrommel*

Für diese acht Werke fügt er kurze gegenstandsbezogene und methodisch-didaktische Begründungen an. Nicht begründungsbedürftig sind nach Müller-Michaels' Auffassung:

9. Sophokles: *König Ödipus*
10. Shakespeare: *Hamlet*
11. Lyrik der deutschen Klassik und Romantik sowie des französischen Symbolismus
12. Tolstoj: *Krieg und Frieden*

Verglichen werden soll dieser, zu Anfang der 1980er Jahre entworfene Kanon mit Beispielen aus dem 19. beziehungsweise aus der Mitte des 20. Jahrhunderts: **Rudolf von Raumers Kanon aus dem Jahr 1852** sieht fünfzehn Werke vor (vgl. I.1.):

1.–4.   Goethe: *Götz von Berlichingen, Iphigenie, Tasso, Hermann und Dorothea*
5.–9.   Schiller: *Wallenstein, Wilhelm Tell, Maria Stuart, Jungfrau v. Orléans, Don Carlos*
10.   Lessing: *Minna von Barnhelm*
11.–13. drei Stücke von Shakespeare
14.   Herder: *Cid*
15.   ein Stück von Calderón

(in seiner späteren Reduktion fallen *Tasso, Wilhelm Tell, Maria Stuart, Jungfrau v. Orléans, Don Carlos* sowie ein Stück von Shakespeare und das von Calderón weg; vgl. Herrlitz 1964, 112/113).

Erika Essens Kanonvorschlag von 1956 lautet:

1.   Auszüge aus der *Ilias*
2.–3.   Sophokles: *König Ödipus, Antigone*
4.   die sprachliche Urfassung des *Hildebrandsliedes*
5.   Auszüge aus *Parzifal* in Prosaübertragung
6.   *Der Ackermann von Böhmen* in der Urfassung
7.   Grimmelshausen: *Simplizissimus* als Schüler-Referat
8.–10.   Goethe: *Wilhelm Meister, Iphigenie, Faust*
11.   Schiller: *Wallenstein*
12.–13. Brecht: *Mutter Courage, Der gute Mensch von Sezuan*
14.   Thomas Mann: *Doktor Faustus* (zitiert nach: Essen 1962, 272–280).

Der Erziehungswissenschaftler Hans-Georg Herrlitz weist in seiner historischen Arbeit zu Lektüre-Kanon und Geschichte des muttersprachlichen Literaturunterrichts darauf hin, daß das 19. Jahrhundert entscheidend war für die deutschunterrichtliche Behandlung der Kanon-Frage. Er betont in diesem Zusammenhang, welch verhängnisvolle Wirkung die Raumersche Kanon-Vorschlag gehabt habe. Einen Rückschritt mit fatalen Auswirkungen sieht er in dessen dogmatischer Festschreibung eines Minimalkanons von fünfzehn beziehungsweise acht Werken, ausgewählt nach dem starren Kriterium der »Überlieferung« (Herrlitz 1964, 110–116; vgl. auch I.1.). Die Folge: »Der muttersprachliche Unterricht wird zum

Museum. Die Hinwendung zum ›Klassischen‹ erstarrt zur Norm
der ›Klassizität‹, die ein lebendiges Verhältnis zwischen Schule und
literarischer Überlieferung unmöglich macht« (ebd., 116).

Das **Prinzip der Klassizität** siegte, es bestimmte nach Herrlitz'
Einschätzung bis in das 20. Jahrhundert hinein die Schullektüre
und verhinderte eine didaktische Reflexion. Herrlitz gelangt zu
dem Ergebnis, daß der Literaturunterricht zwar eine »bewahrende« Aufgabe habe und die Lektüre nach diesem Prinzip ausgewählt werden müsse; ebenso wichtig aber befindet er die jeweilige
»Sichtung« des kanonischen Bestandes und insistiert darauf, daß
der »Anspruch der Überlieferung immer wieder auf seine aktuelle Bildungsbedeutsamkeit hin« zu überprüfen sei (Herrlitz 1964,
148/149). Es ist die Frage, ob die beiden zitierten Kanon-Vor-
schläge des 20. Jahrhunderts diesem Anspruch gerecht werden.
Wenngleich jeder Didaktiker andere Akzente setzt – Essen legt
Wert auf die antike und die ältere deutsche Literatur, Müller-Michaels ignoriert die kritische Literatur des 19. Jahrhunderts nicht
länger –, berücksichtigen beide gleichermaßen literarische Werke
mit dem ›Ruf des Klassischen‹.

Geschlossen stehen sie der Gegenwartsliteratur skeptisch gegenüber. Besonders Müller-Michaels' Vorschlag macht dieses ka-
nonspezifische Problem deutlich. Antiquiert wirkt sein Kanon vor
allem, weil er so vorsichtig mit der Literatur des 20. Jahrhunderts
umgeht. Seine Auswahl diese Zeit betreffend, weist erstaunliche
Parallelen zu der Erika Essens auf; dreißig Jahre früher ist Essen
fast noch mutiger als Müller-Michaels, weil sie einen umstritte-
neren und jüngeren Roman von Thomas Mann – *Doktor Faustus*
ist 1947 erschienen – sowie ›politischere‹ Dramen Bertolt Brechts
auswählt. Gegen die von Müller-Michaels genannten literarischen
Werke ist nichts einzuwenden, wenn sie als Lektüre-*Vorschlag*, als
individuelle Lektüre-*Auswahl* für den dreijährigen Oberstufen-
unterricht gemeint sind. Aber es kann sich bei dieser Liste heute
nicht mehr um einen Kanon mit dem Anspruch auf allgemeine
Gültigkeit handeln. Dieses Beispiel demonstriert vielmehr, daß
die schulische Lektüre auf diese Weise nicht mehr geregelt werden
kann.

Selbst die Vorgaben der offiziellen **Rahmenpläne** (vgl. die ausführliche Darstellung in *Mitteilungen des deutschen Germanistenverbandes* (1987) H. 3 und 4), die in ihrer kanonbildenden Funktion
nicht unterschätzt werden dürfen, sehen eine vergleichsweise rigide
Regelung der schulischen Lektürepraxis nicht mehr vor, sondern
bieten eine große Auswahl an Titeln, die Wahlmöglichkeiten erlauben (vgl. dazu auch die unlängst erschienene Fallstudie zum

bayrischen Lehrplan ›Lesen‹, in der die problematischen Folgen eines von oben verordneten Literaturkanons für die Hauptschule aufgezeigt werden (Knobloch 1998)). Trotzdem scheinen diese amtlichen Richtlinien indirekt zur **Herausbildung von ›Standardlektüren‹** beigetragen zu haben. Daß sich diese Auswahl im Bereich der alten und modernen Klassik und damit im Rahmen der Tradition bewegt, zeigt ein 2000 erschienener Band, der von den Literaturdidaktikern Klaus-Michael Bogdal und Clemens Kammler herausgegeben wurde. Es handelt sich um den 100. Band der Reihe *Oldenbourg Interpretation*. Die beiden Herausgeber haben Kollegen gebeten, die »besonders erfolgreichen Titel« der Reihe *Interpretationen für Schule und Studium* mit einem subjektiven Kommentar zu versehen und dabei »die Frage nach dem ›Wozu‹ in den Vordergrund ihres Essays zu stellen« (Bogdal/Kammler 2000, 9). Erfolg wurde an den »Verkaufszahlen« des jeweiligen Interpretationsbandes gemessen; ausgegangen wurde davon, daß es sich bei der so entstandenen Zusammenstellung um den »**faktischen Kanon** der in der gymnasialen Oberstufe am häufigsten gelesenen Werke« handelt (ebd.), weil Lehrende (und vielleicht auch Lernende?) die Bände in der Regel nur kaufen, wenn sie mit dem literarischen Werk arbeiten. An dieser Stelle soll die pragmatisch entstandene Auswahl der beiden Herausgeber als aktuellstes Beispiel zitiert werden, nicht mit kanonischem Anspruch, sondern als Hinweis auf die tatsächliche Lektürepraxis.

Andersch: *Sansibar oder der letzte Grund*
Böll: *Die verlorene Ehre der Katharina Blum*
Brecht: *Leben des Galilei*
Büchner: *Woyzeck*
Döblin: *Berlin Alexanderplatz*
Droste-Hülshoff: *Die Judenbuche*
Dürrenmatt: *Der Besuch der alten Dame*
Eichendorff: *Aus dem Leben eines Taugenichts*
Fontane: *Effi Briest*
Frisch: *Homo faber*
Goethe: *Faust I; Faust II; Die Leiden des jungen Werther*
Grass: *Die Blechtrommel*
Heine: *Deutschland. Ein Wintermärchen*
Hesse: *Der Steppenwolf*
E.T.A. Hoffmann: *Das Fräulein von Scuderi*
Horvath: *Jugend ohne Gott*
Kafka: *Die Verwandlung*
Kleist: *Der zerbrochene Krug*
Lessing: *Emilia Galotti; Nathan der Weise*
H. Mann: *Der Untertan*

T. Mann: *Buddenbrooks*
Remarque: *Im Westen nichts Neues*
Schiller: *Kabale und Liebe; Die Räuber*
Storm: *Der Schimmelreiter*
Seghers: *Das siebte Kreuz*
Süskind: *Das Parfum*

Demnach hat die tatsächliche Schullektüre mit von Raumers, Essens und Müller-Michaels' Kanones kaum noch Ähnlichkeiten: Insgesamt entstammen die Texte in ziemlich ausgewogenem Verhältnis dem 19. und 20. Jahrhundert. Ungleich stärker berücksichtigt wird die klassische Moderne, bei der es sich inzwischen um historisch gewordene Literatur handelt. Bemerkenswert ist, was fehlt: Das 18. Jahrhundert ist nur noch bescheiden vertreten, ältere Literatur weiter zurückliegender Epochen taucht in dieser Zusammenstellung nicht mehr auf: Weder antike noch mittelalterliche noch Barock-Literatur ist genannt; das ist vielleicht auch der Grund, warum dramatische Texte nunmehr so eindeutig in der Minderheit sind. Angesichts der Kürze der verfügbaren Lesezeit wird die ältere Literatur zurückgedrängt, und die jüngere rückt an deren Stelle. Allerdings spielt die unmittelbare Gegenwartsliteratur eine ähnlich marginale Rolle wie in Müller-Michaels' und Essens Kanones. Die Auswahl ist zwar ›gegenwärtiger‹ geworden, bezieht aber vor allem die Werke ein, die inzwischen abgesichert sind und deren Wert unumstritten ist. Es ist zu vermuten, daß mit dieser tatsächlichen Lektürepraxis ein ›**heimlicher Kanon**‹ angedeutet ist, der sich gegen alle Unsicherheit und Offenheit in der Kanon-Diskussion durchgesetzt hat.

Historische Erläuterungen zum Kanon

In (philosophie)geschichtlichen Ausführungen wird erläutert, warum diese Akzentuierung des Gegenwärtigen und das Zurückdrängen des lange Tradierten ein historisch unausweichlicher Prozeß ist. Der Erziehungswissenschaftler und Philosoph Günther Buck erläutert entsprechende **kanontheoretische Zusammenhänge** und begründet, warum eine Loslösung von einer kanonischen Orientierung unvermeidlich war. Buck trennt zunächst zwischen dem klassischen Kanon, womit er den alten Kanon der Antike sowie des Mittelalters meint, und dem modernen seit dem 19. Jahrhundert, dem der Nationalliteratur mit seiner Tendenz zur »nationalen Klassik« (Buck 1983, 363). (Erika Essens Kanon ist ein Beispiel dafür, wie ein Kompromiß zwischen dem klassischen und dem nationalen Kanon versucht wird; Müller-Michaels leistet diesen

Kompromiß sehr schwach, von Raumers Lektüre-Kanon ist eher national ausgerichtet. Die faktische Lektürepraxis, die Kammler und Bogdal dokumentieren, enthält nationale Literatur sowie solche der ›modernen Klassik‹.)

Der nationale Kanon des 19. Jahrhunderts sowie der Verlust des Kanons im 20. Jahrhundert sind Resultat einer gewandelten Geschichtsauffassung; diesen Prozeß zeichnet Buck nach. Buck geht von einer strengen Definition aus: »Kanon, das ist Tradition und Hingabe an Tradition. [...] Das tradierte Maßgebliche ist von weiter Herkunft, ist geschichtlich Vergangenes, und das ist einer der Gründe, weshalb es als Maßgebliches gilt« (ebd., 352/53). Der alte Kanon und Tradition sind identisch. Aus diesem Grunde ist der Kanon theoretisch nicht begründbar, etwas, das ihm als Mangel angekreidet wird. Unter dieser Voraussetzung ist auch die Wertungsfrage irrelevant beziehungsweise stellt sich erst gar nicht, weil nur gesicherte Werke der lange zurückliegenden Vergangenheit in den Kanon aufgenommen werden. Buck bezeichnet diesen alten Kanon als »*bildungstheoretischen Maximalismus*«, weil man sich mit diesem ›seiner Sache sicher‹ sein, sie normativ vertreten und bei Nichteinhaltung mit Sanktionen drohen konnte; die neuen Stoff- beziehungsweise Rahmenpläne für den modernen Literaturunterricht hingegen folgten einem »*bildungstheoretischen Minimalismus*«, weil sie ein literarisches Werk nicht länger in seiner Einmaligkeit als unentbehrlich betrachten und notwendigerweise »›Mut zur Lücke‹« bewiesen (ebd., 352).

Eine Schule des Kanons sei eine Schule gewesen, die sich der Vergangenheit zugewendet habe. Eine Schule ohne Kanon sei eine Schule, die gegenwarts- beziehungsweise zukunftsorientiert arbeite. Buck datiert die reformpädagogische Wende zu Beginn des 20. Jahrhunderts als den Zeitpunkt, zu dem man sich vom Kanon gelöst und der Gegenwartsliteratur zugewandt habe. Wenngleich diese Datierung ein wenig früh erscheint, so lassen sich für die 1920er Jahre erste Diskussionen über Gegenwartsliteratur in der Schule nachlesen (*Diskussion Deutsch* 1982, H. 64, 154–157; Hegele 1996, 49–54), so gilt diese Aussage sicherlich für den Literaturunterricht sei den 1970er Jahren. »Wo aber Bildung im Prinzip nur an der Gegenwart orientierte *Antizipation des Zukünftigen* ist, hat es der Kanon, der sich durch weite Herkunft legitimiert, schwer, ja er erscheint zweideutig genug als Mittel einer *Zukunftsvermeidungs-Strategie*« (Buck 1983, 354). Eine solche Entwicklung – weg vom Kanon hin zu Gegenwart – sei nicht zu verhindern, sie sei das konsequente Ergebnis einer modernen Geschichtsauffassung, die zu einer »*totale(n) Relativität* alles Geschichtlichen« geführt habe (ebd., 354; Hervorh. E.K.P.). Im Unterschied dazu sei das kanonische geschichtliche Denken teleologisch gewesen und in ein sicheres, zielorientiertes Bildungsverständnis gemündet. Buck zeichnet die sukzessive Aufweichung dieses Denkens in der Neuzeit nach und versucht insbesondere mit Bezugnahme auf Rousseau, Schiller und Kant deutlich zu machen, wie sich im 18. Jahrhundert die Bildungsintentionen mit der Einführung des Begriffes ›Identität‹ gewandelt haben. Identität sei ein »für viele Inhalte offenes Bildungsziel«, das anders als der alte Kanon beliebige literarische Werke zulasse. Weil nun alles Vergangene gleichermaßen von Interesse sein kann, wenn es den Kriterien entspricht, exemplarisch zu sein und Identitätsstiftung zu ermöglichen, ist eine Loslösung vom starren dogmatischen klassischen Kanon eine logische Folge:

»Das Nibelungenlied kann es nun mit Homer, Walther von der Vogelweide mit Pindar und, ganz zuletzt, Brecht mit Schiller aufnehmen, zumal in diesen Beispielen ›Identität‹ jeweils auch inhaltlich an den modernen Möglichkeiten demonstrierbar sind« (ebd., 363/63; vgl. die Kanones von Essen und Müller-Michaels).

Diese Entwicklung ist nicht mehr rückgängig zu machen: mit dem Kriterium der Tradition läßt sich ein Kanon nicht mehr begründen. Buck schlägt für die gegenwärtige Kanon-Reflexion einen anderen Maßstab vor: den »*Kanon der Alterität* (Kanon der Andersheit)« (ebd., 365). Während es beim klassischen Kanon gesichert war, daß er durch »**Fremdheit frappierte**« (ebd., 364), unterliegt das gegenwärtige literarische Verstehenlernen der Gefahr, »beliebigen Gegenwarts-Konjunkturen« überlassen zu werden. Dem möchte der historisch denkende Philosoph vorbeugen und mit dem Kriterium der Andersheit, literarische Werke (der Weltliteratur) für ein auf »*Kontrasterfahrungen*« zielendes literarisches und geschichtliches Lernen gerettet sehen (ebd., 364).

Bucks Ausführungen machen deutlich, welche historischen, bildungstheoretischen und ästhetischen Fragen unweigerlich mit einer Erörterung des Kanon-Themas verknüpft sind: Berührt wird die Beziehung zur *Tradition*. Provoziert wird außerdem eine Reflexion darüber, was *Bildung* zu leisten hat. Ein ästhetisches Problem wird angesprochen: die *Wertung* literarischer Werke. Und gänzlich im Gegensatz zum Kanon scheint ein unbefangenes Verhältnis zur *Gegenwart* zu stehen. Diese Fragen werden auch in der bereits erwähnten Diskussion zwischen Literaturdidaktikern und -lehrern verhandelt, die in *Diskussion Deutsch* ausführlich dokumentiert ist (1982, H. 64). Daß das Thema ›Kanon‹ hier in Form einer Diskussionsrunde dokumentiert wird, zeigt, daß die Verständigung über den Kanon zum Prozeß geworden ist, an dem mehrere beteiligt sind. Zum Kanon gibt es unterschiedliche Positionen, eine von allen gleichermaßen vertretene Einschätzung ist Anfang der achtziger Jahre nicht mehr zu erlangen. In den schriftlichen und mündlichen Beiträgen der Diskussionsteilnehmer wird deutlich, wie kompliziert die Kommunikation, erst recht eine Einigung über den Kanon inzwischen geworden ist: eine Fülle von Faktoren ist zu berücksichtigen, wobei der Begriff Tradition auffallend häufig auftaucht, auch in Zusammensetzungen wie Traditionsaneignung, Traditionsvermittlung, Traditionskrise, Traditionsabweisung, Traditionsbruch, kritische Traditionsverarbeitung, Traditionskonstruktion, Traditionsverlust. Diese Wortbildungen deuten bereits darauf hin, daß die engagiert geführte Diskussion, in der unterschiedliche Standpunkte nebeneinander stehen bleiben, keine Lösung des Kanon-Problems mehr ergeben kann, daß aber ein *Reden* **über die Kanon-Frage** nach wie vor sinnvoll ist, weil sie wie keine andere literaturdidaktische Reflexionen über das *Was* des literarischen Lernprozesses provoziert.

Das dokumentieren auch andere Beiträge zur Kanon-Diskussion: So argumentiert der Literaturdidaktiker Rolf Geißler aus historischen Gründen *für* den Kanon. Ein Kanon halte die »**Geschichtlichkeit**« gegenwärtig, die bürgerliche »Geschichte als geistige Bedingung unseres Herkommens und Seins« (Geißler 1982, 15). Er plädiert für eine »*Arbeit* mit dem Kanon durch literarische Reihenbildung«, in der Werke vom 18. bis 20. Jahrhundert miteinander konfrontiert werden: Unter thematischen Überschriften wie beispielsweise »Künstler und Bürger in der bürgerlichen Gesellschaft« beziehungsweise das bürgerliche Trauerspiel als »literaturgeschichtliche Perspektive der Subjektivität« werden Werke von Goethe bis Thomas Mann, von Gryphius bis Schnitzler im historisch-kontrastierenden Vergleich untersucht. Resultat einer so angelegten Analyse literarischer Texte sei eine »*Arbeit* am Kanon durch die Frage nach der Stellung und Geschichte des bürgerlichen subjekthaften Ichs« (ebd., 21; Hervorh. E.K.P.).

Aktuelle Beiträge zur Kanon-Frage

In dem von Detlef C. Kochan herausgegebenen Sammelband wird versucht, den (**tatsächlichen**) **Lektüre-Kanon** in den deutschsprachigen europäischen Ländern zu erfassen (unter *Lektüre*-Kanon versteht Kochan präskriptive und normative Instrumente, also Rahmenpläne und Richtlinien im Unterschied zum bloß deskriptiven Literatur-Kanon (Kochan 1990, 4)). Die Beiträger suchen nicht nach Lösungen aus der Kanon-Klemme, sondern zeigen auf, wie die tatsächliche Praxis aussieht und welche Formen der indirekten Kanonisierungen in dieser stattfinden. Interessant ist der Aufsatz des literaturdidaktisch interessierten Literaturwissenschaftlers Jürgen Hein, in dem eine Bestandsaufnahme der literaturdidaktischen und öffentlich wirksamen Kanon-Diskussion geleistet wird (Hein 1990). Hein bezieht sowohl die Einflüsse des Medienkonsums als auch die Wirkung der Rahmenrichtlinien in seine Darstellung ein. Der Literaturdidaktik macht er heftige Vorwürfe, was ihre Haltung zur Kanon-Frage angehe: sie habe »kein Gewissen und kein Gedächtnis« und sei »oft genug [...] modischen Trends unterworfen«. Sie weigere sich, Festlegungen zu treffen und diskutiere lieber über eine »›falsche‹ Praxis« (ebd., 318). Ergebnis sei die **Existenz eines »›heimlichen Kanons‹«**, der nicht hinreichend reflektiert werde, weil man seine Existenz nicht recht wahrhaben wolle (ebd., 338; Hervorh. E.K.P.). Notwendig sei aber, diesen Kanon auf seine Berechtigung hin zu untersuchen, nicht nur aus didaktischer, sondern auch aus der Sicht all derer, die am Zustandekommen eines Kanons mitwirken: »Die Kanon-Diskussion in Didaktik, Wissenschaft und Öffentlichkeit müßte zu gemeinsamen Ergebnissen kommen; auf der gemeinsamen Grundlage könnten die Entscheidungen für die einzelnen Sektoren des literarischen Lebens [...] ganz verschieden ausfallen« (ebd., 339).

Die Literaturwissenschaftlerin Renate von Heydebrand entscheidet sich 1993 vor allem mit einem Blick auf die bewahrende kanonische Literaturtradition der ehemaligen DDR *für einen Kanon*, aber für einen umfangreichen, der einhundert oder sogar »mehrere hundert Titel und eine sehr große Zahl von Autoren« enthalten sollte (Heydebrand von 1993, 17). Langlebigkeit der Werke nennt sie als ein wichtiges Kriterium; für die Auswahl der Gegenwartsliteratur verweist sie auf die aktuelle Literaturkritik; klassische Kinderliteratur, sowie der *Film* dürften in einem solchen Kanon nicht fehlen.

Helmut Fuhrmann setzt sich ebenfalls für eine »(**modifizierte) Rückkehr zum klassischen Literaturkanon** der Schule« ein (Fuhrmann 1993, 9). Er kritisiert die literaturunterrichtlichen Reformen der siebziger Jahre, die, wie ein Vergleich der Lehrpläne der alten Bundesrepublik ergibt, zu einer kanonlosen Schule geführt hätten (ebd., 118–140). Die daraus resultierenden »geistigen Verwüstungen« und »ruinösen Konsequenzen« werden von ihm polemisch, vorwurfsvoll und kulturpessimistisch diskutiert (ebd., 118). Aus diesem Grund ist Fuhrmanns Beitrag ein beredtes Beispiel für die **konservative Richtung** der Kanon-Debatte. Zwar ist sein

Kanon-Vorschlag wesentlich differenzierter – aber auch sehr viel umfangreicher – als Müller-Michaels' Vorschlag und weist in den thematischen Reihenbildungen eine Mischung von historischer, gegenwärtiger, filmischer und trivialer Werke auf (ebd., 201–205; 224–233), aber der autoritäre Impuls, den Fuhrmann mit der Kanon-Frage verbindet, macht aus diesem kanonischen Rettungsversuch ein unzeitgemäßes Dogma.

Bremerich-Vos wirft Fuhrmann vor, bildungssoziologische Fragen nicht zu berücksichtigen. Aus sprachdidaktischer Sicht kommt Bremerich-Vos, was den Beitrag des Kanons zur sprachlichen und literarischen ›Bildung‹ betrifft, zu dem Schluß, daß »der Anspruch, einen Kanon mit den Mitteln einer sich als Wissenschaft verstehenden Didaktik rechtfertigen zu können«, nicht mehr einlösbar sei (Bremerich-Vos 1995, 237).

Aber diese Auffassung ist nicht Konsens, wie die Beiträge in einem Heft der *Mitteilungen des Germanistenverbandes* zeigen (1996; H. 3). Erstaunlich viele Autoren – Germanisten, Didaktiker und Lehrer – sprechen sich für kanonische Orientierungshilfen in Schule und Hochschule aus, seien es Literaturlisten, Lektüreempfehlungen, Leselisten. Die Begründungen für eine solche Rückkehr zu Lektürevorgaben sind – bei allen Unterschieden im einzelnen – von auffällig **pragmatischer Natur**. Die Studierenden und damit auch die späteren Deutschlehrer bräuchten – damit überhaupt noch literarische Kenntnisse zustandekämen – Lese-Hinweise, und zwar von sachkundigen Spezialisten, u.a. »wegen der Kürze des Leben: weil man nicht alles lesen kann«, wie der Literaturwissenschaftler Joachim Bark nüchtern konstatiert (ebd., 6; vgl. auch Bark 1993). Es geht weniger um Traditionswahrung, als vielmehr um eine begründete und nachvollziehbare Literaturauswahl, die den Lektüre-Umfang auf einen lesbaren begrenzt.

Andere Impulse gehen von einer erst unlängst initiierten **historischen Kanonforschung** aus, die das Metawissen über den Kanon selbst zum eigentlichen Gegenstand erheben will. In Anknüpfung an eine Untersuchung von Aleida Assmann, in der »nach den institutionellen und lebensweltlichen Kontexten von Literatur« gefragt wird (Assmann 1998, 50), entwickelt Korte die literaturdidaktisch relevante Frage: »Historische Kanonforschung untersucht den Stellenwert von Kanonwissen und Kanonnutzung im Alltag, fragt also, welche Bedeutung die Verfügbarkeit über Kanonwissen im Alltagshandeln hat, etwa für die Herausbildung und Reproduktion von Lebensstilen und -gewohnheiten, und an welche Bedingungen eine erfolgreiche *Kanonsozialisation* geknüpft ist, in deren Verlauf *Kanonkompetenz* erworben wird« (Korte 1998, 20). Nicht *was* gelesen werden soll, steht im Zentrum, sondern *welche Funktion dem Wissen* zukommt über das, was an literarischen Kenntnissen vorhanden sein sollte. Da diese Kanonforschung erst ganz am Anfang steht, sind die didaktischen Folgen noch nicht absehbar, könnten aber bedeutend sein, da mit neuen Fragen einer möglichen Verbindung von Literatur und Leben nachgespürt wird.

Renaissance der Kanondiskussion

Eine Wiederbelebung der Kanondiskussion zu Beginn des neuen Jahrtausends ist zum einen durch die literaturhistorische Studie von Hans Schlaffer über die *Kurze Geschichte der deutschen Literatur* initiiert worden und zum anderen durch die nach Gattungen, in tragbaren Kassetten sortierten Buchsammlungen eines bekannten Literaturkritikers.

Schlaffers kleine Schrift hat Aufmerksamkeit erregt, weil ein wertender Blick auf die deutsche Literaturgeschichte geworfen wird, in dem der germanistischen eine **Leserperspektive** gegenübergestellt wird: »Viel wird geforscht, wenig gelesen. [...] Versteht man unter Nationalliteratur [...] den Zusammenhang der im **literarischen Gedächtnis** *lebendigen* Werke, so ist die Geschichte der deutschen Literatur überschaubar kurz und konzentriert« (2002, 18; Hervorh. E.K.P.). So gesehen sei nahezu die gesamte Literatur, die **vor 1750** geschrieben sei, Angelegenheit von (germanistischen) Fachleuten, nicht aber die von (gebildeten) Lesern (ebd., 17), nicht weil sie schlecht sei, sondern weil nicht rechtzeitig und systematisch für ihre Verbreitung gesorgt wurde. Hier unterscheide sich Deutschland erheblich von den europäischen Nachbarn, bei denen auch die Literatur länger zurückliegender Epochen auf breite Leserschaft getroffen sei und noch immer träfe.

Schlaffer sieht nur **zwei Höhepunkte deutschen literarischen Schaffens**, und zwar einmal in der zweiten Hälfte des 18. und zum anderen in den ersten Jahrzehnten des 20. Jahrhunderts. In diesen beiden Phasen sei eine deutsche Literatur entstanden, die gelesen werde und die auch jenseits der Landesgrenzen Anerkennung gefunden habe. Im 19. Jahrhundert läßt er nur einige Ausnahmen gelten (Mörike, Stifter), insbesondere und sehr ausführlich Gottfried Kellers *Der grüne Heinrich*. Hingegen sieht er die deutsche Literatur nach 1945 geprägt durch den Sachverhalt, daß die Schriftsteller »für die Sünden der Deutschen Buße tun« müssen; sie hätten die »Rolle des Bußpredigers« übernehmen müssen (ebd., 149) und blockierten mit der »Angst vor der Verführung durch die Phantasie [...] das eigentliche ästhetische Vermögen« (ebd.,

150). Gleichwohl werde gerade diese Literatur gelesen, vor allem im »fortschrittliche(n) Deutschunterricht«, der klassische Texte als »konventionell, langweilig, selbstverständlich« abtue (ebd., 152).

Abgesehen davon, daß die Praxis der schulischen Lektürewahl anders aussieht und gerade Werke länger zurückliegender Zeiten berücksichtigt und abgesehen davon (vgl. dazu auch Kammler 2004), daß man vielleicht nicht allen Schlafferschen Urteilen im einzelnen zustimmen möchte, wirkt dieser **Kanonkommentar befreiend und provozierend** zugleich: befreiend, weil er überlieferte Kriterien in Frage, provozierend, weil er neue zur Disposition stellt: z.B. Verbreitung der Literatur im Gedächtnis einer breiten interessierten Leserschaft; das Verhältnis von deutscher Literatur und Unterhaltung; ein Vergleich deutscher Literatur mit den Literaturen europäischer Länder und anderer Sprachen sowohl was die produktions- als auch die rezeptionsästhetische Seite angeht (vgl. dazu auch Casanova 2005, der die Position vertritt, ein Kanon sei sowieso nur weltliterarisch zu begründen).

Ausgelöst wurde eine erneute Kanondebatte aber auch durch die **Auswahl von zwanzig deutschen Romanen**, mit denen Marcel Reich-Ranicki 2002 *sein* gattungsorientiertes Kanonprojekt startete (zwischen 2002 und 2005 folgten Buchkassetten mit 43 Dramen, 180 Erzählungen und 1370 lyrischen Texten). Reich-Ranickis kaufbarer Kanon weist darauf hin, daß die Verlage erneut von einem Interesse an vergleichbaren Zusammenstellungen ausgehen (das zeigen auch die zahlreichen Nachfolgeinitiativen der überregionalen Tagespresse und anderer Organe, in denen (Kinder- und Jugend-)Buch-, Hörbuch- und Filmsammlungen u.a.m. angeboten werden). Kanones wie diese verfolgen zwar keine explizite didaktische Orientierung, nehmen aber durchaus subtil Einfluß auch auf schulische Auswahlprozesse (vgl. dazu auch die ZEIT-Schülerbibliothek vom 10.10.2002).

Vergleichbare **Prozesse der Auswahl** hat Elisabeth Stuck in ihrer Studie zu *Kanon und Literaturstudium* (2004) untersucht. Wichtig ist Stucks Hinweis, daß zwischen den prozeduralen Aspekten bei der Kanonformation und dem institutionellen Status eines Lektürekanons unterschieden werden muß. Stuck knüpft an die **Unterscheidung zwischen einem Bildungs-, einem Forschungs- und einem Lektürekanon** an und unterteilt in einem zweiten Schritt den Lektürekanon in einen ›Schulkanon‹ und einem ›Universitätskanon‹. Erhebliche Unterschiede bestünden z.T. zwischen dem öffentlichen Bildungskanon und den Lektürekanones in Bildungsinstitutionen; letztere hätten das Ziel, »spezifische Fachkenntnisse« und »ein anerkanntes Fachverständnis« zu vermitteln (ebd., 62).

Wenn man Stucks Unterscheidung folgt, kommt den umfangreichen Buchkassetten von Reich-Ranicki offiziell nur ›Event-Charakter‹ zu, inoffiziell kann aber nicht ausgeschlossen werden, daß vergleichbare Vorschläge in der einen oder anderen Form Einfluß auf die Gestaltung schulischer Lektürewahl nehmen. Solche fließenden Übergänge zwischen den Bildungs- und Institutionskanones schließt Stuck nicht aus, versucht aber mit ihrer akribischen Begriffsklärung erneut daran zu erinnern, daß **nicht alle Lektüre-Empfehlungen den Status von Kanones** haben. Elisabeth Stuck macht deutlich, daß die gegenwärtige Kanondiskussion sich von früheren Debatten in vielerlei Hinsicht unterscheidet (wie sie überhaupt einen komprimierten Überblick über die aktuelle Debatte leistet; vgl. ebd., 17–31). Neu ist, daß die **wissenschaftliche Auseinandersetzung mit dem Kanon** als Forschungsgegenstand zugenommen hat und daß auch die Probleme des universitären Lektürekanons intensiver thematisiert werden. Wichtiger geworden ist auch die Unterscheidung zwischen einem bloß materialen Kanon (d.h. einer bloßen Liste von Werken) und einem – wie Stuck ihn nennt – »operationalen Kanon«, d.h. einer Zusammenstellung solcher Werke, die Grundlage literaturwissenschaftlicher oder -theoretischer Studien sind. Und nicht zuletzt »sind Veränderungen im Verfahren bei Kanon-Bildungen festzustellen. Vermehrt wird ein Prozedere gewählt, das die Rezipienten einbezieht« (ebd., 30).

Das erneute Interesse an kanonischen Fragen ist nicht zuletzt durch die Publikation der internationalen PISA-Studie ausgelöst worden, der zufolge (zu) viele deutsche Schüler und Schülerinnen zum Abschluß der Sekundarstufe I nur sehr geringes Interesse an freiwilliger Lektüre zeigen (vgl. III.3). Diese Ergebnisse sind unmittelbarer Auslöser einer **Debatte über einen verpflichtenden Lektürekanon**: Zum einen resultiert sie aus dem Wissen um die (zumeist große) Freiheit der schulischen Lektürewahl. Angesichts der schlechten Ergebnisse werden erneut große Bedenken gegen diese Wahlfreiheit vorgetragen, weil sie nicht sichern konnte, daß 15-jährige Schülerinnen und Schüler zu ›großen Lesern‹ ausgebildet werden. Zum anderen ist die erneute Kanon-Debatte Ausdruck der Überlegung, daß es die anspruchsvollen literarischen Texte der älteren Literaturgeschichte sicherlich nicht leicht haben werden, wenn es nunmehr darum geht, vor allem die Lesemotivation jugendlicher Leserinnen und Leser zu steigern.

Deutlich geworden sein dürfte, daß die Kanon-Frage aus literaturdidaktischer, aus schul- wie hochschuldidaktischer Sicht brisant bleibt, wohl auch weil mit ihr beharrlich das Problem bewußt gehalten wird, welche literarischen Texte es aus welchen Gründen (überhaupt noch) wert sind (sein könnten), an nachfolgende Generationen vermittelt zu werden. Daß man sich auf keinen verbindlichen Kanon mehr einigen kann und will, scheint eine Reflexion dieser Frage nicht überflüssig zu machen, zumal sich so etwas wie ›ein Gewohnheitskanon‹ durchzusetzen scheint, der weniger offen ist, als es in der theoretischen Diskussion aussieht. Nur die Literaturdidaktiker, die Literatur nicht länger als einen Gegenstand betrachten, der einer Vermittlung würdig ist, können sich von der Frage nach dem Lektürekanon beziehungsweise der Literaturauswahl distanzieren und sie zu einer unerheblichen erklären. Aber selbst wenn die Lektüre*wahl* aus kultursoziologischer Sicht jenseits kanonischer Festlegungen erläutert wird, entsteht – vielleicht unfreiwillig und nicht als solcher deklariert – ein Beitrag zur Kanon-*Diskussion*: die Unmöglichkeit seiner weiteren Existenz wird mit neuen Argumenten belegt (vgl. z.B. Kämper-van den Boogaart 1997a).

Wenn im folgenden zunächst **gattungsdidaktische Fragen** erörtert werden, so wird eine der Fragen der Literaturauswahl thematisiert, die in Verbindung mit dem Kanon immer wieder verhandelt wird. Die Orientierung an Gattungen spielt bei der Werkauswahl keine untergeordnete Rolle, weil das Ideal – mal ausgesprochen, mal unausgesprochen – in einer möglichst ausgewogenen Mischung der Gattungstrias liegt (wie man auch an dem Fragebogen sieht, den Elisabeth Stuck dem empirischen Teil ihrer Arbeit zugrunde legt; vgl. Stuck 2004, 297–304). Insofern ist ein Blick auf lyrische, dramatische und epische Texte und deren Didaktisierung angebracht. Von den neueren literarischen Genres, die bei einer Lektüre-Auswahl zur Disposition stehen, sollen zwei Beispiele für die unterschiedlichen Schulstufen erläutert werden: Mit den Ausführungen zur Kinder- und Jugendliteratur wird der **Lesepraxis jüngerer Schüler** und der Ausweitung der didaktischen Forschung um dieses literarische Spektrum Rechnung getragen. In Hinblick auf die Gegenwartsliteratur, einer weiteren, durch den Kanon-Verlust zur Disposition stehenden literarischen Form, stellt sich das Problem der literarischen Wertung, das bei jüngeren Texten, die noch keine Rezeptions- und Interpretationsgeschichte aufweisen, risikoreicher ist als bei älterer Literatur. Es handelt sich hierbei um literarische Texte, die in der ›Zeit nach dem Kanon‹ insbesondere das literarische Spektrum des **Literaturunterrichts in der gymnasialen Sekundarstufe II** erweitern können.

1.1   Gattungen: Lyrik – Dramatik – Epik

Auch wenn die überlieferten Gattungsbegriffe bzw. die Einteilung der Literatur nach diesen Mustern literaturwissenschaftlich
durchaus umstritten ist (vgl. unlängst Zymner 2003), so hat sich
diese poetologische Orientierung für literaturdidaktische Vermittlungsprozesse doch als tragfähig erwiesen; davon zeugen die Titel
der didaktischen Publikationen ebenso wie die Kapitelüberschriften in Lesebüchern für beide Sekundarstufen. Es scheint, als biete eine deutliche Markierung nach diesen Angaben insbesondere
für die Literatur (länger) zurückliegender Zeiten eine geeignete
Terminologie, um jüngere Schüler in poetologisches Denken
einzuführen und älteren dazu zu verhelfen, es zu systematisieren.
Literaturgeschichtliche Denkprozesse lassen sich ebenfalls mit einem Blick in die unterschiedlichen Gattungen verbinden, wobei
sich insbesondere lyrische Formen für einen literaturhistorischen
Durchgang anbieten. Unter kanonischen Gesichtspunkten finden
die poetischen Formen immer noch Berücksichtigung, vor allem
wenn der Anspruch vertreten wird, daß Beispiele aus jeder Gattung im Deutschunterricht beider Sekundarstufen gelesen werden
sollten.

Lyrik im Deutschunterricht

Besondere Aufmerksamkeit hat die **lyrische Gattung** in der didaktischen Reflexion gefunden. Lyrische Texte bedienen und befriedigen keine Unterhaltungsbedürfnisse und sind aus diesem Grund
besonders geeignet für literarische Vermittlungsprozesse; sie stellen
aber auch eine gesteigerte Herausforderung dar. Vielleicht sind
es die Vorbehalte nicht weniger Unterrichtender sowie die vieler
Schüler gegenüber lyrischen Dichtungen, die zu einer umfangreichen lyrikdidaktischen Literatur geführt haben, gilt doch die
lyrische Gattung als **komplexe poetische Form**, für die nicht zuletzt bei der formalen Analyse fundierte Fachkenntnisse verlangt
werden. Eine Rolle spielen mag auch der Sachverhalt, daß viele
Gedichte wegen ihrer Kürze abgedruckt werden können und daß
man auf der Basis vollständiger Textkenntnis intensiv in literarische Lernprozesse einführen kann. Darüber hinaus ist Lyrik in
besonderer Weise geeignet, um *die Form* des Literarischen zu thematisieren, die sich in den meisten Fällen weit vom alltagssprach-
lichen Kontext entfernt und die mit ihren sprachlichen Bildern
eine konzentrierte Form des poetischen Sprechens bietet. Gerade
diese metaphorischen Verdichtungen sind mit ihren Verstehens-

hürden ein willkommener didaktischer Anlaß, um in die Lektüre und Analyse von poetischen Texten einzuführen. Viele Schriften befassen sich denn auch mit dem **Problem der Gedichtinterpretation bzw. -analyse.** Während Autoren, die sich eher einer auf Einstimmung und Einfühlung verpflichteten Literaturauffassung verbunden fühlen, diese Aufgabe zumeist so lösen, daß sie eine Reihe von werkimmanenten Einzelanalysen vorstellen, wird in lyrikdidaktischen Arbeiten, die sich von den Reformen der 1970er Jahre inspirieren lassen, nach neuen Erarbeitungsformen für diese alte poetische Form gesucht. Dabei setzen die Autoren unterschiedliche Akzente:

- wenn sie z.b. kommunikationsanalytisch vorgehen und es sinnvoll finden, für den Unterricht in der Sekundarstufe I den **Mitteilungscharakter von Lyrik** zu betonen (Behrendt/Foldenauer 1979);
- wenn sie, ausgehend von der Fähigkeit der Schüler, schon in dieser Jahrgangsstufe über Sprache reflektieren zu können, sowohl »ein Kennen- und Anwendenlernen von verschiedenen Methoden zur **Dechiffrierung lyrischer Texte**« anstreben als auch in die selbständige Interpretation von Gedichten einführen wollen (Urlinger 1985, 7; 1. Aufl. 1980);
- wenn Gedichtinterpretation in der Oberstufe behandelt wird wie ein Teil des Sportunterrichts und »Funktionen der Form«, »Semantische Strukturen«, »Motivgefüge« und »Thematische Bezüge« Elemente eines ›Trainingsprogramms‹ zur (richtigen) Gedichtinterpretation werden (Busse 1985).

Adelheid Petruschke (1985) hingegen orientiert sich bei ihrem Oberstufenkurs an Walther Killys literaturhistorischer Studie zum *Wandel des lyrischen Bildes*, wählt davon ausgehend Gedichte vom 18. bis ins 20. Jahrhundert und erläutert auf der Basis dieses Textkorpus' Begriffe wie Symbol und Chiffre; hier wird ein anspruchsvoller ästhetischer Grundkurs absolviert, der insgesamt fast schon Universitätsniveau hat, von dem aber einzelne Passagen die Unterrichtspraxis anleiten können. Manfred Herrmann (1980) hingegen beschränkt sich auf Gedichte des 20. Jahrhunderts und bietet exemplarische Gedichtanalysen, die sich weitgehend auf die Texte selbst konzentrieren: Diese schrittweise vorgehenden Interpretationen, die – im Unterschied zu früheren Sammlungen – das **Verfahren selbst immer transparent halten**, können als Handreichung für die Lehrenden wie auch als Anleitung für die Lernenden verstanden werden.

All diese Arbeiten leisten einen **Beitrag zum lyrischen Kanon** bzw. zu seiner Fortsetzung, wobei die Gedichte Goethes wie die der

Romantik eine unangefochtene Vorrangstellung einnehmen. Für
das 20. Jahrhundert tauchen Namen wie Brecht und Benn häufig
auf, auch Rilke, Kaschnitz und Bachmann finden sich immer wieder. Die Arbeiten leisten aber auch einen Beitrag zur Erweiterung
dieses Kanons, indem z.b. **engagierte Lyrik** vergangener wie gegenwärtiger Zeiten pointierter berücksichtigt wird; das fällt in den
Sammlungen von Behrendt/Foldenhauer (1979) und in der Her-
manns (1980) besonders auf, in denen Gegenwartslyrik überhaupt
stärkere Beachtung findet (aber selbst Adelheid Petruschke (1985,
114–119) hat ihrem historischen Durchgang ein Kapitel über Erich
Fried angefügt). Eigen ist all diesen Ansätzen ein betont **nüchterner
Blick** auf eben die literarische Form, die eigentlich mit ihren sug-
gestiven Rhythmisierungen, ihrem verführerischen Klang und den
eindringlichen Sprachbildern nicht selten zu einer eher emotionalen
bzw. emotionalisierten Rezeption einlädt. Im Vordergrund steht bei
den genannten didaktischen Ansätzen die formale und sprachliche
Analyse. Es ist nicht auszuschließen, daß dieses sachliche Interesse
auch die Erweiterung des lyrischen Kanons (an)geleitet hat: Ge-
genwartsbezogene Alltags- bzw. politische Lyrik eignet sich für eine
analytische Vorgehensweise besonders gut. Wie stark während der
siebziger Jahre an einer sachlichen Lyrikdidaktik gearbeitet wurde,
zeigen die Ansätze von Wilhelm Steffens (1975), besonders aber
von Hans-Jürgen Kliewer (1974), die beide einen vergleichbaren
analytischen Zugang schon für die Primarstufe favorisieren.

Die produktionsdidaktische Wende hat innerhalb der Lyrikdidaktik zu einer Erweiterung des Methodenspektrums geführt. Rein
analytische Verfahren werden um induktive Methoden ergänzt, die
durch eigene poetische Vor-, Parallel- und Nachgestaltungen auf
Umwegen zu lyrikspezifischen Kenntnissen führen sollen. ›Klas-
sikerstatus‹ gewonnen hat inzwischen für dieses methodische
Vorgehen der Band von Günter Waldmann, der 1988 erstmals
erschienen ist (vgl. Kap. III.2). Waldmann nutzt das produktionsorientierte Denken, um Lyrikschreiben mit Lyrikanalyse zu
verbinden, und zwar bezogen auf Dichtungen aller Zeiten, wenngleich Gegenwartsautoren schon eine gewichtige Rolle spielen.
Waldmanns Aufgaben zeichnen sich dadurch aus, daß sie das ›Gemachtsein‹ lyrischer Texte durch eigene Übungen nachvollziehbar
werden lassen, um durch die so gewonnenen Kenntnisse über die
Wirkungen von Reim, Strophe, Metrum sowie von lyrischen Bildern ein fachlich abgesichertes Fundament zu gewinnen, das dann
dem eigenen ›lyrischen Dichten‹ dienen soll.

Letztlich verfährt Hans Magnus Enzensberger – unter dem
Pseudonym Andreas Thalmayer – nicht anders, wenn er in *Ly-*

rik nervt eine große Fülle von Gedichten zitiert, mit denen er zunächst sanft und behutsam in lyrikanalytisches Vokabular einführt, um dann aber mit einem Kapitel »Selber machen« aufmunternd zu enden (2004, 87–106). »Erste Hilfe für gestreßte Leser«, lautet der Untertitel unter Enzensbergers lyrischen nur gut 100 Seiten umfassendem ›Erste Hilfe-Kasten‹: der Titel *Lyrik nervt* ist auf dem Cover in Form eines Roten Kreuzes gedruckt, so daß der Eindruck erweckt wird, hier erhalte man schnelle und wirksame Hilfe, wenn man Gedichte nicht versteht. Das dialogische Verfahren, mit dem der Autor ›**Leser zwischen zwölf und zwanzig Jahren**‹ (Klappentext) in der zweiten Person Plural anredet, tut sein übriges, um jede Hemmschwelle zu nehmen: Lyrische Texte erscheinen nach der Lektüre dieses Bandes als ›eine einfache Sache‹, die jeder verstehen kann.

Kennzeichnend für diesen wie auch für andere Ansätze ist eben, daß die Schülerinnen und Schüler nicht nur lesen und mündlich oder schriftlich interpretieren, sondern daß sie selbst ›dichterisch‹ tätig werden – entweder frei oder nach erarbeiteten bzw. vorgegebenen Regeln (Spinner 1984; 1992; 1995a). Texte der **Konkreten Poesie** erweisen sich für dieses Vorgehen in besonderer Weise geeignet (vgl. Schmiederer/Rückert 1977; Gatti 1979), wie Beispiele dieser Lyrik inzwischen überhaupt in die Schulbücher aller Jahrgangsstufen integriert sind. Die sprachreflexiven Dichtungen eignen sich sowohl für propädeutische lyrikanalytische als auch für konzentrierte grammatische, syntaktische und semantische Übungen.

Balladen hingegen gehören zum festen literaturdidaktischen Repertoire aller Schulstufen, weil sich in dieser Dichtung lyrisches Sprechen mit dramatischen Elementen wie auch spannend-unterhaltsamem Erzählen mischt (Freund 1978; Hassenstein 1986; Berger 1991; vgl. z.B. auch Nürnberg/Sembritzki 1985, die Balladen zu den kleinen literarischen Formen zählen und sie neben Fabeln, Märchen, Sagen stellen). Balladen, insbesondere Helden- oder historische Balladen, wurden schon im frühen 19. Jahrhundert für den Literaturunterricht vorgeschlagen (vgl. Paefgen 1989, 39–43); inzwischen gehören Dichtungen unterschiedlichster Stilrichtung zum unumstrittenen Balladenkanon, z.B. Texte von Goethe, Schiller, Heine, Droste-Hülshoff, Meyer, Fontane, Brecht, Kästner, Biermann u.a.m.

Im Grunde bieten all diese lyrikdidaktischen Anleitungen jeweils eine kleine anthologische Sammlung von Gedichten, mit denen exemplarisch für *die* Gattung ›geworben‹ werden soll, die die geringsten mimetischen Ambitionen hegt und die deswegen weniger leichtgängig gelesen wird. ›Richtige‹ Lyrikanthologien sind aber eine Buchform, die den Zugang zur lyrischen Dichtung ebenfalls erleichtert. **Anthologien sind unweigerlich eine didaktisierte Auswahl,** die durch Gliederungsprinzipien, Zusatzinformationen und Register dem (unkundigen) Leser erste Orientierungen geben und ihm unter unterschiedlichen Themenstellungen Gedichte so präsentieren, daß er einen angeleiteten Einblick in bestimmte Phasen lyrischer Dichtung erhält.

Sammlungen, in denen **Gedichte deutscher Sprache von den Anfängen bis zur Gegenwart** zusammengestellt sind, sind darüber hinaus für literaturgeschichtliche Studien besonders geeignet: Eine umfangreiche Sammlung hat Walther Killy (2001) vorgelegt; sie umfaßt zehn Bände, ist annalistisch geordnet (Gedichte in der Reihenfolge ihres ersten Drucks), mischt kanonische und unbekannte Texte und enthält in jedem Band ein fachkundiges Vorwort, das einen Überblick über die lyrische Dichtung des jeweiligen Zeitabschnitts gibt. Karl Otto Conradys einbändiges *Großes deutsches Gedichtbuch* (2000) ist nicht nach Zeitabschnitten oder Epochen gegliedert; die Gedichte werden ohne weitere Kapiteleinteilungen in der Reihenfolge ihres Entstehens oder ersten Drucks präsentiert. Conrady hat keine Balladen aufgenommen, ist aber großzügig, was gegenwartsliterarische Texte angeht und scheut sich nicht, Beispiele politischer Lyrik unterschiedlichster Couleur zu publizieren, so auch solche der nationalsozialistischen Phase.

Hingegen versuchen die Herausgeber des *Echtermeyer* eine ästhetisch konzentrierte lyrische Auswahl zusammenzustellen, in der zwar – ganz im Sinne des ersten Herausgebers Theodor Echtermeyer – Spielarten der volkstümlich-erzählenden Dichtung berücksichtigt werden, in der aber auch formal gewagte und anspruchsvoll reflexive Texte vergangener und gegenwärtiger Zeiten nicht fehlen (Paefgen/Geist 2005). Als »Auswahl für Schulen« ist sie vorsichtig nach Zeiträumen gegliedert, so daß behutsame Zuordnungen zu literaturgeschichtlichen Darstellungen getroffen werden können. Alle drei Anthologien sind Lyrik-Lesebücher, die zwischen dem originalen Gedichtband und dem gattungsgemischten Lesebuch stehen, und die als didaktisierte Einladung zur Lektüre der lyrischen Gattung zu verstehen sind.

Dramen im Deutschunterricht

Unter kanonischen Gesichtspunkten spielt die **dramatische Form** eine besondere Rolle, weil es lange Zeit das Drama war, dem unter den Gattungen unangefochtene Anerkennung zukam (vgl. z.B. die

Kanones von Raumer und Essen in II.1). So wurde vor Einführung der kinder- und jugendliterarischen Texte in den Deutschunterricht zumeist ein Drama als erste umfangreichere Schrift gelesen, *nach* der Novelle, aber *vor* dem Roman. Damit tun sich neue didaktische Problemfelder auf, die mit der **Vermittlung längerer Texte** im Unterricht verbunden sind, zumal wenn diese dem 18. oder 19. Jahrhundert entstammen, also einem anderen sprachlichen und kulturellen Kontext. Didaktische Schriften älteren Datums betonen eben diese Schwierigkeiten, die sowohl theoretisch als auch schulpraktisch mit dieser Gattung verbunden sind (vgl. Überblick bei Geißler 1972; Hein 1979).

Damit im Zusammenhang steht die Frage nach der **Auswahl des jeweiligen dramatischen Textes**, der im Unterricht behandelt werden soll, besonders in dem der Sekundarstufe I; zugespitzt findet sich diese Frage im »›Tell-Problem‹« (Schemme 1977), d.h. in Überlegungen, ob Schillers Drama *Wilhelm Tell* geeignet ist, als erstes Drama in der 8. Jahrgangsstufe gelesen zu werden (vgl. zur *Iphigenie* auch Schemme 1990). Überhaupt wird überlegt, welche dramatischen Formen schon früher, z.B. ab der Primarstufe, so vermittelt werden können, daß die Schüler der nachfolgenden Jahrgangsstufen bereits eingeführt sind in die dramatische Rede und deren Wirkung. Intensiver Reflexionsgegenstand ist die Frage, ob eher **klassische dramatische Texte**, vor allem Tragödien, vermittelt werden sollten oder ob **Dramen der Moderne** geeigneter sind, die Schüler mit dieser Gattung vertraut zu machen.

Eine weitere Frage, die in Verbindung mit den zumeist kurzen lyrischen Texten überhaupt keine Rolle spielte, wird in den dramendidaktischen Überlegungen intensiv verhandelt: Ist die **Behandlung exemplarisch gewählter Ausschnitte** (aus didaktisch-methodischer Sicht) sinnvoller als die Lektüre des gesamten Dramentextes? Während im ersten Fall gattungscharakteristische Elemente ausschlaggebend sind, für die dann Dramenausschnitte als ›Beweise‹ dienen, steht im zweiten Fall das Werk im Vordergrund. Auch die Nähe zu anderen medialen Formen (Fernsehspiel, Film, Hörspiel) taucht in Verbindung mit dieser Gattung auf, weil die Parallelen auffallend sind und die Frage sich aufdrängt, ob die (vertrauten) Sehgewohnheiten der Schüler genutzt werden können, um zum (unvertrauten klassischen) Drama hinzuführen. Überhaupt wird der **Aufführungscharakter**, der mit dem dramatischen Text unmittelbar verbunden ist, diskutiert: Läßt sich ein Drama überhaupt als bloßes »Wortkunstwerk« vermitteln (ebd.), wenn diese Texte für eine Inszenierung geschrieben sind und eine spielerisch-darstellende Umsetzung unmittelbar verlangen?

Diese Problemfelder spiegeln sich auch in der dramendidaktischen Literatur und erlauben eine Einteilung dieser Schriften. So entwirft Müller-Michaels einen **Überblick über alle dramatischen Formen**, die für eine deutschunterrichtliche Vermittlung Relevanz gewinnen können (Puppenspiele, Stegreifspiele, kinder- und jugendliterarische Texte, aber auch Hör- und Fernsehspiele sowie natürlich Dramen) (1975). Müller-Michaels plädiert also dafür, mit dramatischen Sprech- und Darstellungsformen in den unteren Jahrgängen zu beginnen und neue mediale Darbietungen zu nutzen, um in diese Gattung einzuführen. Er nennt aber auch konkrete Werke und entwirft Modelle für eine didaktisch-methodische Thematisierung: Kleists *Zerbrochener Krug*, Büchners *Woyzeck*, Dürrenmatts *Romulus der Große*, Ionescos *Nashörner*, Brechts *Kaukasischer Kreidekreis* und Weiss' *Verfolgung und Ermordung Jean Paul Marats:* kein Drama von Schiller, keines von Goethe, eine Übersetzung und eine eindeutige Akzentuierung dramatischer Dichtungen des 20. Jahrhunderts.

In der von Klaus Göbel (1977) herausgegebenen Aufsatzsammlung stehen **theaterpraktische und -pädagogische Fragen** im Vordergrund; hier wird das Ziel verfolgt, »*simulierte Dramaturgie und Inszenierung‹ als Methode und Richtziel des Dramenunterrichts*« in die didaktische Diskussion einzubringen (Göbel 1977a, 20; im Original kursiv). Diese Arbeit leistet weniger einen kanonischen Beitrag zur Dramendidaktik als vielmehr einen Hinweis darauf, daß das »Kommunikationspotential von Drama/Theater [...] immer höher eingeschätzt [wurde] als das anderer literarischer Gattungen« (ebd., 13) und daß der Deutschunterricht dem mit vielfältigen Möglichkeiten zur szenischen Interpretationen Rechnung zu tragen habe.

Eine eigene **Erprobung der »dramaturgischen Funktionen«** findet auch Herta-Elisabeth Renk wichtig und versteht darunter sowohl Spiel- als auch Schreibübungen (1978, 22). Renk entscheidet sich dezidiert für die Arbeit mit Ausschnitten, weil sie einem »generativ-strukturellen Ansatz« folgt und davon ausgeht, daß die Kenntnis einzelner elementarer **dramaturgischer Ausdrucksfunktionen** (z.B. Exposition, Handlungsführung, Personendarstellung etc.) wie die der dramaturgischen Verknüpfungsregeln eine geeignete Einführung ist in das **Gemeinsame der dramatischen Formen** (ebd., 14). Sie wählt unterschiedlichste Szenen aus, um die dramatische Rede oder die Spannungsregie zu erläutern: Ausschnitte aus Fernsehserien (Bonanza), aus klassischen Stummfilmen (Panzerkreuzer Potemkin), aus bekannten Filmen Alfred Hitchcocks (Der unsichtbare Dritte), aus Dramen anderer Sprachen (Shakespeare, Lope de Vega, Pinter) wie auch aus theoretischen Texten (Brook, Stanislavski). Auffällig ist, daß Bertolt Brecht nicht auftaucht, weder mit einem Szenenausschnitt noch mit einem theoretischen Beitrag. Renk distanziert sich damit indirekt von dem Dramenautor, dessen Texte in den siebziger Jahren im Deutschunterricht eine exponierte Rolle spielten. Sie begründet die von ihr zusammengestellte Mischung aus »anspruchsvollen und trivialen Texten« damit, daß »man bei allen Fragestellungen immer den Bezug zur kommerziellen Produktion finden kann« (ebd., 22).

Daß Renks dramendidaktischer Entwurf noch immer im Handel ist, spricht für den Erfolg eines Konzepts, das allerdings für den Unterricht in der Sekundarstufe II ausgerichtet ist. Eine ausschließliche Oberstufenorientierung ist in der Dramendidaktik eher selten der Fall, weil die Probleme der Vermittlung vor allem in den mittleren Jahrgängen gesehen werden. So läßt sich das von Ingo Scheller (1989; 1996) entwickelte **Standbildverfahren** schon oder gerade in den Jahrgangsstufen einsetzen, in denen die Schüler zum ersten Mal mit dramatischen Formen oder mit einem ersten Dramentext bekannt gemacht werden: Das unaufwendig einsetzbare Verfahren, das zudem keine darstellerischen Qualitäten verlangt, ist gleichwohl geeignet, um ausgewählte Szenen vertieft zu interpretieren. Standbilder, bei dem ein oder mehrere Schüler in einer bestimmten Stellung, Haltung, Gestik ›einfrieren‹ und zu einer lebenden Photographie werden, erinnern zudem an Filmstills und damit an eine neue mediale Kunst, die in Verbindung mit dem Drama häufig diskutiert wird (vgl. Renk 1978). Auch Walter Henze versucht mit seinem Modell eine Mischung aus Analyse und praktischer Umsetzung, und zwar mit starker Orientierung auf die Sekundarstufe I (1987; übersichtliches und gut ausgewähltes Literaturverzeichnis). Henzes Schrift ist im kanonischen Zusammenhang interessant, weil er sich zu fünf dramatischen Texten ›bekennt‹, deren Vermittlung er für den frühen Dramenunterricht vorschlägt: Brechts *Jasager und Neinsager*, Goethes *Götz*, Lessings *Emilia Galotti*, Zuckmayers *Hauptmann von Köpenick* und Shakespeares *Heinrich V.* (allerdings nur der Prolog).

Einen Einblick in kanonische Tendenzen bieten auch die sogenannten ›Interpretationen für die Hand des Lehrers‹ bzw. Textausgaben für Schüler, die mit Erläuterungen oder zusätzlichen Informationen versehen sind. Nach einem flüchtigen Blick in die Listen vergleichbarer Publikationen lassen sich Kanonisierungstendenzen ablesen für Lessings *Nathan* und *Emilia*, Goethes *Faust* und *Götz von Berlichingen*, Schillers *Kabale und Liebe* und *Die Räuber*, Büchners *Woyzeck* und *Dantons Tod*, Wedekinds *Frühlings Erwachen*,

Brechts *Mutter Courage* und *Galilei*, Frischs *Andorra* und Dürrenmatts *Besuch der alten Dame*. Zu diesen Werken liegen mindestens
drei schulspezifische Ausgaben vor.

Unübersichtlicher ist die Lage mit Blick auf die epischen Texte,
weil für erzählende Beispiele auf eine wesentlich umfangreichere
Textbasis zurückgegriffen werden kann. Deutliche Markierungen
zeichnen sich bei den Romanen ab für Goethes *Werther*, Fontanes
Effi Briest und Dürrenmatts *Richter und sein Henker* und vielleicht
noch Hesses *Unterm Rad* und Kafkas *Proceß*. Bei den Erzählungen hingegen tauchen Kafkas Dichtungen häufiger auf, ebenso wie
Novellen E.T.A. Hoffmanns (*Fräulein von Scuderi, Der Sandmann,
Der goldene Topf*), Heinrich von Kleists (*Michael Kohlhaas, Marqui-
se von O., Erdbeben in Chili*) sowie Droste-Hülshoffs *Judenbuche*,
Storms *Schimmelreiter* und Thomas Manns *Tonio Kröger* bzw. *Tod
in Venedig* für das 20. Jahrhundert.

Epik im Deutschunterricht

Didaktische Studien konzentrieren sich auf kurze epische Formen,
während Erzählungen, besonders aber **Romane** seltener Gegenstand solcher Arbeiten sind (vgl. Schober 1979). Das mag im Zusammenhang damit stehen, daß diese literarisch Form eigentlich
erst seit den 1960er Jahren selbstverständlich in den Deutschunterricht integriert ist. Insofern steht die intensivere Einführung
längerer Erzähltexte in den Unterricht unmittelbar im Zusammenhang mit der rezeptionsästhetischen und -didaktischen Wende, die zu einer (neuen) Entdeckung und Aufwertung des Lesers
geführt hat (vgl. I.3.3). Das ist nicht zufällig, weil – mit Blick
auf die drei Gattungen – **Romane für das Lesen** geschrieben sind,
ein Moment, das weder für die lyrische noch für die dramatische
Gattung so exponiert herausgearbeitet werden konnte (vgl. in dem
Zusammenhang die Studie von Maiwald 1999). Romane haben
die kürzeste didaktische Tradition, wenngleich sie inzwischen so
akzeptiert sind, daß sie möglicherweise das Drama unter quantita-
tiven Gesichtspunkten sogar übertreffen. (So enthält beispielsweise
die von Bogdal und Kammler (2000) zusammengestellte Auswahl
immerhin dreizehn Romane und (nur) acht dramatische Texte.)

Nicht selten sind **romandidaktische Schriften** so angelegt, daß
eine Zusammenstellung von zielgerichteten Einzelinterpretationen
erfolgt: So setzt sich Rolf Geißler schon relativ früh für die *Möglichkeiten des deutschen Romans* ein und stellt Interpretationen zu
*Doktor Faustus, Berlin Alexanderplatz, Die Schlafwandler, Schluß-
ball, Homo Faber, Sansibar oder der letzte Grund* und *Billard um*

halb zehn zusammen, und zwar für »Lehrer der höheren Schulen«
(1962, 1). Interessant ist an diesem frühen romandidaktischen
›Vorstoß‹, daß immerhin drei dieser Romane – *Alexanderplatz,*
Homo Faber und *Sansibar* – noch immer im Deutschunterricht
gelesen werden. Im Unterschied zu Geißler, der sich auf das 20.
Jahrhundert beschränkt, strebt Jakob Lehmann in seinen 1982
herausgegebenen Bänden einen historischen Durchgang an, der
mit Jakob Christoph von Grimmelshausens *Simplicissimus* beginnt
und mit Martin Walsers *Seelenarbeit* endet (*Alexanderplatz* und
Homo Faber tauchen auch in diesen Bänden wieder auf). Lehmann erwähnt in seinem Vorwort nur sehr allgemein die »Schwierigkeiten«, mit denen die Romanlektüre im Deutschunterricht
»zu kämpfen« hat, erwähnt aber gleichwohl kurz den möglichen
Konflikt zwischen dem Roman als »ästhetisches Produkt« und dem
Sachverhalt, »daß er unterhalten will« (ebd., 7).

Nürnberg und Sembritzki hingegen haben anstatt eines Vor-
worts eine Zitatensammlung zusammengestellt, die die didaktisch
reservierte Haltung gegenüber dem Roman im Unterricht belegt;
schon die Auswahl der Stichworte zeigt das Problemfeld auf. Einige seien genannt: »**Verfrühung**«, »**Erlebnishaltung – Arbeitshal-
tung**«, »**Leben**«, »**Romanleser**«, »**Lesekompetenz**«, »**Freizeitlektüre**«
und »**Spannung**« (1986, 9–12; gute Literaturhinweise). Aufgezeigt
wird vor allem der Konflikt, daß im (späteren) ›normalen Leben‹
eher Romane und Sachbücher gelesen werden, während in der
Schule kurze epische Formen bevorzugt werden. Nürnberg und
Sembritzki beschränken sich bei ihrer Auswahl auf vier Werke,
von denen allerdings Eichendorffs *Taugenichts* gemeinhin nicht als
Roman betrachtet wird, so daß nur *Simplicissimus, Werther* und
Die Blechtrommel als Romanvorschläge für den Unterricht bleiben. Wenn man berücksichtigt, daß alle drei Werke auch in den
Bänden von Lehmann besprochen werden, zeigen sich hier erste
kanonische Tendenzen für den Zeitraum der 1980er Jahre. Und
wenn man die mögliche Stellung von Goethes *Leiden des jungen
Werthers* im heutigen Deutschunterricht berücksichtigt, kann man
sogar von einer frühen Kanonisierung eines älteren deutschen Romans sprechen.

Im übrigen dominierten **kurze epische Formen** lange Zeit den
Deutschunterricht, nicht zuletzt deswegen, weil sie – lyrischen Texten vergleichbar – in einem übersichtlichen Zeitrahmen vermittel-
bar sind. So befassen sich denn auch einige didaktische Arbeiten
zur Epik mit diesen knappen Erzähltexten. Dabei sind die sowohl
literaturgeschichtlich als auch schulisch lange tradierten Formen
wie **Märchen, Sage, Fabel** nach wie vor unumstritten, vor allem

für den Unterricht in der Primarstufe bzw. in den ersten Klassen der Sekundarstufe I (Schrader 1980). Märchen- und Sagenerzählungen schlagen eine Brücke zwischen vorschulischen bzw. medial geprägten Literaturerfahrungen und dem schulischen Literaturunterricht; neben den Grimmschen (Volks-)Märchen wird dabei auch wieder an die modernen Märchendichtungen Hans Christian Andersens erinnert (Sahr 1999). Während Märchen deutlicher an die mündliche Erzähltradition anknüpfen, ist dieser Sachverhalt bei den Fabeln weniger eindeutig; die zumeist extrem knappen und Redundanzen vermeidenden Texte eignen sich deswegen auch in besonderer Weise, um die mittleren Jahrgängen in erste analytische Verfahren einzuführen (z.B. Lutz/Müller 1992; Gerth 1984; für die Sekundarstufe II vgl. Pelster 1988).

Dasselbe gilt für **Kurzgeschichten**, deren knappe, konzentrierte und gegenwartsorientiertere Form des Erzählens dazu geführt hat, daß Beispiele dieses Genres in allen Schulstufen und -formen Basis literarischer Unterrichtsstunden sind. Mit Texten von Wolfdietrich Schnurre, Marie Luise Kaschnitz, Wolfgang Borchert, Ilse Aichinger, Heinrich Böll, Peter Bichsel und Federica de Cesco (um nur einige zu nennen) lassen sich sowohl inhaltsorientierte Untersuchungen, kreative Arbeitsformen und nicht zuletzt romanpropädeutische Übungen verbinden (vgl. Salzmann 1991; Nürnberg/Sembritzki 1984; Spinner 1986; 1990; für die Oberstufe: Zobel 1990). Es ist den didaktischen Schriften zu entnehmen, daß sich diese Formen des Erzählens sowohl für strukturalistisch-analytische als auch für kreative Verfahren eignen (vgl. z.B. Spinner 1986; 1990).

Novellen hingegen spielen vor allem im Unterricht der Sekundarstufe I eine Rolle; zum einen, um in Erzählformen des 19. Jahrhunderts einzuführen und zum anderen, um Erzähl- wie Figurenkonstruktionen, Zeitverhältnisse, Spannungsaufbau und andere analytische Basiselemente epischen Erzählens zu vermitteln. Für Novellen und längere Erzählungen gilt dasselbe wie für dramatische Texte und Romane: Es gibt eine Fülle von sogenannten ›Schulinterpretationen‹, die sich auf einzelne Werke beziehen und die für Lehrende sachanalytische wie auch methodische Hilfestellungen anbieten. Für Novellen gilt diese Publikationsform offensichtlich noch stärker, weil sich nur wenige (oder gar keine) monographischen Studien auf theoretischer Ebene mit dieser Erzählform im Deutschunterricht auseinandersetzen (vgl. Lehmann 1980 (2 Bde.); Freund 1998). Hier besteht offensichtlich Forschungsbedarf, zumal dieses Desiderat im Kontrast steht zur schulischen Praxis, in der sich für eine ganze Reihe von Texten kanonische Tendenzen abzeichneten: so z.b. für Novellen von Heinrich von Kleist, E.T.A. Hoffmann, Joseph von Eichendorff, Annette von Droste-Hülshoff, Gottfried Keller, Theodor Storm, Thomas Mann, Günter Grass, Martin Walser, Christoph Hein und neuerdings auch Jens Sparschuh. Untersuchungen auf diesem Gebiet scheinen nicht zuletzt deswegen angebracht, weil in Verbindung mit den Diskussionen um die Steigerung der Lesemotivation Stimmen laut werden, die gerade für die Sekundarstufe I andere Texte fordern als die überlieferten Erzählungen des vorletzten Jahrhunderts: Texte der Kinder- und Jugendliteratur erscheinen da attraktiver (vgl. Merkelbach 1998; 1999).

1.2 Kinder- und Jugendliteratur

Renate von Heydebrand plädiert 1993 dafür, in einen Kanon unbedingt auch Werke der Kinder- und Jugendliteratur aufzunehmen; sie nennt *Alice im Wonderland* und *Pinocchio* als Beispiele (Heydebrand von 1993, 17). Dieser Vorschlag erstaunt heute nicht mehr. Aber noch bis in die siebziger Jahre hinein haben sich Literaturwissenschaftler wie auch -didaktiker kinder- und jugendliterarischen Texten gegenüber distanziert verhalten, sie eher der Trivialliteratur zugeordnet und keiner literarischen beziehungsweise ernstzunehmenden literaturdidaktischen Analyse für würdig befunden. Daß Beispiele der Kinder- und Jugendliteratur aus literaturwissenschaftlicher Sicht inzwischen kanonwürdig geworden sind, steht sicherlich im Zusammenhang damit, daß diese Literatur seit den sechziger, besonders aber den siebziger Jahren von einigen Didaktikern in Hinblick auf literarische Lernprozesse diskutiert wurde. Diese Texte konnten langsam zu einer Schullektüre werden, als der klassisch orientierte Kanon ins Wanken geriet und im Zuge der Lesebuch-Diskussion dieses bisherige Medium literarischen Lernens in Frage gestellt wurde (vgl. I.2.). Andere Texte als die lange tradierten literarischen Werke und als die nunmehr für schlecht befundenen Lesebuchstücke hielten Einzug in den Literaturunterricht: neben Sach-, Werbe- und Trivialtexten waren es auch kinder- und jugendliterarische Schriften. In den achtziger Jahren gerieten einige dieser gerade erst entdeckten Textsorten wieder in Vergessenheit, aber die **kinder- und jugendliterarischen Erzählungen** konnten einen festen Platz im Literaturunterricht behaupten, besonders im frühen der Grundschule, aber auch in dem der ersten Klassen der Sekundarstufe I; dies umso mehr, als mit diesen Romanen eine Unterrichtslektüre ermöglicht wurde, die in

Inhalte und Erzählweisen literarischer *Großformen* sachgemäßer
einführen konnte als die kurzen, pädagogisch zurechtgestutzten
Lesebuchstücke (vgl. Merkelbach 1989, der rückblickend eine
Darstellung dieser Entwicklung leistet).

Die Bedeutung Anna Krügers für die Didaktik der Kinder- und Jugendliteratur

Eine Pionierrolle in diesem langsamen didaktischen Anerken-
nungsprozeß der Kinder- und Jugendliteratur als Unterrichtsstoff
spielt die Arbeit **Anna Krügers** (1973; 1. Aufl. 1963). Anna Krüger schließt sich der Lesebuchkritik jener Jahre an und sucht nach
literarischen Alternativen: »Dabei ergab sich, daß ausgezeichnete
Kinder- und Jugendbücher die Stoffe in Lesebüchern [...] weit
übertrafen« (Krüger 1973, 5). Krügers Intention ist es, der »Kinderliteratur von Rang« einen Platz im Schulunterricht zu verschaf-
fen (ebd., 28). Mit diesem Kriterium fügt sich die Pädagogin in
die literarästhetische Didaktik jenes Jahrzehntes ein, der die Qualität eines literarischen Textes zur entscheidenden Meßlatte für
die Entscheidung wurde, ob derselbe einer unterrichtlichen Vermittlung wert sei. Um zu erkennen, welchen kinderliterarischen
Werken ein solcher »Rang« zukommt, sei es unerläßlich, die Texte
zunächst einer »literarischen Analyse« (ebd., 28) zu unterziehen.
Anna Krüger behandelt die Literatur für Kinder und Jugendliche
wie die für Erwachsene; sie nimmt sie auch unter ästhetischen
Gesichtspunkten ernst. Die Pädagogin stellt Kinder- und Jugendbücher vor, die ihrer Auffassung nach für eine unterrichtliche Besprechung geeignet sind; sie beginnt mit dem zweiten und endet
mit dem achten Schuljahr. Bekannte Titel sind darunter: Astrid
Lindgrens *Karlsson vom Dach* für ein zweites Schuljahr, Carlo Col-
lodis *Pinocchios Abenteuer* für ein drittes, Erich Kästners *Emil und
die Detektive* für ein fünftes, Mark Twains *Tom Sawyers Abenteuer*
für ein sechstes und Kurt Helds *Rote Zora* für ein achtes Schuljahr.
Einige der Werke werden auf »Gehalt« und »Gestalt« hin analysiert, die Vorstellung der »schulpraktischen Arbeit« erfolgt im An-
schluß an diese literarische Analyse. Dabei beruft sie sich auf mehrere durchgeführte Unterrichtseinheiten, nicht nur auf eine einzige
Erprobung. Wenngleich es Anna Krüger wichtig ist, glaubwürdig
zu demonstrieren, welche Erfolge eine unterrichtliche Vermittlung
dieser Literatur erzielen kann, so geht es ihr doch gleichzeitig um
eine **literaranalytische Begründung eines neuen, erweiterten
Literaturkanons:**

»Anna Krüger hat, indem sie eine kleine Zahl von Kinderbüchern wieder und wieder analysiert, einen Kanon vorbildlicher Werke aufgestellt, die sie für prototypisch erklärt, an denen sie Maßstäbe demonstriert und die sie für den Unterricht literaturdidaktisch organisiert. Es scheint ihr notwendig, der *Flut der immer rascher zunehmenden Neuerscheinungen einen solchen Kanon gegenüberzustellen,* um dem Gegenstand ihrer Forschung ein Profil zu geben, das sonst ständig zu zerfließen droht. [...] Welchen Charakter hatte der Kanon von Anna Krüger? Er brachte Autoren und Werke zur Ansicht, für deren Rezeption erst die Bahn gebrochen werden mußte, da sie von den maßgeblichen Kreisen ›abgelehnt [...]‹ wurden. [...] Ihr Kanon war ein **Gegenkanon** [...]« (Lypp 1996, 186; Hervorh. E.K.P.)

Die Bedeutung, die Anna Krügers Initiative für die didaktische Anerkennung der Kinder- und Jugendliteratur im Rahmen literarischer Lernprozesse zukommt, wird in vielen kinder- und jugendliterarischen Didaktik-Publikationen betont; ihre Arbeit wird auch dann honoriert, wenn man mit ihrer literarästhetischen Position nicht übereinstimmt (Dahrendorf 1975, 212–233). Heinz-Jürgen Kliewer spricht in seinem historischen Überblick über die Kinder- und Jugendliteratur-Didaktik gar vom »Fixpunkt Anna Krüger« und stellt die didaktischen Positionen von 1963 – dem Zeitpunkt an dem Krügers *Kinder- und Jugendbücher als Klassenlektüre* erstmals erschienen ist – aus gesehen »rückwärts« und »vorwärts« dar (Kliewer 1996, 318, 320 und 324). Anna Krügers Werk wird somit zu einem Dreh- und Angelpunkt in der Geschichte der kinder- und jugendliterarisch orientierten Didaktik (auf andere ›klassische‹ Arbeiten zu diesem Thema kann in diesem Zusammenhang nur hingewiesen werden: vgl. z.B. Bamberger 1965; Maier 1987). Das Zurück, das für unseren Kontext weniger von Belang ist, reicht bis zum ›Urvater‹ der Kinder- und Jugendbuchdidaktik Heinrich Wolgast (vgl. I.1.); von Interesse für die hier erörterte Frage ist aber Kliewers Hinweis, daß es eine lange Tradition *sachkunde*orientierter Lektüre von Kinderbüchern gegeben hat und daß »Kinderliteratur als Anschlußlektüre für den Sachunterricht« funktionalisiert wurde (Kliewer 1996, 320): »Auf diesem Hintergrund zeigt sich Anna Krüger als doppelter Paradigmenwechsel: Weg von der Pädagogik und weg von der Indienstnahme der Jugendliteratur durch die Sachfächer« (ebd., 321), hin – so kann man ergänzen – zu einem **Gegenstand literarischen Lernens.**

Pro und Contra: Kinder- und Jugendliteratur in der Schule

Kliewer weist auch darauf hin, daß Rolf Geißler der einzige Literaturdidaktiker gewesen sei, der sich dezidiert gegen eine schulische Lektüre von Kinder- und Jugendliteratur ausgesprochen habe. Geißler vertritt die Ansicht, daß diese Texte eine Lese-Konsumhaltung zementierten. Er empfiehlt dagegen, »dem jungen Leser ›etwas zu beißen‹« zu geben, sich nicht nicht zu scheuen, »schwierige Bücher oder gar manchen ›harten Brocken‹ zu empfehlen« (Geißler 1962, 796). Zusammen mit Peter Hasubek hat er die didaktische Konsequenz aus dieser Einschätzung gezogen und einen Band vorgelegt, in dem Literaturvorschläge für die Romanlektüre vom fünften bis zum achten Schuljahr gemacht werden (Geißler/ Hasubek 1968). Die beiden Literaturdidaktiker versuchen, Geißlers Ideal von der ›literarischen Verfrühung‹ für die Jugendliteratur umzusetzen (vgl. auch I.2.). Sie entscheiden sich – im Unterschied zu Anna Krüger – ausschließlich für ›Klassiker‹ älteren Datums wie beispielsweise Defoes *Robinsoe Crusoe*, Stevensons *Schatzinsel*, Mark Twains *Huckelberry Finn* und Grimmelshausen *Simplicissimus* und interpretieren diese umfangreichen Texte in Hinblick auf die unterrichtspraktische Vermittlung, dokumentieren allerdings keine Unterrichtsversuche. Die meisten Werke sind im 19., nicht ein einziges ist im 20. Jahrhundert erschienen. Allerdings betonen die beiden Autoren die Zufälligkeit der Auswahl, die nach dem in ihren Augen entscheidenden Auswahlkriterium, Unterrichtslektüre müsse Jugendliche *und Erwachsene* gleichermaßen ansprechen, zur Moderne hin erweiterbar sei. Gleichwohl ist dieser Lektürezusammenstellung eine Tendenz zum alten Kanonverständnis abzulesen, wenn es im Vorwort heißt: »Eine gewisse überzeitliche, ich möchte sagen, weltliterarische Repräsentanz sollte dem Aufwand einer obligatorischen Behandlung schon korrespondieren« (Geißler/Hasubek 1968, VI). Die Autoren verstehen ihre Lektürevorschläge als Beitrag zur – komplexen – **Didaktik der Großform Roman** in der Sekundarstufe I und nicht so sehr als Beitrag zur Didaktik der Jugendliteratur.

Vergleichbare Sammlungen wie die zitierten von Krüger und Geißler/Hasubek, in denen einzelne kinder- und jugendliterarische Werke für eine unterrichtliche Behandlung vorgeschlagen und interpretiert werden, sind charakteristisch für eine Richtung der kinder- und jugendliterarischen Didaktik-Publikationen (z.B. Doderer 1969; Baumgärtner 1972; Wintgens/Kreter 1983 u. 1984; Sahr 1994; vgl. auch den nicht in didaktischer Absicht geleisteten Überblick über die Kinderliteratur seit 1945 bei Mattenklott 1994; vgl.

auch die kleine, aber theoretisch sehr reflektiert begründete Auswahl in Steffens 1995; mit sachkundlicher Orientierung bei Karst 1979; Tabbert 1989). Daß zahlreiche solcher Auswahlvorschläge erschienen sind und noch immer erscheinen, steht wahrscheinlich im Zusammenhang damit, daß den Lehrern diese Texte als Unterrichtsstoff unbekannt waren/sind und daß es – anders als zu Zeiten des Kanons – einen Informationsbedarf über diese Literatur gab beziehungsweise gibt. Mit diesen Literaturvorschlägen verbinden die Herausgeber keinen kanonischen Anspruch, sondern sie bieten vielmehr eine didaktisch-methodisch begründete *Auswahl* an unterrichtsgeeigneten kinder- und jugendliterarischen Texten. Während viele dieser Sammlungen unmittelbar praxisorientiert ausgerichtet sind, wird die didaktische Reflexion des neu entdeckten literarischen Gegenstandes vor allem im Kontext der politisch-kritisch engagierten Didaktik auch auf theoretischer Ebene fortgesetzt.

Eine Akzentverschiebung findet dabei statt: Anna Krüger war es noch darum gegangen, auf die *ästhetische Qualität* dieser Literatur aufmerksam zu machen; der Literaturdidaktiker **Malte Dahrendorf** argumentiert aus *rezeptionsbezogenen* Gründen für eine schulische Arbeit mit Kinder- und Jugendliteratur: Eine Didaktik, die Kinder- und Jugendliteratur einbezieht, bewerte vor allem die »Zielgruppennähe« dieser Literatur »als positive Chance«, sie »überläßt jedoch die Rezeption nicht ihrem ›Selbstlauf‹« (Dahrendorf 1980, 273). Zielgruppennähe beweise diese Literatur, indem sie die Rezeptionsfähigkeit ihrer Leser ebenso berücksichtige wie deren Interessen und Erfahrungen. Dahrendorf kommt es – im Unterschied zu Krüger und Geißler/Hasubek – nicht auf die Qualität der Werke an:

»Ohne die didaktische Bedeutung der ›Dichtung‹ hier in Zweifel ziehen zu wollen, bin ich der Auffassung, daß ein [...] ›ästhetischer Monismus‹ sich gerade lesererzieherisch nicht auszahlt, weil die Gefahr besteht, daß er den Schülern, da nach ihrer Wertung nicht gefragt wird, Literatur eher entfremdet« (ebd., 272).

Folgerichtig nennt Dahrendorf als einen der entscheidenden Maßstäbe für die Lektüreauswahl die Interessen der Schüler, wenn die Kinder- und Jugendliteraturdidaktik »leser- und schülerorientiert« sein will (ebd., 279): »[...] was **für die Kinder lesens***wert* **ist**, muß zum Bestandteil der Wertentscheidung des Kritikers beziehungsweise Vermittlers werden« (ebd., 259; Hervorh. E.K.P.). Ein diskriminierender Umgang mit den – vielleicht trivialen – Lesebedürfnissen der Schüler verbiete sich, wenn eine Aufklärungsabsicht des Lehrers nicht ins Leere laufen soll.

Mit den Lese*bedürfnissen* bringt Dahrendorf ein Auswahlkriterium in die Debatte ein, das jeder bisherigen Kanondiskussion gänzlich fern ist, weil nicht mehr die Werke befragt werden, sondern die Leser. Wenn der Literaturunterricht vorwiegend leserorientiert sein soll, erübrigt sich eine Kanondebatte; zu einer solchen will Dahrendorf mit seinen zahlreichen Publikationen auch keinen Beitrag leisten (wichtige Aufsätze sind gesammelt in: Dahrendorf 1975; vgl. auch Dahrendorf 1977). Ihm geht es vielmehr darum, die kinder- und jugendliterarischen Werke wie auch das Leseverhalten der Schüler als *politisch-gesellschaftliches* Produkt zu analysieren und auf dieser Basis die aufklärungs- und emanzipationsorientierten Erziehungsziele des Literaturunterrichts zu stärken.

Die soziologischen Gesichtspunkte, die Dahrendorf anführt, ergänzen in den siebziger Jahren den Kriterienkatalog, der bei der Kinder- und Jugendliteratur Beachtung findet (vgl. Überblick bei Sahr 1996, 14–20); sie halten beispielsweise als Reflexion über die »Institution ›Kinderliteratur‹« Einzug in die Forschung (Hurrelmann 1982, 105). Im Mittelpunkt stehen allerdings ästhetische, pädagogische und leserorientierte Fragen, wenn es um das kinderliterarische Genre geht. Sie werden von den unterschiedlichen Forschungen mit leichter Akzentverschiebung behandelt:

Unterschiedliche Richtungen in der Kinder- und Jugendliteraturforschung: Ästheten und Pädagogen

1. In der eher **literaturwissenschaftlich orientierten Forschung**, die unter anderem von Hans-Heino Ewers (zahlreiche Arbeiten; unter anderem 1989; 1995; 2000; Ewers/Lypp/Nassen 1990), Reiner Wild (1990), Dagmar Grenz (1981) und Rüdiger Steinlein (1987) repräsentiert wird, werden neben ästhetischen vor allem auch sozial- und literaturhistorische Momente untersucht sowie – neuerdings – modernisierungstheoretische (Wild 1997; Ewers 1997). Nicht streng zu trennen von der didaktisch orientierten Forschung und sich mit dieser immer wieder überschneidend, behandeln die Literaturwissenschaftler die kinder- und jugendliterarischen Texte doch in erster Linie als Teilgebiet der Gesamtliteratur und damit nicht anders als die für Erwachsene geschriebene Literatur (vgl. z.B. Grenz 1990). So betrachtet Ewers die Kinderliteraturtheorie nicht als eine »Theorie kindlicher Literaturrezeption«, sondern als Theorie eines poetischen oder literarischen Textes. Gegenstand einer Theorie der Kinderliteratur sei die »besondere Strukturiertheit dieses Korpus einschließlich seiner spezifischen Texthervorbringungs- und verwendungsweisen«. Dieser Textkorpus werde zwar

mit Blick auf eine »besondere Adressatengruppe gebildet«, doch
lasse er sich weder vollständig aus dem Adressatenbezug ableiten,
noch gehe er in dieser spezifischen Verwendung ganz und gar auf
(Ewers 1989, 62). Ewers betont, daß die in der Kinderliteratur
angewendeten literarischen Verfahren grundsätzlich nicht verschieden seien von denen der sonstigen Literatur.

2. In der **didaktischen Forschung** reflektieren die Autoren insbesondere pädagogische und leserpsychologische Fragen, aber auch
– in der Tradition Krügers und Geißlers – ästhetische Momente,
allerdings mit unterschiedlicher Gewichtung und einer anderen
Zielrichtung als in der literaturwissenschaftlich ausgerichteten
Forschung (einen Kompromiß versucht z.B. Arndt 1984). So
verläuft beispielsweise eine mehr oder weniger scharfe **Trennlinie
zwischen den ›Ästheten‹ und den ›Pädagogen‹**, wie eine Ende der
achtziger Jahre in *Praxis Deutsch* geführte Debatte zwischen den
Literaturdidaktikern Bettina Hurrelmann und Gerhard Haas anschaulich dokumentiert (Haas 1988a; 1988b; Hurrelmann 1988;
1989): Während Gerhard Haas die Kunst-Qualität dieser Literatur
jenseits einer pädagogisch-didaktischen Funktionalisierung betont
wissen möchte, will Bettina Hurrelmann nicht darauf verzichten,
kinder- und jugendliterarische Texte immer auch als pädagogischen
Beitrag zu sehen (vgl. auch Hurrelmann 1982). Haas möchte diese Literatur aus gezielten literarischen Lernprozessen heraushalten;
letztere sollen mit dem »altehrwürdigen Lesebuch« stattfinden. Die
»Bücher der Kinder- und Jugendliteratur [...] repräsentieren das
pädagogisch Unverfügbare« (Haas 1988a, 5), dem höchstens in
einem produktions- und handlungsorientierten Umgang gerecht
werden kann. Hurrelmann hingegen vertritt die Auffassung, daß
»eine didaktisch wohldosierte Unterstützung von Leseprozessen in
der Schule [nicht] ›Ausbeutung‹ der Texte sein muß« (Hurrelmann
1988, 3). Beiden – Haas wie Hurrelmann – geht es weniger darum, *welche* Werke gelesen werden, sondern *daß* und *wie* gelesen
wird.

Gegenstand dieser Diskussion ist insofern auch nicht die Kanonisierung bestimmter kinderliterarischer Werke – Titel werden
kaum genannt; debattiert wird das Potential beziehungsweise die
Gefahr einer erzieherischen Funktionalisierung, die bei einer
Literatur naheliegen kann, welche von Erwachsenen geschrieben
ist und vielfach auch ausgewählt wird, deren Adressat aber eine
kindlich-jugendliche Altersgruppe ist. Eine Pädagogisierung dieser
Literatur liegt umso näher, als sie nicht selten schon mit ähnlichen
Intentionen geschrieben worden sein mag. Die massenhafte Produktion dieser Texte, die in den achtziger und neunziger Jahren

zu einer auch für Fachleute kaum noch übersehbaren Titelzahl geführt hat, weist auf ein Leserinteresse hin, macht aber eine ästhetisch geleitete Auswahl in Zeiten ohne kanonische Vorgaben nicht leichter. In diesem Zusammenhang ist die Auflistung von Autoren interessant, die offensichtlich **in den Schulen tatsächlich gelesen** werden (Runge 1997). Es handelt sich um das Ergebnis einer 1995 durchgeführten Befragung von Lehrern an Grund- und weiterführenden Schulen über die in den letzten zwei Jahren gewählte Unterrichtslektüre. Demnach orientieren sich die Lehrer an ›Klassikern der Moderne und der Gegenwart‹: Peter Härtling steht mit 246 Nennungen unangefochten an der Spitze (vgl. dazu Daubert 1996, die ausschließlich *Peter Härtling im Unterricht* der Klassen 3 bis 6 behandelt), gefolgt von Erich Kästner mit 163 Nennungen, Astrid Lindgren mit 153 und Christine Nöstlinger mit 144 (ebd., 6/7).

Auch die Namen der anderen Autoren zeugen davon, daß die Lehrer **keine Experimente** – so der Titel des Aufsatzes – eingehen, sondern moderne oder tatsächliche Klassiker bevorzugen: Ursula Wölfel, Max von der Grün, Hans Peter Richter, Michael Ende, Otfried Preußler, Paul Maar, Daniel Defoe und die Märchen der Brüder Grimm: »In der Auswertung zeigt sich eine starke Konzentration auf wenige Titel und Schriftsteller. 40 Autorinnen und Autoren haben an allen Nennungen einen Anteil von 55 Prozent. Häufiger genannt werden nur ganz renommierte Kinder- und Jugendbuchautoren, deren Bücher schon lange Jahre eingeführt sind« (Runge 1997, 7). Dieses Ergebnis ist insofern interessant, als es trotz der Freiheit in der Lektürewahl offensichtlich eine Tendenz zur älteren, bewährten Kinder- und Jugendliteratur gibt, zur kanonischen Orientierung. Cornelia Rosebrock, die über *Kinderliteratur im Kanonisierungsprozeß* nachdenkt, gelangt insgesamt zu einer negativen Einschätzung, was einen ›**natürlich gewachsenen**‹ Kanon angeht. Ein solcher Kanon folge offensichtlich »allen möglichen Gesetzmäßigkeiten [...], nicht aber literaturdidaktischen oder -wissenschaftlichen Überlegungen« (Rosebrock 1998, 102). Schon aus diesem Grunde sei es angebracht, eine Reflexion über den Kanon auch in Hinblick auf die Kinderliteratur anzustellen. Diese Literatur habe außerhalb der klassischen Kanonisierungsprozesse gestanden, weil sie »auf andere Traditionen im Mischungsverhältnis von Gebrauchsorientierung und Autonomieästhetik zurückblicken« könne (ebd., 104). Aus diesem Grunde könne sie auch nicht einfach in den allgemeinen Kanon integriert werden und gehöre eher in einen »Subkanon« (ebd., 97). Auch wenn Rosebrock zu keiner Lösung gelangen, sondern das Problem skizzieren will, zeigen ihre Überlegungen gleichwohl, wie selbstverständlich inzwischen die unterschiedlichsten literarischen Genres in die Kanon-Debatte einbezogen werden können. Über Kinderliteratur hätte man im Kanon-Zusammenhang vor vierzig Jahren noch nicht gesprochen, über Detektiv- und Kriminalliteratur erst recht nicht.

1.3   Gegenwartsliteratur

Mit Gegenwarts- oder zeitgenössischer Literatur sind Texte jüngeren Erscheinungsdatums gemeint, die weder durch literaturwissenschaftliche Interpretationspraxis noch durch didaktische Analysen und methodische Erprobungen abgesichert sind. Es kann keine Didaktik der Gegenwartsliteratur geben; es kann nur didaktische Reflexionen darüber geben, ob und mit welchen Begründungen Texte der zeitgenössischen Literatur ein Stoff sein können, der eines Vermittlungsprozesses wert ist. Gegenwartsliteratur wird immer dann zu einem brisanten Diskussionsthema, wenn an der klassisch-kanonischen Auswahl Kritik geübt wird (für die zwanziger Jahre vgl. Hegele 1996, 49–53; für die siebziger Jahre z.B. Ivo 1969, 11–12). Unter diesen Voraussetzungen wird die Forderung nach Aktualität im Literaturunterricht auch von den Lehrenden und nicht nur von den Schülern gestellt. Noch in den sechziger Jahren kam die Forderung nach Gegenwartsliteratur im Deutschunterricht einer Revolte, einem Aufstand gegen das Althergebrachte gleich. Im klassischen Kanon – so wie Günther Buck ihn definiert hatte – waren Texte der Gegenwartsliteratur ausgeschlossen (vgl. II. 1.1.). Buck spricht deswegen auch mit Blick auf die zeitgenössische Literatur von der »*Gefahr der Aktualität*«, »beliebigen Gegenwarts-Konjunkturen«, »möglichen Pleiten von morgen« und verleiht damit der Sorge der Didaktiker und Lehrer Ausdruck (Buck 1983, 364), die die gering bemessene Lesezeit in der Schule nicht unnütz mit einer Literatur vergeuden möchten, die eventuell nach kurzer Zeit wieder vergessen sein wird; die wenigen Literaturstunden sehen sie lieber für klassisch Gesichertes reserviert. Die **Wertungsfrage**, die gerne in Verbindung mit trivialliterarischen Texten diskutiert wird (Schemme 1975), ist noch offener, wenn es sich um die didaktische Entscheidung für Beispiele der Gegenwartsliteratur handelt. Selbst bei trivialliterarischen Texten sorgt der zeitliche Abstand vom Erscheinungsjahr dafür, daß über den sich wandelnden Wert auf einer sich stets ändernden Skala genauere Auskunft gegeben werden kann als über den eines erst unlängst publizierten literarischen Text, der nur wenige Leser gehabt hat.

Literarische Wertung

»Wenn es keine prästabili[si]erte Harmonie von historischer ›Bedeutung‹ und literarischer ›Größe‹ einer Dichtung gibt, dann ist
das Kriterium der ›Wirkungsdauer‹ immer nur in der Lage, den
Kanon von gestern zu legitimieren. Die didaktische Entscheidung
darüber, was *heute* als bedeutend, daher wissenswert und daher
lernnotwendig gelten soll, bedarf zusätzlicher Argumente, die den
literarischen Kanonisierungsprozeß in der Schule aus einem bloßen
Traditionalismus befreien« (Herrlitz 1976, 257 (erstmals 1967);
Hervorh. E.K.P.) Herrlitz geht es nicht um das Verhältnis von Kanon und Gegenwartsliteratur, sondern um eine *rationale* Begründung kanonisch-didaktischer Entscheidungen, die immer nur im
Bewußtsein ihrer jeweiligen Relativität gefällt werden könnten. Bezogen auf eine gegenwartsorientierte Literaturvermittlung bedeuten
Herrlitz' Überlegungen, daß mit der Relativierung des Kriteriums
Wirkungsdauer ein zentrales Hindernis in Frage gestellt wird, das
einer Didaktisierung zeitgenössischer Literatur im Wege gestanden
hatte. Überhaupt ist die Vermittlung zwischen absoluten und relativistischen Auffassungen, wie sie nach der Darstellung von Georg
Pilz und Erich Kaiser Mitte der sechziger Jahre in der Wertungsdiskussion stattgefunden hat (Pilz/Kaiser 1976, 9–25, hier 14), für
die didaktische Öffnung gegenüber zeitgenössischen Texten von
Bedeutung. Mit den überzeitlichen, auf absoluten Anspruch zielenden Wertungskriterien, in denen von »einstimmigen Werken
[...] aus mächtigeren Spannungen« die Rede ist (Kayser 1952; zitiert nach: Pilz/Kaiser 1976, 60/61), von »der inhaltlichen Richtigkeit, der substantiellen Echtheit« (Sengle 1955; zitiert nach: Pilz/
Kaiser 1976, 71) und in denen auf das »Kontinuum der Reflexion«
abgezielt wird (Emrich 1963; zitiert nach: Pilz/Kaiser 1976, 95),
konnte die zeitgenössische Literatur nicht erfaßt werden. Das zeigt
sich beispielsweise an dem Urteil, das der Literaturwissenschaftler
Wolfgang Kayser auf dieser Basis über das Werk eines Autors fällt,
das 1952 wie unlängst erschienene Gegenwartsliteratur behandelt
werden muß. Gemeint ist Franz Kafka, dessen Werk Kayser »flach«
und einseitig nennt und dessen »Überschätzung« er aus der Zeiterfahrung erklärt: »ein Violinkonzert, meisterhaft gespielt, aber
nur auf der tiefen G-Saite« (zitiert nach: Pilz/Kaiser 1976, 61).
    Einen anderen Weg zeigt der Literaturwissenschaftler Walter
Müller-Seidel, wenn er **drei Bedingungen bei der literarischen
Wertung** für unerläßlich erklärt: »das *geschichtliche* Denken, den
Zeitpunkt des Urteils und die *Dignität* des Urteils« (Müller-Seidel 1965, 33). Neu an dieser Relativierung ist, daß die historische

Bedingtheit des literarischen Werkes ebenso betont wird wie die des Urteils selbst. Mit »Dignität des Urteils« will Müller-Seidel einer schematischen Zensurenverteilung vorbeugen, einer bloßen Beurteilung nach ›falsch‹ oder ›richtig‹. Aber auch Müller-Seidel ist vorsichtig, was die Wertung gegenwartsliterarischer Texte angeht; er spricht von nicht ausbleibender »Unzuverlässigkeit«, die mit fehlendem zeitlichen Abstand einhergehen müsse und will diesen Teil der Literaturkritik überlassen (ebd., 25; 35).

Im Zusammenhang mit der trivialliterarischen Wertungsdiskussion wird als neuer, zusätzlicher Faktor die **Rezipientenposition** genannt. Während noch Müller-Seidel vor einer uferlosen Relativierung gewarnt hatte, ist eine solche nicht zu vermeiden, wenn Leserreaktionen ein Kriterium werden: »Literarische Werke existieren konkret nur als rezipierte. Als rezipierte sind sie immer schon wertbesetzt: literarische Werke gibt es konkret nur als gewertete« (Waldmann 1973, 79). Wenngleich Waldmanns radikale These nicht das letzte Wort in der Wertungsdebatte war, so hat die rezeptionsästhetische Theorie gleichwohl Einfluß auf die Frage nach der literarischen Qualität eines literarischen Werkes gehabt. Die Einbeziehung des Lesers führte – vielleicht in einem verkürzten, einseitigen Verständnis, aber durch den Ansatz der Theorie legitimiert – dazu, zunächst subjektive Stellungnahmen, dann auch subjektiv-begründete Urteile zuzulassen.

Gegenwartsliterarische Texte gelangten im Zuge dieser Diskussion in den Deutschunterricht; zunächst solche aus den fünfziger Jahren (z.B. Literatur von Heinrich Böll, Günter Grass, Uwe Johnson, Christa Wolf, Max Frisch, Friedrich Dürrenmatt), dann aber auch Texte unmittelbarerer Gegenwart wie der 1973 erschienene Roman des in der DDR lebenden Autors Ulrich Plenzdorf, der mit dem Titel *Die neuen Leiden des jungen W.* unverkennbar an das ›klassische‹ Vorbild anknüpfte. Er kann als Beispiel für eine literaturdidaktische Richtung zitiert werden, in der von aktueller Literatur ausgegangen wird, um über diese einen Zugang zu klassischen Werken zu finden; wie überhaupt die **intertextuellen Verweise** gegenwartsliterarischer Texte auf ältere Literatur didaktisch als Chance genutzt wurden, um die Aktualität der Tradition zu verdeutlichen. Plenzdorfs Roman, der heute aus vielerlei Gründen schon wieder ›alt‹ ist, konnte sich deswegen relativ schnell als Schullektüre etablieren. Ähnlich erging es anderen literarischen Texten der Gegenwart, auch wenn sie nicht so zwangsläufig zu älterer Literatur führten wie Plenzdorfs Roman: Waren sie einmal für den schulischen Vermittlungsprozeß entdeckt, verhalfen methodisch-didaktische Publikationen nicht selten dazu, daß aus dem

Experiment ein Normalzustand wurde. In der Tendenz zeichneten sich solche raschen Kanonisierungsprozesse beispielsweise ab bei Heinrich Böll *Die verlorene Ehre der Katharina Blum* (1974), Martin Walser *Ein fliehendes Pferd* (1978), Christa Wolf *Kassandra* (1983), Patrick Süskind *Das Parfüm* (1985) und werden sich vielleicht noch zeigen bei Ruth Klüger *weiter leben* (1992).

Wie selbstverständlich inzwischen eine Didaktisierung gegenwartsliterarischer Werke – zumindest in der Theorie – geworden ist, zeigt das zweite Heft, das die Zeitschrift *Praxis Deutsch* einem einzigen Autor beziehungsweise einer Autorin widmet: die Redaktion hat dafür »Christa Wolf« gewählt (1995, H. 133). Mit einer solchen Entscheidung wird indirekt ein Beitrag zur schulischen Kanonisierung einer noch schreibenden Autorin geleistet, deren jüngster Roman erst knapp ein Jahr *nach* Erscheinen dieses Heftes publiziert wurde.

Wie risikobereit sich die Didaktiker in den neunziger Jahren zu einem literarischen Werk jüngster Vergangenheit bekennen, zeigt auch ein Heft der Zeitschrift *Der Deutschunterricht* (1996, H. 3), das nicht einer einzigen Autorin, sondern einem einzigen Werk gewidmet ist: Patrick Süskind *Das Parfüm*. Im Vordergrund steht zwar die vorgeschlagene Methode – »Lektüre-Vielfalt« (vgl. III.1.) –, aber schon im Untertitel wird der Roman genannt, auf den sich alle Beiträger beziehen (vgl. zum *Parfüm* auch Bogdal 1993b; vorsichtiger äußert sich Kämper-van den Boogaart 1997c, 73–78). Solche Konzentrationen auf einen lebenden Autor oder auf ein unlängst publiziertes Werk, wie sie erst in jüngster Zeit in den deutschdidaktischen Periodika stattfinden, können als Ermutigung für die Lehrer interpretiert werden, Gegenwartsliteratur als Unterrichtslektüre zu wählen. Im Wege stehen dem vielleicht nicht selten die Anschaffungsprobleme, die sich bei neuen literarischen Texten in anderem Ausmaß stellen als bei lange tradierten, weil finanzielle Mittel gänzlich fehlen oder weil diese Bücher für eine längere Zeit nur zu höheren Preisen zu erwerben sind.

Plädoyer für eine gegenwartsorientierte Literaturauswahl

Trotz dieser organisatorischen Hindernisse beklagt der lange Zeit als Lehrer tätig gewesene Literaturdidaktiker Clemens Kammler die distanzierte Haltung der Deutschlehrer gegenüber neuer Literatur und schlägt einige Titel vor, die den antiquierten Kanon nur noch angeblicher ›Gegenwartsliteratur-Autoren‹ – bestehend aus Dürrenmatt, Frisch, Grass, Böll und Andersch – aktualisieren sollen (Kammler 1995a):

»Wir Deutschlehrer und Deutschlehrerinnen müssen uns der Unübersichtlichkeit des Literaturmarktes stellen, ständig nach für die Schule Brauchbarem Ausschau halten, ohne gleich den Kanon im Hinterkopf zu haben. Dabei gibt es keine Garantie dafür, daß die Texte, auf die wir dabei stoßen, in zehn Jahren für die Schule noch interessant sind« (ebd., 129).

Kammler beklagt die **Tendenz, sich auf ›Bewährtes‹** zurückzuziehen. Die Möglichkeit, neue literarische Texte deutscher und anderer Sprachen zu wählen, die zudem mit dem gängigen Interpretationsritual nicht zu erfassen sind (vgl. in diesem Zusammenhang besonders Fingerhut 1987; vgl. auch III.1.), werde von den Lehrern viel zu selten genutzt.

Das Kriterium für seine eigene Vorschlagsliste ist der Hinweis auf die entscheidenden literarischen Strömungen der letzten 25 Jahre: »›Neue Subjektivität‹, DDR-Literatur, postmoderne Literatur, feministische Literatur« (Kammler 1995a, 131): Sie beginnt mit Woddy Allens *Gott,* geht unter anderem über Patrick Süskinds *Das Parfüm,* Elfriede Jelineks *Die Klavierspielerin,* Ruth Klügers *weiter leben* und endet vorläufig bei Franz Xaver Kroetz' *Furcht und Hoffnung der BRD.* Die Unvollständigkeit dieser Auswahl gesteht Kammler ein und nennt am Schluß eine Reihe von Autoren, deren Werke auf eine zukünftige Lektüre und eventuelle Aufnahme in diese Vorschlagsliste warten.

Unbegründet findet er die – auch von Günther Buck geäußerte – Sorge, daß das Gewählte nicht Bestand haben könnte. Schon häufiger habe sich in der Geschichte der Schullektüre ein Text überlebt, der aber für die jeweilige Schülergeneration durchaus Bedeutung gehabt habe; so sei es beispielsweise Plenzdorfs *Neuen Leiden* ergangen (ein Roman, der im übrigen in der ehemaligen DDR heute eine Renaissance erlebt). Es ist unter diesen Voraussetzungen nur konsequent, daß Kammler keine **Wertungsprobleme** erörtert, weil er um die Relativität des Urteils weiß und dieses nicht fürchtet. Sein Protest richtet sich sowohl gegen ein ängstliches kanonisches Denken als auch gegen nicht lesende Deutschlehrer.

Und tatsächlich verlangt die Fähigkeit, zeitgenössische Lektüre sinnvoll in literarische Lernprozesse zu integrieren und mit ihrer Hilfe den tradierten Kanon zu ergänzen, einen Deutschlehrer, der kontinuierlich neu erschienene literarische Texte liest und dieses Lesen zu einer der Aufgaben seines Berufes zählt. Nur ein so praktiziertes Leseverhalten kann zu subjektiven, aber im vergleichenden Leseprozeß gewonnenen Beurteilungskriterien führen, die den Lehrer sowohl bei Auswahlentscheidungen als auch beim unterrichtlichen Experiment sicherer werden lassen. Da eine solche Auswahl mit zusätzlicher Lesearbeit verbunden ist, die nicht

alle Deutschlehrer gerne leisten, gelangt wahrscheinlich seltener
ein gegenwartsliterarischer Text in den Literaturunterricht als die
Vertreter eines ›klassischen Kanons‹ befürchten. Groß dürfte die
»**Gefahr der Aktualität**« in der Praxis des Literaturunterrichts
wahrscheinlich nicht sein; es gibt unter den Deutschlehrern eine
Tendenz zum alten und neuen Kanonischen. Auch deswegen bleibt
das Kanon-Thema virulent. Nicht auszuschließen ist, daß gerade
die postmoderne Freiheit in der Wahl der Schullektüre, die nicht
in allen, aber in vielen Bundesländern existiert, eine freiwillige
Rückkehr zum ›Kanon‹ provoziert hat.

2.　Lesedidaktik

Es ist nicht zufällig, daß die Frage nach dem ›Was des Lesens‹ intensiver diskutiert wird als die nach dem ›**Wie des Lesens**‹. Lesen
als **Basisaktivität des Literaturunterrichts** ist gleichzeitig diejenige,
die sich am wenigsten steuern und überprüfen läßt. *Ob und wie* ein
literarisches Werk gelesen wurde, bleibt Vermutung überlassen;
erst mündliche und schriftliche Dokumente erlauben die sichere
Auswertung literarischer Lernprozesse. (Marcel Proust hat diesen
Sachverhalt in seinem Essay *Tage des Lesens* geschildert und aufzuzeigen vermocht, wie schwer der Übergang vom schweigenden
Lesen zum Reden, vom hingebungsvollen zum denkenden Lesen
ist (Proust 1985; 1. frz. Aufl. 1925); weitere didaktisch interessan-
te Anmerkungen von Schriftstellern zum Lesen: Nöstlinger 1980;
Bichsel 1988). Ein Bewußtsein dieser Problemlage zeigt sich in
den gegenwärtig diskutierten lesedidaktischen Überlegungen und
Konzeptionen, die von der **Rezeptionsästhetik** (vgl. I.3.3.) ebenso
beeinflußt sind wie von linguistischen, poststrukturalistischen und
konstruktivistischen Theorien:

- **Linguistisch** bestimmte Forschungen haben insgesamt zu einer
  Aufwertung des Lesens geführt, weil der »Akt des Lesens als
  kreativer und *konstruktiver Prozeß* der Sinnkonstitution *durch
  den Leser selbst*« deutlich gemacht wurde (Lewandowski 1980,
  55; vgl. auch I.3.1.; vgl auch Aust 1983, der in seiner Untersuchung zum Lesen rezeptions- und sprachtheoretische Ansätze
  verbindet).
- In der Folge poststrukturalistischer Texttheorien wird verstehendes und bedeutungsfixiertes Lesen zu einer unsicheren
  Angelegenheit erklärt. Mit **Poststrukturalismus** wird eine Text-

theorie umschrieben, die von der (materialen) Zeichenhaftigkeit des Gelesenen ausgeht und die sprachlichen Zeichen (Signifikanten) sowie ihr Korrespondieren mit- und untereinander in den Mittelpunkt der Analyse stellt; gefordert wird, daß das pure sprachliche Material – sozusagen abgetrennt von einer Bedeutung (Signifikat) – ›wortwörtlich‹ genommen wird (beispielhaft: Barthes 1987; 1. frz. Aufl. 1970). Deutung und Sinnfindung werden so zu einem unsicheren Ziel, Bedeutung läßt sich nicht fixieren und endgültig fassen. Tendenziell wird ein unendlicher Bedeutungspielraum und -reichtum möglich: »Bedeutung ist [...] die ganze Signifikantenkette entlang verstreut oder verteilt: sie kann nicht so leicht festgenagelt werden und ist niemals in einem Zeichen alleine vollständig präsent, sondern stellt mehr eine Art konstantes Flackern von gleichzeitiger An- und Abwesenheit dar. Das Lesen eines Textes gleicht [...] dem Aufspüren dieses Vorgangs des Flackerns [...]« (Eagleton 1992, 111). Während es den Strukturalisten um die Form geht beziehungsweise darum zu klären, was überhaupt Bedeutung möglich macht (vgl. z.B. die Arbeit Küglers 1975; I.3.1.), wird die Sicherheit einer (richtigen) Bedeutungsfindung von den poststrukturalistischen Denkern in Frage gestellt; diese scheint eher ein (ernsthaftes) Spiel zu sein, nur noch ein Versuch, ein Vorschlag (vgl. die Ausführungen Spinners 1993c, 30–34).
Eine wesentliche Rolle spielen diese Theorien für die literarische Schreibdidaktik (vgl. II.3.) sowie für die Krise der Interpretation (vgl. III.1.); im Zusammenhang mit lesedidaktischen Entwicklungen ist sowohl auf eine gewisse *Lust am Text* hinzuweisen, die besonders durch Roland Barthes' gleichnamige Schrift ihre Bezeichnung erhalten hat (1990a; 1. frz. Aufl. 1973), als auch auf spielerische, spurensuchende Komponenten des Lesens, die in den Blick geraten, wenn dieses ohne den Zwang einer (richtigen) Deutung stattfinden kann.

- In **konstruktivistisch** beeinflußten Literaturtheorien wird ein anderer lesedidaktisch relevanter Akzent gesetzt: »Leser lesen in literarischen Texten [...] nur und ausschließlich *sich selbst*. Nicht *die Texte* werden von ihnen zum Sprechen gebracht, sondern *sich selbst* bringen sie zum Sprechen. Sie gelangen über die Lektüre nicht zu einem *Verstehen des Textes*, sondern zu einem Verstehen *ihrer selbst*« (Paefgen 1996a, 140). Bernd Scheffer hat in *Interpretation und Lebensroman* (1992) diese These ausgeführt, in der die rezeptionstheoretisch noch an den Text gebundene Tätigkeit des Lesers in eine subjektive Freiheit der Verstehensmöglichkeiten überführt wird. Lesen von Literatur wird unter diesen Voraussetzungen zum (Weiter-)Lesen seiner selbst, sichere Deutungen gibt es aus anderen als in den poststrukturalistischen Theorien aufgeführten Gründen nicht mehr. Während in der poststrukturalistischen Theorie sehr textorientiert argumentiert wird und in der *sprachlichen Zeichenhaftigkeit* des Textes der Grund dafür gesehen wird, daß die wiederum sprachlichen Deutungen immer nur *vorgeschlagen* werden können, geht Scheffer von der Unberechenbarkeit jedes einzelnen Lesers aus, der das jeweilige Textverstehen auf dem Hintergrund seines eigenen bisherigen »Lebensromans« *konstruiert*.

Direkt oder indirekt haben diese Theorien Einfluß auf **lesedidaktische Überlegungen der Gegenwart** genommen:

* Lesen wird als eine komplexe aktive Handlung verstanden, nicht als passives Konsumieren.
* Lesen lernen ist nicht in der Grundschule abgeschlossen, sondern ein längerer (lebenslanger) Prozeß: es gibt unterschiedliche Formen des Lesens.
* Lesen kann in unsicheres Verstehen münden, in nur tastendes, vorsichtiges Deuten.
* Lesen kann mit Lust zu tun haben, Lesesucht ist nicht länger ein pädagogischer Feind.
* Der subjektive Faktor, der in jede Text-Leser-Begegnung einfließt, läßt auch das kollektive Lesen in einer Lerngruppe nicht unberührt.
* Lesen ist aber auch wieder textorientiert und textnah geworden: nicht außerhalb des Textes sind die Hinweise auf Deutungen zu suchen, sondern in den Signifikanten des literarischen Werkes selbst.

Geschichte des Lesens und Lesesozialisationsforschung

Lesen, eine einsame und schweigsame Tätigkeit, vermag sich – im Unterschied zum Reden und Schreiben – didaktischen Zugriffen am besten zu entziehen. Literaturunterricht hat mehr mit den *Vorbereitungen* und den *Folgen* des Lesens zu tun als mit dem *Vorgang des Lesens* selbst (*ein* Beispiel für grundschuldidaktische Überlegungen zum Lesen als Bestandteil des Unterrichts: Ritz-Fröhlich 1981; für die Grund- und Hauptschule: Kleinschmidt 1971). Differenzierte Überlegungen zum kursorischen und statarischen Lesen, wie bei Hiecke 1842 (Hiecke 1842, 120–139; vgl. die Ausführungen zum Lesetempo bei Hiecke in: Kopp/Wegmann 1988), sind in der gegenwärtigen Lesedidaktik an den Rand gedrängt, weil das

Interesse im Vordergrund steht, daß die Schüler überhaupt lesen (und weniger wie sie lesen). In den **Forschungen zur Geschichte des Lesens** wird allerdings versucht, auf die Tätigkeit des Lesens selbst einzugehen. Wenngleich diese Arbeiten keine unmittelbare didaktische Relevanz beanspruchen, so können die kulturgeschichtlich fundierten Untersuchungen der Lese-Geschichte auch den didaktischen Blick auf das Lehren und Praktizieren dieser Basisaktivität des Literaturunterrichts beeinflussen (Schön 1993a [1. Aufl. 1987]; Nies 1991; Manguel 1998).

Erich Schön beispielsweise stellt einen *Verlust* von *Sinnlichkeit* fest, der um 1800 mit einer zunehmenden Pädagogisierung des Lesens einhergegangen sei. Neu erfundene Disziplinierungsgeräte und -möbel dienten einer »Immobilisierung« des Lesenden (Schön 1993a, 96); die gestraffte, gespannte Haltung des Körpers, der zu einem »›An-sich-Halten‹« trainiert wird (ebd., 94), sollte eine für verhängnisvoll gehaltene, durch ungezügeltes Lesen beflügelte »körperliche Phantasie« verhindern helfen – und damit ist nicht nur eine erotische gemeint (ebd., 91). Nicht ohne (leise) Wehmut weist Schön daraufhin, was der Abschied vom alleinigen lauten Lesen, vom Lesen beim Spazierengehen in freier Natur, vom lauten geselligen Lesen im Freundeskreis bedeutet: von einer intensiven körperlich-sinnlichen Wahrnehmung wird das Lesen zu einer rationalen und rationalisierten Tätigkeit. Schön bezieht auch Dokumente der Lesesucht-Diskussion in seine Untersuchung ein, in denen die »Verunsicherungen und Befürchtungen, Normvorstellungen und Wunschbilder der Autoren« laut werden (ebd., 319), die mit der Möglichkeit ungebändigter und uferloser Leserei verbunden sind. An der Domestizierung des Lesens haben diejenigen, die das Lesen »eindämmen« wollen, entscheidenden Anteil (ebd., 319).

›Eingedämmt‹ werden soll das Lesen in neueren didaktischen Entwürfen nicht mehr. Ein Ergebnis der rezeptionsästhetischen Wende ist sicherlich darin zu sehen, daß die Unterscheidung zwischen dem privaten und dem öffentlichen (schulisch geforderten) Lesen akzeptiert und inzwischen selbstverständliches didaktisch Wissen ist. »Die Schüler lesen [...] in ihrer Freizeit anders, als sie für die Schule lesen [...] sollen; [es] geschieht privat unbefangener, unbelasteter; es entspricht spontanen Bedürfnissen und Bedrängnissen. Hieckes Überzeugung, daß ein analytischer Literaturunterricht die Schüler für immer davon abhielte, sich der süchtigen Unterhaltungslektüre hinzugeben, hat sich nicht bewahrheitet« (Paefgen 1996b, 91).

Ein Ergebnis der **Lesesozialisationsforschung** der letzten Jahre
lautet sogar, daß eine intensive Lesesucht-Phase im kindlich-jugendlichen Alter eine wichtige Voraussetzung für die Herausbildung stabiler Lesegewohnheiten ist (Hurrelmann 1994, 24). Zum
Ende des 20. Jahrhunderts, in postmodernen Zeiten hat sich die
pädagogische Einstellung zum lustvollen Lesen geändert: »Die
Schüler bevorzugen den intuitiven Zugang zu den Dingen, bei
dem die Sinne die entscheidende Rolle spielen« (Bogdal 1993a,
7; vgl. auch Bogdal 1985; vgl. in diesem Zusammenhang auch
die Untersuchung von Behnken/Messner/Rosebrock u.a. 1997, in
der die »'Triebdimensionen'«, die Lesen wie Schreiben für heutige
Jugendliche haben können, im Mittelpunkt stehen (ebd., 15)).

Dieser Einstellungswandel steht allerdings auch im Zusammenhang mit der **medialen Konkurrenz**, die das Lesen als Un-
terhaltungsmittel seit den sechziger, siebziger Jahren bekommen
hat. Angesichts der leicht zugänglichen ebenfalls reproduzierbaren
Angebote der auditiven und visuellen Medien ist die kindliche Le-
seaktivität – auch die süchtige – aufgewertet worden. In neueren
sozial- und kommunikationswissenschaftlichen Untersuchungen
zur Lesesozialisation wird aus diesen Gründen der gesamte Mediengebrauch einbezogen. Das Interesse bei der Durchführung
empirischer Studien zu *Leseerfahrungen und Lesekarrieren* beziehungsweise zum *Leseklima in der Familie* ist vor allem darauf gerichtet, wie Kinder in (oder trotz) einer vielfältigen Medienumwelt
zu Lesern werden: Kinder können sich »in verschiedenen Medien-
umwelten zu Lesern entwickeln« [...]. Nicht nur in Familien, in
denen das Buchlesen im Vergleich zum übrigen Mediengebrauch
dominiert, finden wir Kinder, die gern lesen, sondern auch in
Familien, in denen man sich einer Vielzahl von Medien intensiv
zuwendet« (Hurrelmann/Hammer/Nies 1993, 38). Eine friedliche
Koexistenz von Buch- und anderen Medien ist möglich, vor allem
wenn eine reflektierte Nutzung der AV-Medien die von Büchern
und Printmedien nicht ausschließt. Basis dafür ist eine hohe Lesekompetenz:

»Lesen stellt eine Basiskompetenz für jede Art von Medienalphabetisie-
rung dar. [...] Leseförderung tut daher auch aus demokratischen Gründen
not, damit nicht im Gefolge mangelnder Lesekompetenz bestimmte Be-
völkerungskategorien generelle gesellschaftliche Benachteiligung erfahren.«
(Bonfadelli/Fritz/Köcher 1993, 338).

Immerhin gaben 38 Prozent der Jugendlichen an, »nicht so gern
oder überhaupt nicht gern« zu lesen, ein Drittel der Befragten
kann als »Wenigleser« bezeichnet werden (ebd., 14/15).

Leseförderung und literarische Sozialisation

Aus diesen Forschungsergebnissen hat sich das pädagogisch-didaktische **Konzept der Leseförderung** entwickelt (vgl. z.b. Hurrelmann 1994; Beisbart/Eisenbeiß/Koß/Marenbach 1993; Eicher 1997). Dem Lesen als »Enkulturation«, als eine »kulturelle Praxis«, die möglicherweise gefährdet ist, soll pädagogische Unterstützung zuteil werden. Wenngleich das Lesen möglichst »natürlich'« bleiben soll, wird der schulische Eingriff für notwendig befunden, »um Aufbau und [...] Sicherung der Lesemotivation, [...] Vermittlung von Lesefreude und Vertrautheit mit Büchern, [...] Entwicklung und Stabilisierung von Lesegewohnheiten« zu erreichen (Hurrelmann 1994, 17); die »Bewahrung der Buchkultur« und die »Förderung der Lesefähigkeit« seien die zentralen Aufgaben des Literaturunterrichts (Eicher 1997, 10). Ziel dieses pädagogischen Konzept ist nicht, die Nutzung anderer Medien zu verhindern; Ziel ist aber, das analytische Lesen, wie Hiecke es anstrebte, tendenziell zu ersetzen (oder zu ergänzen) durch ein lustbetontes, wie es Wackernagel vorschwebte. Damit wird die entscheidende Aufgabe des Literaturunterrichts, das elaborierte Verstehen literarischer Sprachkunst, geopfert zugunsten einer Werbung für die verloren gegangene Attraktivität des Lesevergnügens. Wenngleich die lesefördernden Reflexionen in Hinblick auf ihre Funktion für die Primarstufe didaktisch relevant sind, so entsteht in diesen Konzeptionen gleichzeitig der Eindruck, daß im Unterricht weniger literarisches Lernen stattfinden soll als vielmehr literarische Unterhaltung (vgl. III.4.).

Während es in den Forschungen zur Lesesozialisation vorwiegend um die Lesekultur im allgemeinen geht, konzentrieren sich Literaturwissenschaftler und -didaktiker in Arbeiten zur **literarischen Sozialisation** auf »den Rahmen *literarische Kultur*« (Eggert/Garbe 1995, 8; vgl. auch: *Der Deutschunterricht* (1980) H. 5; Schön 1990; Rosebrock 1995; vgl. auch Larcher 1984). Eggert und Garbe unterscheiden deswegen auch zwischen bloßer Lesefertigkeit, zwischen einer qualifizierteren Lesekompetenz und zwischen einer »*literarischen Rezeptionskompetenz*« (Eggert/Garbe 1995, 9); letztere meint den »**Leser von Literatur als Kunst**« (ebd., 10). Ein didaktisch relevantes Ergebnis der so angelegten Studie lautet, daß der Literaturunterricht wenig dazu beitrage, daß Schüler zu ›Lesern von Literatur‹ werden. Grund dafür ist der Konflikt »zwischen den *Normen des Literatursystems*, wie sie in literarischen Bildungstheorien und entsprechenden Literaturdidaktiken, in Lektüreauswahl und Interpretationsstrategien wirksam werden, und den *Interessen* *und Bedürfnissen der lesenden Subjekte*« (ebd., 138). Daß dieser Konflikt existiert, ist inzwischen Konsens; über die didaktischen Konsequenzen herrscht Uneinigkeit. Katharina Rutschky schlägt vor, daß alles, was »in puncto Literatur zwischen Erwachsenen und Kindern, [...] sei's im Kindergarten oder der Schule, verhandelt werden kann, übers Vorlesen und übers Nacherzählen [...] nicht hinausgehen darf« (Rutschky 1985, 42). Erich Schön hingegen vermutet, daß »der Erwerb einer höheren literarischen Rezeptions-kompetenz« wohl nur durch literaturunterrichtlichen »›Zwang‹« erreicht werden kann, welcher dann unweigerlich zu dem Verlust einer Lesemotivation führe – bei einigen Schülern nur vorüberge-hend, bei anderen dauernd und nachhaltig (Schön 1993b, 224).

Wenn ein inzwischen als berechtigt erkannter Lernanspruch mit dem Literaturunterricht verbunden bleiben soll, scheint es sinnvoll, Schöns Einschätzung zu akzeptieren und die analytischen Teile von Lektüreverfahren nicht so zu minimieren, daß nur noch die ›Lust der Unterhaltung‹, nicht aber die ›Lust des Erkennens‹ gefördert wird (vgl. zu den möglichen Folgen die Ausführungen in III.4.). In modernen lesedidaktischen Konzepten wird dieser Konflikt zwischen Lesebedürfnissen und literarischem Lernen verhandelt, wird nach verschiedenen Formen des Kompromisses zwischen den beiden Extremen gesucht: auf der einen Seite steht das bloß noch unverbindliche Gespräch über Literatur als radikale Auflösung literaturunterrichtlicher Ansprüche (vgl. II.4.) und auf der anderen ein vielleicht nicht mehr legitimierbarer Druck, über-holten literarischen Bildungsansprüchen nachzukommen. Didakti-ker suchen zwischen diesen Polen nach gangbaren lesedidaktischen Wegen; viele der so entstandenen Konzeptionen lassen sich eher dem produktions- und handlungorientierten Ansatz zuordnen, weil sie die Tätigkeit der Schüler, die dem Lesen *folgt*, besonders gewichten (vgl. III.2.).

Rezeptionstheoretisch beeinflußte Lesedidaktik

Der Gymnasialprofessor Harald Frommer hingegen konzentriert sich in seinen Arbeiten der achtziger Jahre auf den literarischen Le-sevorgang selbst. Rezeptionsästhetisch beeinflußt, akzeptiert From-mer die Unterscheidung zwischen Privat- und schulischer verord-neter Pflichtlektüre. Um die Schüler von der im Privaten üblichen »automatisierten Wahrnehmungsweise« zu einer Lektürehaltung zu führen, die den »›zweiten Kode‹ ästhetischer Texte« realisiert, muß nach Frommers Auffassung »der Literaturunterricht *vor* der Erstrezeption einsetzen« (Frommer 1981a, 6).

Der Lehrer sollte den literarischen Text so präsentieren, daß für den häuslichen Lektüredurchgang »spezifische« Lesebedürfnisse geschaffen werden (ebd., 6): dem Leser soll eine Lektürehaltung abgefordert werden, die dem ästhetischen Text angemessen ist, die ihm aber gleichzeitig erlaubt, seine eigenen Vorerfahrungen zu aktivieren. Auslassung von Kernstellen, Vorstellung eines literarischen Textes in Etappen, Umstellung von Textteilen und textorientierte Vorgestaltung sind Beispiele für methodische Verfahren, die zu einem »verzögerten Lesen« führten. Frommer konkretisiert diese lesetheoretischen Erörterungen: als literarische Textvorlage dient ihm einmal Bertolt Brechts Gedicht *Fahrend in einem bequemen Wagen* (Frommer 1981b), zum anderen Schillers Tragödie *Maria Stuart* (Frommer 1981c); beide Versuche demonstrieren, daß das Verfahren der Leseverzögerung mal größere Leser-, mal stärkere Textorientierung ermöglicht beziehungsweise verlangt.

Auch Frommers Unterscheidung zwischen **Konkretisation und Interpretation** basiert auf rezeptionstheoretischen Erkenntnissen (Frommer 1988a): Während die Konkretisation Raum für subjektive Projektionen und spontane Phantasien des Lesers läßt, soll die Interpretation intersubjektiven Ansprüchen genügen und auf einer distanzierten sowie reflektierten Bearbeitung des Textes beruhen (ebd., 12). Drei Schritte können von der Konkretisation zur Interpretation führen. Während in einem ersten Schritt der subjektive Leseeindruck festgehalten wird, erfolgt im zweiten eine Konfrontationen desselben mit den anderen Rezeptionsergebnissen in der Lerngruppe. Die Widersprüche und Differenzen motivieren zu einer erneuten Befragung – d.h. Lektüre – des Textes: Es erfolgt eine begründete »sekundäre Bearbeitung'« des Werkes (ebd., 70), weil die ersten Projektionen als ungenügend empfunden werden. In einem »Langzeit-Lektüre«-Projekt, in dem über ein Vierteljahr hinweg mit einer sechsten und einer siebten Klasse ausschließlich Kerrs *Als Hitler das rosa Kaninchen stahl* gelesen wurde, hat Frommer Sinn und Nutzen der Konkretisation noch einmal ausführlich dargestellt. »Verstehendes« und »verweilendes Lesen« will Frommer erreichen (Frommer 1988b, 22), »Lektüre als Spiel«, für das die »unerzählten Bestandteile des Textes« genutzt werden: »die Unbestimmtheitsstellen, Leerstellen, ausgesparten Perspektiven, abgekappten Handlungsstränge« (ebd., 25).

Die verschiedenen Konkretisationen ergeben mal eine »Differenz zwischen Text und Leser« (ebd., 30), mal geraten sie in einen »Wettstreit« darum, »wer den Text für sich hat« (ebd., 37), mal entsteht ein »unauffälliger Erzählkurs«, durch den die Kinder die unterschiedliche Wirkung auktorialer und personaler Erzählsitua-

tionen erkennen können. Frommer will die Chance des Literaturunterrichts nutzen, den »Akt des Lesens [...] und damit das Erzählen in die ›Gesellschaft‹ zurückzuführen« (ebd., 24). Er versucht
mit seinen lesedidaktischen Konzeptionen, die ›Lust am Text‹ mit
einer ›Lust an literarischer Erkenntnis‹ zu verbinden.

Frommer wählt einen lyrischen, einen dramatischen und einen
epischen Langtext als Basis für seine Lesedidaktik. Er demonstriert
somit, daß seine lesedidaktische Konzeption bei der Behandlung aller **literarischer Gattungen** eingesetzt werden kann. Lese-,
schreib- und produktionsdidaktische Überlegungen überlagern
seit den achtziger Jahren gattungsorientierte Reflexionen (vgl. II.3.
und III.2.; vgl. auch die jeweiligen gattungsbezogenen Ausführungen mit weiteren Literaturhinweisen in Lange/Neumann/Ziesenis
1998, Bd. 2). In den auf die Tätigkeit des Lesens konzentrierten
Konzeptionen werden insbesondere lyrische und epische Kurz-Tex-
te als Basis gewählt, weil die geringe Textmenge großen Raum für
methodische Experimente bietet. Die einem ausführlichen Lesen
eigentlich zugrundeliegende Gattung der längeren Erzählung beziehungsweise des Romans wird eher auf das einzelne Werk beziehungsweise auf den Autor bezogen in den vielen unterrichtsorien-
tierten Interpretationsreihen der Schulbuchverlage als Problem der
Interpretation und weniger als das einer Gattung thematisiert (vgl.
III.1.). Nicht zuletzt ist es aber die hingebungsvolle und nicht-
interpretierende Romanlektüre, in deren Kontext sich die Frage
nach dem Verhältnis von *Literatur und Lust* verhandeln läßt (Anz
1998).

Leselust und Lesearbeit

In neuere Untersuchungen, die sich diesem Gegenstand widmen,
kehrt ein Teil jener Sinnlichkeit zurück, deren Verlust Erich Schön
für die Wende vom 17. zum 18. Jahrhundert in der Lesekultur konstatiert hatte. Angesichts der Leichtigkeit, mit der **Hör-,
Bild- und Computermedien** genutzt werden können, ohne daß
ihr Gebrauch erst Gegenstand mühsamen schulischen Lernens gewesen sein müßte, rückbesinnen sich die Lesedidaktiker auf den
sinnlichen Reiz, den der von ihnen vertretene Gegenstand dann
auszustrahlen vermag, wenn man ihn richtig präsentiert. Durch
die Existenz der anderen Medien wird die emotionale, spannen-
de, unterhaltende und gemütsbewegende Seite des Lesens neu reflektiert und auch in pädagogisch-didaktischen Zusammenhängen
akzeptiert.

»Warum ist es so schwer, sich die Deutschlehrer als jene ›Gesellschaft der Freunde des Textes‹ vorzustellen, von der Barthes träumt und die nichts anderes gemeinsam hätte als die Feindschaft gegenüber allen möglichen ›Querulanten, die dekretieren, daß Text und Lust einander ausschließen‹? In einer solchen Gesellschaft gäbe es sicher keine Einigkeit über das ›Lesenswerte‹ [...]. Vor allem aber gäbe es keine festen Regeln darüber, wie aus Textlektüre Lust- oder Erkenntnisgewinn zu erzielen sei« (Kammler 1995a, 130).

Kammler zitiert Roland Barthes' bereits erwähnte Schrift »Die Lust am Text« und bezieht seine didaktische Aufmunterung zu einem **»Lustgewinn im Umgang mit literarischen Texten«** auf den Literaturunterricht in der Sekundarstufe II. Das ist neu, während diese Idee in Hinblick auf die Primar- und Sekundarstufe schon älter und in das bereits genannte Konzept der Leseförderung eingegangen ist. Neben dieser theoretischen Debatte zeugen auch einige praktische Veränderungen, die während der letzten Jahre stattgefunden haben, davon, daß sich Deutschunterricht und Leselust nicht länger rigoros ausschließen: Gemütlich eingerichtete, sogenannte *Kuschelecken* zur genußvollen Zwischendurch- oder Pausenlektüre sind in vielen Grundschulklassenzimmern selbstverständlich geworden; *Bibliotheksnächte*, während derer in der Stadtbibliothek geschlafen und gelesen wird, werden mit Schülern der Sekundarstufe I organisiert; *Vorlesen* literarischer Texte ist nicht nur in der Primarstufe, sondern auch in den oberen Klassen der weiterführenden Schulen wieder ein Bestandteil des Literaturunterricht geworden.

Besonders die Kultur des Vorlesens ist argumentativ unterstützt worden durch Daniel Pennacs Schrift *Wie ein Roman* (1994; 1. frz. Aufl. 1992). Der Lehrer und Schriftsteller Pennac empfiehlt als Rezept gegen leseverdrossene Schüler **zweckfreies Vorlesen literarischer Werke durch den Lehrer.** Zum Lesen von Literatur könne man nur verführen und verführt werden, wenn »Lesen als Geschenk« (und nicht als Zwang) geboten und wenn es *freiwillig* fortgesetzt werde. Zu den zehn Leser-Rechten, die Pennac aufstellt, gehört z.b. auch das Recht, nicht zu lesen beziehungsweise ein Buch nicht zu beenden; dazu gehört auch das Recht, nach der Lektüre zu schweigen. Aus Pennacs romanhafter Lesedidaktik spricht ein Vertrauen in die Attraktivität des literarischen Textes, der Geschichte, die er erzähle; wenn man diese ›zum lauten Sprechen‹ bringe, werde man ihr so gerecht, daß das Leseinteresse der Schüler geweckt sei und die weitere Lektüre selbständig und freiwillig geschehe. Wie von selbst fragten die Schüler nach literaturgeschichtlichen und biographischen Informationen. Daniel Pen-

nacs undidaktische Didaktikschrift, in der sich die Grenzen von
Realität und Fiktion verwischen, entwirft eine Utopie, ist aber die
Zuspitzung einer lesedidaktischen Tendenz, die gegenwärtig diskutiert wird (vgl. dazu auch Kammler 1996; kritischer Kommentar
bei Kämper-van den Boogaart 1997b).

Aus einer weniger populären Perspektive heraus argumentieren
die Didaktiker, die im Umfeld poststrukturalistischer Theorien für
eine lesedidaktische Konzentration auf die materiale Zeichenhaftigkeit der literarischen Sprache plädieren (u.a. *Diskussion Deutsch*
1990/91, H. 116; *Der Deutschunterricht* 1993, H. 4; 1995, H.
6; Belgrad/Fingerhut 1998). Mit der Überschrift »**Literatur als
Sprache lesen**« – so der Titel eines Aufsatzes von Jürgen Förster –
könnte man diese didaktische Richtung charakterisieren. Nicht der
Inhalt des Gelesenen steht im Vordergrund, sondern vergleichsweise nüchterne Daten wie die paradigmatische und syntagmatische
Ordnung der Worte, die »Uneindeutigkeit der Syntax« und die
»Widersprüchlichkeit zwischen der buchstäblichen und der bildlichen [...] Bedeutung« (Förster 1998, 64/65). Achten soll der Leser
auf Wiederholungen, auf bildgleiche Metaphernkomplexe (Isotopi-
en) und auf Metonymien (vgl. Fingerhut 1993a, 37–40). So wird
die wiederholte Nennung der Zahl ›drei‹ in *Effi Briest* entdeckt,
die als »allegorische Überformung des Realismus« gedeutet wird
(Kremer/Wegmann 1995, 69); so wird der Beginn von Kafkas
Schloß-Roman auf die metonymische Verbindung von »Schlaf und
Schloß« neu gelesen (Fingerhut 1993a, 37); so erklären Weglaß-
und Umstellproben bei dem Einleitungssatz von *Schneewittchen*,
daß mit der Märchenformel eine »Distanz zur Realität« geschaffen
wird (Spinner 1995, 14).

Kenntnisse rhetorischer Figuren und uneigentlicher Redefor-
men sind eine ebenso notwendige Voraussetzung wie literaturana-
lytisches und -historisches Wissen, um den poststrukturalistischen
Lese-Anforderung gerecht werden zu können. Überhaupt wird in
diesen lesedidaktischen Konzeptionen ein Leser erwartet, der sich
›im Literarischen‹ auskennt und bereit ist, an ihm mit Geduld zu
arbeiten; nicht zufällig ist in diesem Zusammenhang von »ästhetischer Arbeit« die Rede (Paefgen 1993; 1996b). So schlagen Kremer
und Wegmann beispielsweise vor, ein- und dasselbe Werk (Fontanes *Effi Briest*) *wiederholt* zu lesen beziehungsweise lesen zu lassen,
nicht um die letzte wahre Bedeutung zu entdecken, sondern weil
das wiederholte Lesen den Blick vom Inhalt auf die »Funktion der
Darstellung« lenke (Kremer/Wegmann 1995, 75; vgl. auch Paefgen 1997a, 85–87). Auch der Gedanke der Intertextualität, der
von einer Verflochtenheit des einen literarischen Textes mit vielen

anderen älteren ausgeht, erwartet von den Lesern die Aktivierung ihrer bereits erworbenen literarischen Kenntnisse beziehungsweise die Lektüre weiterer Texte, die zu dieser Erkenntnis verhelfen (vgl. dazu Paefgen 1996b, 134–136).

Ausgehend von der Aufwertung der gelesenen *und geschriebenen* Schriftsprache werden den Lesern einige zusätzliche Aktivitäten abverlangt, die über das Lesen hinausgehen und ihn ›zum Schreiben zwingen‹, zu einem kommentierenden beziehungsweise schreibenden Lesen beispielsweise (Paefgen 1996b, 253–314). **Textnahes Lesen** als »genaues, langsames, gründliches Studieren eines literarischen Textes; als ein Lesen mit Stiften, mit Papier, mit Zeit und Geduld für den Satz, den Absatz, die Seite; als statarisches Lesen, das häufiges Zurückblättern ebenso wenig scheut wie wiederholtes Lesen ein- und derselben Passage, ein- und desselben Textes« betrachtet das ›Lesen für den Literaturunterricht‹ als eine anspruchsvolle, elaborierte und professionelle Technik (Paefgen 1998, 14).

Daß diese mühselige, auf die Sprache bezogene Lesearbeit eine Lust am inhaltlichen Lesen fördern und unterstützen kann, wird in diesen didaktischen Konzeptionen vielleicht zu wenig berücksichtigt und bedacht: Schließlich stammt das eindringlichste Beispiel für eine akribische textnahe Lektüre – Roland Barthes: *S/Z* (1987; 1. frz. Aufl. 1970) – und das leidenschaftliche Plädoyer für eine *Lust am Text* (Barthes 1990a; 1. frz. Aufl. 1973) von ein- und demselben Autor.

3. Literarische Schreibdidaktik

Wenn im folgenden von *literarischem Schreiben* die Rede ist, so bezieht sich diese Kennzeichnung auf solche schreibdidaktischen Ansätze, in denen das Schreiben der Schüler mit der Lektüre und Analyse literarischer Texte verbunden wird. Die poetischen Schreibarbeiten der Schüler folgen dem literarischen Text und führen zu diesem zurück. Der Begriff ›literarisches Schreiben‹ kennzeichnet präziser als der gebräuchliche der ›Produktion‹ oder der ›produktiven Verfahren‹, daß es in diesen didaktischen Konzeptionen um eine Anpassung der *literaturunte*rrichtlichen Schreibdidaktik an den eigentlichen Gegenstand dieses Unterrichts geht: Die **literarischen Schreibversuche** der Schüler werden als integraler Bestandteil des Literaturunterrichts und des literarischen Lernprozesses angesehen.

Die Literarisierung der Schreibdidaktik ist in ihren Anfängen
während der siebziger Jahre eine Folge der rezeptionstheoretisch
beeinflußten Neubewertung von Leseraktivitäten. Wie schnell der
lesende Schüler zum Schreiben ›verführt‹ wurde, zeigt das *Litera-*
rische Rollenspiel, das die Rezeptionsforscher Eggert und Rutschky schon 1978 herausgegeben haben (vgl. I.3.3.): Ausgehend von
gemeinsam gelesenen literarischen Werken verfassen die Schüler
individuell Augenzeugenberichte, Briefe, Gutachten oder Reporta-
gen, die ihnen erlauben, die gelesenen fiktionalen Konflikte nach
ihrem Verständnis und Verstehen ›weiterzudichten‹. Die auf diese
Weise entstandenen ›handfesten‹ Rezeptionsdokumente ermöglichen den Forschern eine genauere Auswertung der literarischen
Rezeption als mündliche Äußerungen.
Gleichzeitig bietet das Schreiben im fiktiven Raum einen
Schutz, der diese Schreibaufgaben von den sachlichen Aufsatzformen unterscheidet:

- Anderes kann (offener) gesagt werden, weil man so tun kann,
  als sei man nicht selbst der Autor.
- Neben diesen rezeptionsästhetischen Einflüssen muß die mit
  den **poststrukturalistischen Theorien verbundene Aufwertung**
  der Schrift (vgl. II.2.), des Geschriebenen, des Schreibens überhaupt im Zusammenhang mit einer literarischen Schreibdidaktik erwähnt werden.
- Nur wer selber schreibt, hat (wirklich) gelesen (vgl. Barthes
  1987, 15).
- Unterschiedliche Formen des Schreibens zu und über Literatur werden in diesem Kontext zulässig; die Grenzen zwischen
  sachlichem und poetischem Schreiben verwischen sich, werden
  unscharf.
- Weil Autorität und Bedeutung des Autors zurücktreten gegenüber einer Vorrangstellung des zu lesenden und zu be-schrei-
  benden Textes selbst, muß das Schreiben – auch das literarische
  – als textproduzierende Tätigkeit allen am literarischen Prozeß
  Beteiligten in gleichem Maße zugestanden werden.
- Eine Demokratisierung der literarischen Produktion findet tendenziell statt.

Holger Rudloff hat die Geschichte dieser Demokratisierung in
der Produktionsästhetik und -didaktik nachgezeichnet (Rudloff
1991). Seine Darstellung konzentriert sich auf die Frage: Ist das
›Kunstmachen‹ erlernbar, oder bleibt es einigen ›Auserwählten‹
– sprich: Genies – vorbehalten? In Hinblick auf diese Frage interpretiert Rudloff philosophische und ästhetische Schriften von der

Antike bis in die Gegenwart. Wenngleich er auf die postmodernen Theorien nicht eingeht, so konstatiert er für das 20. Jahrhundert insgesamt eine Tendenz zur Demokratisierung der Kunst-Produktion. Sie beginne schon zu Ende des 19. Jahrhunderts mit der Philosophie Nietzsches, der »Kunst durchgängig als ein durch Arbeit erworbenes Können erklärt« (ebd., 153), führe über reformpädagogischen Ansätze (vgl. I.1.) sowie über Brechts Auffassung von »Kunstkennerschaft«, die »rezeptive und produktive Fähigkeiten« impliziere (ebd., 173), hin zu aktuellen schreibdidaktischen Konzeptionen, in denen von der (wieder) erkannten schöpferischen Produktivkraft der Schüler ausgegangen werde (ebd., 236–277).

Literarisches Lernen durch literarisches Schreiben

Nach Ingeborg Mecklings Auffassung soll das literarische Schreiben einem besseren Verstehen literarischer Texte dienen. Wer sich in der schreibenden Anwendung der poetischen Sprache versucht habe, lese (zukünftig) aufmerksamer, achte sorgfältiger auf sprachliche Feinheiten und inhaltliche Gestaltung.

»Zum einen bezweckten die Übungen, das Verständnis der Schüler für bestimmte Probleme der Dichtung zu vertiefen. [...] Zum anderen sollten die Schüler ermuntert werden, produktiv zu denken, und zu lernen, für sich die Wechselwirkung von Inspiration und Kenntnis fruchtbar zu machen [...]« (Meckling 1974, 12).

Bereits die Gliederung des kleinen Bändchens von Ingeborg Meckling zeigt, daß diese Deutschlehrerin die von ihr initiierten Schreibversuche dem **literarischen Lernen** zugeordnet sehen möchte: Namen von Autoren des 20. Jahrhunderts bilden die Kapitelüberschrifen: z.B. »Kafka«, »Bichsel«, »Handke«, »Benn«, »Jandl«. Das literarische Schreiben soll sich der stilistischen und/ oder inhaltlichen Eigenart der jeweiligen Texte unterordnen und dem (gesteigerten) Verstehen derselben dienen: ein fragmentarischer Text Franz Kafkas soll sinnvoll ergänzt werden; nach der Lektüre einiger Erzählungen von Peter Bichsel sollen die Schüler eine Parodie auf den Stil dieses Autors verfassen; in der Manier Hans Arps sollen sie einen Text schreiben, in dem einer »Sprachgeste« – z.B. einem Gedicht – ein »unangemessener Inhalt« untergeschoben wird (ebd., 82).

Die Beispiele zeigen, daß besonders auf die Stilzüge *moderner* Literatur eingegangen wird und diese offensichtlich einen Ansatzpunkt für dilettierendes (Weiter)Schreiben bieten. Die Schreibarbeiten der Schüler stellen dabei eine Ergänzung zu den üblichen schreibenden und redenden Arbeitsformen des Literaturunterrichts vor. Neben die sachlichen Aufsatzformen der Mittel- und Oberstufe treten Schreibaufgaben, mit deren Hilfe die Schüler den Gebrauch der gerade gelesenen poetischen Sprache in ein eigenes literarisches Schreiben überführen können. Vergleichbar dem Kunst- und Musikunterricht sollen die Schüler nicht nur in der Analyse und Interpretation literarischer Werke geschult werden, sondern die Möglichkeit erhalten, mit ihren eigenen beschränkten Mitteln ›sprach-künstlerisch‹ tätig zu werden.

Nicht zufällig konzentriert sich Meckling auf *moderne* Literatur, die in ihrer fragmentarischen, offenen, spielerischen und gebrochene Form den Leser eher zu einem Weiterschreiben provoziert als die – zumindest auf den ersten Blick – in sich geschlossenen Werke des 18. und 19. Jahrhunderts. Es ist auch nicht zufällig, daß **Franz Kafka** das erste Kapitel gewidmet ist. Gerade das Werk dieses Autors, in dem sich die Grenzen zwischen literarischem und biographischem Schreiben verwischen, der selbst intensiv über das Schreiben reflektierte und dessen Texte häufig ›unfertig‹ und bruchstückhaft sind beziehungsweise wirken, vermag die schreibende Aktivität seiner Leser zu provozieren.

Der Literaturdidaktiker Karlheinz Fingerhut hat das in vielen seiner Arbeiten demonstriert (Fingerhut 1982; 1991; 1993b; 1996). So sollen die Schüler beispielsweise Kafka-Texte »umerzählen« (Fingerhut 1982, 94–102), wie es schon einige Schriftsteller vor ihnen getan haben. Fingerhuts **Konzeption des** *Umerzählens* basiert auf der Überlegung, daß »kein Werk der Literatur [...] ein ›Original‹ [ist], das aus dem Nichts kommt«, sondern häufig Ergebnis einer »produktiven Lektüre« (ebd., 1): Schriftsteller sind Leser, die angeregt durch die Lektüre literarischer Texte in ihrem eigenen Schreiben auf das Gelesene direkt oder indirekt Bezug nehmen können. In diesem Wettbewerb, der nur mit lange tradierten beziehungsweise bekannten Texten funktioniert, damit die Anspielung verstanden wird, sollen die Schüler mitschreiben. Wichtig ist, daß den Schülern immer mindestens zwei Texte präsentiert werden, damit sie sich zum Weiterschreiben aufgefordert sehen: das »›Original‹ und eine schon stattgefundene literarische ›Umarbeitung‹« (ebd., 4); bei einem Kafka-Text sind es sogar drei: Robert Walsers »Ovation« (1912), Kafkas »Auf der Galerie« (1917) und Klaus Stillers »Auf der Galerie« (1975). Dabei ergänzt Umerzählen die Interpretation: »Umerzählen ohne Analyse und Zielvorstellung bleibt planlos und blind [...]« (Fingerhut 1982, 5).

In **Umerzählen** bezieht sich Fingerhut nicht nur auf Kafka, sondern macht intertextuelle Schreibvorschläge zu Märchen, Fa-

beln, Sagen sowie zu weiteren klassischen Autoren wie Brecht und
Kleist. In den zitierten Publikationen der neunziger Jahre konzentriert sich Fingerhut ausschließlich auf Texte Franz Kafkas als Vorlage für literarische Schreibaufgaben. Er geht davon aus, daß ein
unbefangener, produktiv-schreibender Umgang mit Literatur die
konsequente Umsetzung der poststrukturalistischen Literaturtheorien ist. Der Wandel des Autor- und die Auflösung des Werkbe-
griffs müßten langfristig ebenso literaturdidaktische Folgen zeitigen
wie eine Problematisierung des »überkommenen Diskurssystems
›Literatur‹ mit seiner Rollenverteilung zwischen Produzenten und
Rezipienten« (1991, 352). Nicht zufällig bezögen sich die modernen Texttheoretiker vielfach auf Kafkas Werk, in dem »kein exakt
benennbares intentionales Konzept« seines Autors erkennbar sei
und bei dessen Lektüre »zunehmend unklar« werde, ob er »seinen
Lesern überhaupt etwas hat ›sagen‹ wollen« (1993b, 17).

Daraus folgt für einen kritischen Literaturunterricht »die Falsi-
fizierung des einfachen Kommunikationsmodells (ein Autor sendet
in seinem Text einem Leser eine Botschaft über eine außerhalb dieses Textes existierende Wirklichkeit) [...]. Produktive Arbeitsschritte haben innerhalb dieses Konzepts heuristische Funktion. Sie zeigen auf, was ohne sie weitgehend unbewußt abliefe« (ebd., 20).

Dieses **Konzept des »heuristischen Schreibens«** hat Fingerhut
1996 eingehender erläutert. In seiner monographischen didaktischen Studie zu neuen Arbeitsformen mit Texten Franz Kafkas ist
gerade dieses Schreiben wichtiges und adäquates Erkenntnismittel.
Es ist ein »experimentierendes Schreiben«, das ausgelöst wird durch
den Wunsch des Lesers, »im Gelesenen Geheimnissen nachzuspü-
ren«. Ausgangspunkt ist der gelesene Kafka-Text »in seiner Materialität«, der in seiner »Wortwörtlichkeit« besser begriffen werden
soll (Fingerhut 1996, 20). Wichtig ist, daß dieses Schreiben – wie
schon das von Fingerhut angestrebte Lesen (vgl. II.2.) – ein ak-
kommodierendes sein soll, d.h. eines, das dem gelesenen Text angepaßt wird. Der Schreiber konzentriert sich auf das »Ungeklärte,
Widersprüchliche im Text, es sucht nach den Stolpersteinen der
Phantasie [...]« (ebd., 21). So sollen die Schüler eine »Alternativge-
schichte« zum Kapitel »Ende« des *Proceß*-Romans verfassen (ebd.,
120); sie sollen schreibend ein »Bewußtseinsprotokoll« erfinden,
in dem Kafka über eine Begegnung (des fiktiven) Josef K. mit (der
realen) Felice Bauer nachdenkt (ebd., 124); so sollen sie die »Die
Sorge des Hausvaters« nach dem Vorbild des »Rumpelstilzchen«-
Märchens neu bearbeiten (ebd., 162).

Literarisches Schreiben hat in Fingerhuts Konzeption eine
textbezogene Funktion; es dient der Arbeit an den Texten Franz

Kafkas; es ist eine Leserreaktion, die der Eigenart dieser Literatur gerecht zu werden vermag. Es geht weniger um die Qualität der Schülertexte als vielmehr um textorientierte Erkenntnisse, die sich durch literarische Schreibformen ergeben und in ihnen manifestieren und die den jugendlichen Lesern und Schreibern ermöglichen, der (angeblich) referenzlosen Schreibweise des Prager Autors ›auf die Schliche zu kommen‹.

Im Unterschied zu Fingerhut, bei dem die Literatur Franz Kafkas den Ausgangspunkt vorstellt, dem das Schreiben folgt, geht es mir vorrangig um eine theoretische und didaktische Reflexion literarischer Schreibformen als Erkenntnispotential in literarischen Lernprozessen. Im Mittelpunkt meiner Überlegungen zum *Schreiben und Lesen als ästhetisches Arbeiten* (Paefgen 1996b) steht ebenfalls eine Erzählung Franz Kafkas: *Das Urteil*. Ausgehend von den theoretischen und textanalytischen Schriften Roland Barthes' wird versucht, in Verbindung mit einer Lektüre dieser Erzählung die Schüler zu anderen als ihnen gewohnten Schreibformen zu führen: kommentierendes beziehungsweise literarische Schreiben und schreibendes Lesen. Die Komplexität dieses Schreibens soll deutlich werden sowie die Anforderungen und Ansprüche, die literarische Schreibformen an ihre Verfasser stellen. Hinweise auf die prozeßorientierte Schreibforschung amerikanischer Provenienz unterstützen diese These ebenso wie die *Theorie der literarischen Produktion* von Beetz und Antos (1984): auch literarisches Schreiben ist ein »Problemlösungsprozeß« und unterliegt denselben Komplikationen (Paefgen 1996b, 71): »Literarisches Schreiben sollte als problemlösendes begriffen und gelehrt werden. Das bedeutet: Fragmentarisches wird akzeptiert, Anfänge, Abbrüche, skizzierte Notizen werden zugelassen, der Suchvorgang und der Versuchscharakter werden stärker betont als die Herstellung eines perfekten Textes, und auch für dieses Schreiben wird von Formulierungsproblemen ausgegangen« (ebd., 198).

Auch die Schulung des literarischen Schreibens selbst wird reflektiert: so zum Beispiel mit Hinweisen auf das **Pastiche**, das durch Marcel Proust Bekanntheit und Aufwertung erfahren hat (ebd., 130–132). Gerade das Pastiche, das sich aus einer »Vielzahl von gestohlenen Einzelheiten'« aus dem Werk eines Autors zusammensetzt und so tut (ebd., 130), als sei es von eben diesem bekannten Autor und nicht von einem seiner Leser, stellt eine literarische Schreibübung vor, die zur Akkommodation verhilft: der Schreiber muß das sehr genau gelesene Werk in ein eigenes Schreiben überführen, das sich gleichzeitig von dem eigenen Stil distanziert und den des Autors nachzuahmen sucht. – Fingerhut will

Kafkas Literatur gerecht werden, indem die Schüler sich mit Hilfe alternativer, erzählend-ausgestaltender, intertextueller Schreibaufgaben zu dieser schriftlich äußern können. Mir geht es zum einen darum, Übungen im literarischen Schreiben in den Literaturunterricht zu integrieren (auch um unterschiedliche Formen des Schreibens zu trainieren); zum anderen sollen diese Schreibformen, die dem gelesenen literarischen Text sprachlich verwandter sind als die sachlichen, das Lesen von Literatur materialisieren helfen.

Bewertung der Schülertexte und Poetikunterricht

Die literarischen Schreibentwürfe, die die Literaturdidaktiker Gerhard Rupp und Günter Waldmann vorschlagen, müssen – wenngleich die Autoren ihre Entwürfe dem handlungs- beziehungsweise produktionsorientierten Literaturunterricht zuordnen (vgl. III.2.) – gleichwohl im Kontext der literarischen Schreibdidaktik diskutiert werden, weil sowohl durch Rupp als auch durch Waldmann neue Impulse in die literar-schreibdidaktische Diskussion eingebracht werden. Gerhard Rupp leitet seine schreibdidaktischen Entwürfe aus der Rezeptionstheorie beziehungsweise -forschung ab (Rupp 1987). Zwangsläufige Konsequenz für literarische Lernprozesse ist für ihn, daß literarische Texte nicht länger nur »passiv« rekonstruiert werden dürfen; vielmehr müßten die literarischen Texte schon unvollständig und fragmentarisch präsentiert werden, damit den Lernenden Gelegenheit gegeben werde, diese Texte umzuwandeln, zu verändern, mit den eigenen Erfahrungshorizonten zu konfrontieren sowie sie als Anlaß »für die Ausarbeitung einer eigenen Fassung« zu nehmen (ebd., 94). Dabei geht Rupp – und das ist neu – von einer »**ethischen und ästhetischen Gleichstellung** des literarischen Handelns des Autors und des rezeptiv-produktiven Aneignens des Schülers« aus:

»Der Literaturunterricht kann demnach nicht länger einseitig als Sachverwalter des literarischen Erbes fungieren, sondern muß sich in hierarchischer Umkehrung auch als der Ort in der Gesellschaft begreifen, an dem Texte hervorgebracht (und nicht nur nachvollzogen) werden. Denn Schüler können sich Texte der Vergangenheit (zu denen strenggenommen alle Texte zählen, die stets eine andere, fremde Perspektive artikulieren) dann am besten aneignen, wenn sie sich selbst schreibend zu ihnen in Beziehung setzen können und wenn ihre eigenen Texte an der mit ›Tradition‹ gemeinten Utopie des Nichtvergessenwerdens gleichermaßen teilhaben« (Rupp 1987, 81).

Eine Akzentverschiebung findet statt: zwar verbindet Rupp die literarischen Schreibarbeiten der Schüler mit der Lektüre literari-

scher Texte; zwar dienen diese Schreibaufgaben gleichfalls einem
intensivierten Textverstehen. Aber im Unterschied zu den bisher
zitierten schreibdidaktischen Konzeptionen haben die Schülertexte für Gerhard Rupp einen besonderen ästhetischen Wert. Er
sieht in ihnen nicht nur Übungsstücke, die dem literarischen Ausgangstext untergeordnet bleiben, sondern Texte, die tendenziell
eine Konkurrenz zur schon gedruckten Literatur bilden können.
Diese Wertschätzung resultiert unter anderem auch daraus, daß
Rupp sich identitäts- und persönlichkeitsstärkende Folgen für
einen literarisch schreibenden Schüler erhofft, die eher eintreten
können, wenn die schriftlichen Produkte großes Lob erfahren.
Sie steht auch im Zusammenhang damit, daß er den kollektiven
Prozeß des Schüler-Schreibens betont und davon ausgeht, daß die
so zustandegekommenen Ergebnisse denen eines einsam schaffen-
den Autors überlegen sein können. Im Unterschied zu anderen
Schreibdidaktikern steuert Rupp nicht nur das vergleichsweise bescheidene Ziel ›literarisches Lernen‹ an, sondern sieht durch literarische Schreibpraxen im Literaturunterricht ein **über die Schule
hinausreichendes Schreibpotential** initiiert. Seine enthusiastische
(Über)Bewertung der Schülerarbeiten weist auf die Gefahr hin,
daß das didaktische Wissen um die (nicht unerhebliche) Differenz
zwischen professionellem und dilettierendem Schreiben in der literarischen Schreibdidaktik verloren gehen könnte.

Andere Ziele verfolgt Günter Waldmann mit seiner literarischen Schreibdidaktik. Man kann von einem dreibändigen Lehr-
gang sprechen, in dem **gattungsorientiertes literarisches Schreiben**
gelehrt wird: Der erste Band führt in lyrisches (Waldmann 1988),
der zweite in erzählendes (Waldmann/Bothe 1992) und der dritte in dramatisches Schreiben ein (Waldmann 1996). Wenngleich
Waldmann ebenfalls von einem selbstbewußten Schreiber ausgeht,
der ›alles schreiben kann, was er schreiben können will‹, so sind gerade seine Arbeiten gute Beispiele dafür, wie ein solches Schreiben
gelehrt und gelernt werden kann. Deutlicher als andere Schreibdidaktiker knüpft Waldmann an den alten Poetikunterricht an, in
dem nach bestimmten Regeln und in Orientierung an literarische
Musterstücke ›Dichten‹ als Stil- und Schreibübung praktiziert
wurde (vgl. I.1.). Waldmann will einen »aktiven, praktischen, produktiven Umgang mit Literatur« systematisieren und versteht beispielsweise den ersten Band weniger als »»lyrische Schreibschule««,
denn als »Einführung in die Lyrik, die über produktive Erfahrung
erfolgt« (Waldmann 1988, 2): Die Analyse lyrischer Texte wird
verbunden mit Anleitungen und Hinweisen zum Verfassen lyrischer Texte, deren Herstellung aber dem Ziel dient, die jeweiligen

lyrischen Sprachmittel – Metrum, Klang-, Wort-, und Bildformen, syntaktische Strukturen, unterschiedliche Strophenformen – durch Schreiben intensiver zu *erfahren* und damit literarisch konkret werden zu lassen. Waldmann geht bei der Erläuterung seines Erfahrungsbegriffs von einer sachlichen, durch poststrukturalistische Sprachtheorien beeinflußten Definition des Gegenstands aus (ebd., 222–232): die überstrukturierte lyrische beziehungsweise literarische Sprache sei anders als die gewohnte und bekannte Alltagssprache, nicht unbedingt besser, aber sie unterscheide sich von dieser. Die Erfahrung dieser und anderer Differenzen sei durch eigenes literarisches Produzieren am besten möglich: »Erst durch die Erfahrung des eigenen literarischen Produzierens versteht man, welche Funktionen, Leistungen und Wirkungen die einzelnen literarischen Techniken, Formen und Kunstmittel haben. Man versteht produktiv die literarischen Texte, die man als Anlaß, Muster, Vor- und Gegenbild für eigenes Schreiben genommen hat, und schließlich auch die anderen literarischen Texte, die man liest« (Waldmann/Bothe 1992, 8).

Das von Waldmann initiierte Schreiben ist eines, das den literarischen Lernprozeß unterstützt beziehungsweise ihn nach seiner Auffassung überhaupt erst möglich macht, weil in der sprachlich gemachten Erfahrung des eigenen Schreibens die eigentliche Chance liegt für das Verstehen der literarischen Differenz. Interessant ist, daß Waldmann dieses auf gattungsspezifische Elemente bezieht und sich dabei besonders auf moderne Literatur konzentriert. Diese Schwerpunktsetzung fällt besonders im Drama-Band auf (Waldmann 1996); die klassische und lange tradierte dramatische Form wird nur kurz abgehandelt. Im Mittelpunkt stehen Dürrenmatts Drama *Der Besuch der alten Dame*, dem ein ganzes Kapitel gewidmet ist, sowie die produktive Erkundung von gegenwartsdramatischen Experimenten von Heiner Müller, Samuel Beckett, Botho Strauß und Ernst Jandl. Die moderne Literatur, das zeigt sich auch bei Waldmann, lädt ihre Leser eher zum Mit- und Weiterschreiben ein als die klassische Literatur.

Wenngleich die beiden Literaturwissenschaftler Harald Fricke und Rüdiger Zymner mit ihrem literaturwissenschaftlichen Einübungsband *Parodieren geht über Studieren* (1991) ein anderes Ziel verfolgen als Waldmann, so lassen sich diese Schreib-Konzeptionen doch vergleichen, weil beide **gattungsorientiert** angelegt sind. Fricke und Zymner wollen das literaturwissenschaftliche und -analytische Grundwissen mit Hilfe von parodierenden Schreibübungen so vermitteln, daß z.B. Versbau, Erzählstil und Eigenarten der Komödie »wirklich durchschaut« werden (ebd.,

14). Sie bieten auf diese Weise gleichzeitig eine Einführung in
gattungsorientierte Literaturanalyse. Nicht Dichten müsse ein
guter Literaturwissenschaftler können, aber Parodieren, womit ein
»verfremdendes Imitieren literarischer Schreibweisen und Darstel-
lungsverfahren« gemeint ist (ebd., 13).

Parodieren ist eine Schreibübung, die sowohl das *Eindringen*
in den jeweiligen Gegenstand als auch gleichzeitig die *Distanzie-*
rung von ihm verlangt, so daß dieses Schreibkonzept elaborierter und weniger abhängig von modernen literarischen Formen ist
als Waldmanns nachgestaltend angelegtes. Basis für parodieren-
des Schreiben sei das »Handwerkliche am Dichterischen« (ebd.,
14), und das vermitteln die beiden Autoren mit der Erläuterung
von ca. 300 literaturwissenschaftlichen Analysebegriffen. Vor allem diese Definitionen, verbunden mit Textbeispielen und Aufgabenstellungen, sind das Material, das den Lernenden für die
Anfertigung parodistischer Texte zur Verfügung gestellt wird. Der
Band ist insofern gleichzeitig ein Nachschlagewerk, eine literarische Schreib-Werkstatt (auch für Oberstufenschüler) und in der
inzwischen fünften Auflage ein Zeichen dafür, daß literarische
Schreibformen auch in die Literaturwissenschaft Einzug gehalten
haben.

Unter anderen Vorzeichen, aber ebenfalls anspruchsvoll veran-
kert Mechthild Dehn ihr **grundschulorientiertes Schreibkonzept**
in einem Kontext, der Literalität (Buchstabe) mit Literarität (Intertextualität) verbindet, also den Gebrauch der Schrift mit dem
Wissen über Selbst, Welt und fiktionalen Entwürfen bzw. Mustern
(Dehn 1999, 33–47). Das ist ungewöhnlich für den frühen Schreibunterricht, aber die Auswertung erster unbeholfener Anfängertexte
zeigt, wie schnell von kindlichen Schreibern »*Geschichtenmuster*«
angewendet werden, wie wirkungsvoll eine chiastische Syntax genutzt wird (ebd., 49) und wie auf der Basis von Gelesenem eigene Ideen entstehen (ebd., 65). Natürlich parodieren Grundschüler noch nicht, aber sie wenden vergleichbare Verfahren an, die
später genutzt werden können, um anspruchsvolle Kopier- und
Verfremdungsübungen durchzuführen. Mechthild Dehn versucht
zu zeigen, wie früh Schülerinnen und Schüler sich schreibend ins
Literarische bewegen, wenn sie Hinweise für eine solche Richtung
bekommen und welche Funktion Bilder in diesem Zusammenhang übernehmen können (vgl. dazu besonders Dehn u.a. 2004).

Andere Arbeiten weisen dem literarischen Aspekt des Schreibens zwar keine vergleichbar exponierte Bedeutung zu, integrieren
aber diesen Teil des Schreibens inzwischen doch relativ selbstverständlich in das zu lehrende Schreibrepertoire: so Jasmin Merz-

Grötsch (2005), wenn sie das ›System Schreiben‹ aus Sicht der Schreibforschung wie auch aus der der Schreibdidaktik untersucht und so auch Ulf Abraham, wenn er zusammen mit anderen Didaktikern einen Überblick über Ansätze zur *Schreibförderung und Schreiberziehung* gibt (2005). Nicht selten ist in Verbindung mit solch allgemeinen Arbeiten zum Schreiben direkt oder indirekt vom **kreativen Schreiben** die Rede und damit von einer Form des Schreibens, die andern Quellen entstammt als die poetischen Schreibversuche (vgl. dazu auch Fix 2000).

Kreatives Schreiben

Mit **kreativen Schreibformen** werden andere Ziele verbunden. Der literarische Lernprozeß spielt gar keine oder nur eine geringe Rolle:»Das jugendliche Subjekt kommt um seiner selbst Willen ins Spiel, nicht um subjektiv aufgeladene Variationen am vorgegebenen dichterischen Text – oder auf solche Texte hin – zu veranstalten« (Brenner 1990, 9). Literarische Textvorlagen werden – wenn sie überhaupt vorkommen – unwichtig und sind bloßes Sprungbrett für das Schreiben der Laien (vgl. die zusammenfassende Darstellung bei: Fritzsche 1994, Bd. 2, 159–168). Wichtig ist die schreibende Realisierung des emotionalen und kreativen Potentials, das bei den Schülern vorhanden ist. Die Forschungen zur Kreativität sind Bezugspunkt dieser schreibdidaktischen Entwürfe. In den siebziger Jahren wurde »Kreativität als divergentes Denken verstanden [...], das zu neuen überraschenden Problemlösungen« führen könne (Spinner 1993a, 17). Umgesetzt findet sich dieses Kreativitätsverständnis beispielsweise in Fritz Winterlings engagiertem Plädoyer für eine kreativorientierte Schreibdidaktik (Winterling 1971, 256–264).

Auch Gundel Mattenklott versucht in der bekannt gewordenen *Literarischen Geselligkeit* (1979) Schreibmöglichkeiten aufzuzeigen, die von den gängigen und tradierten Normen abweichen. Wenngleich die Literaturwissenschaftlerin sich nicht auf die Kreativitätsforschung bezieht, sondern auf historisch überlieferte Formen des kollektiven, gemeinsamen Schreibens, können die von ihr initiierten – außerhalb der Schule – entstandenen Schülertexte gleichwohl als Beispiel für den frühen Versuch zitiert werden, Schreibnormen zu durchbrechen und nach neuen Formen zu suchen. Bettina Hurrelmann bezieht sich auf Mattenklotts Ausführungen, wenn sie für die erste kreative Phase aufzeigt, wie dieser **schreibdidaktische Ansatz in der Primarstufe** realisiert werden kann (Hurrelmann 1983).

Gianni Rodaris *Grammatik der Phantasie* ist ebenfalls von diesem frühen Kreativitätsverständnis geprägt (1992, 176; 1. italien. Aufl. 1973). Der italienische Kinderbuchautor hat mit diesem sprachreflektierten Entwurf eine unpädagogische Anleitung vorgelegt, wie man Grundschulkinder (und ältere Schüler) unangestrengt und kindgemäß in die *Kunst* einführen kann, **Geschichten zu erfinden**. Rodari verbindet Imagination mit Regeln, was folgende Kapitelüberschriften demonstrieren mögen: »Das willkürliche Präfix«, »Wie Limericks gemacht werden«, »Konstruktion eines Rätsels«, »Märchensalat« und »Die Mathematik der Geschichten«.

In den achtziger Jahren trat »eine Subjektivierung des Kreativitätsbegriffs [ein]: Unter Kreativität wird nun in erster Linie Selbstausdruck, Entäußerung der verborgenen inneren Welt, Entwurf einer neuen, subjektbestimmten Wirklichkeit verstanden« (Spinner 1993a, 17; vgl. auch die Beiträge in *Diskussion Deutsch*, H. 84). Angestrebt wird nun ein subjektorientiertes, authentisches, biographisches Schreiben, mit dem ich-stärkende und -befreiende Intentionen verbunden werden.

Jürgen Fröchling hat dafür den Begriff des »**expressiven Schreibens**« geprägt; ein Schreiben, das »von innen her« komme, das »durch abstrakte Ansprüche von außen eher behindert als gefördert« werde (Fröchling 1987, 80) und das »autobiographisch [...] phantasievoll, ästhetisch und kommunikativ« sei (ebd., 26). Dieses Schreiben setze »eine möglichst uneingeschränkte Bereitschaft zur Entladung, zum Sich-Öffnen« voraus, »ein völliges Hingeben an den Vorgang der schriftlichen Äußerung« und verlange die »Verschmelzung aufsteigender psychischer Materie mit sprachlich begrifflicher Formulierungsarbeit« (ebd., 30). Vor allem die außerschulische Schreibbewegung zeigt sich durch diesen Gedanken beeinflußt (Boehncke/Humburg 1980), aber auch das literaturunterrichtliche Schreiben – nicht zuletzt in der Primar- und Sekundarstufe – wurde durch dieses Kreativitätsverständnis verändert (vgl. z.B. Pielow 1988). Weil kreatives Schreiben als wenig komplexe Anforderung verstanden wird, sondern praktizierbar für jeden, der ein Problem, einen Wunsch, eine Sehnsucht oder Angst (verschlüsselt) verschriftlichen möchte, bedarf es geringer kognitiver Kompetenzen; emotionale und soziale Kompetenzen sind wichtiger.

Dieser Gedanke liegt auch der **Clusteringmethode** zugrunde, die von Gabriele L. Rico entwickelt wurde (1984) und die inzwischen fester Bestandteil einer kreativen Schreibdidaktik ist (z.B. Brenner 1990, 47; Schuster 1997, 49–74). Ricos assoziatives

Schreibkonzept, das Buchstaben und andere graphische Zeichen verbindet, soll die kognitive und emotionale Seite des Schreibvorgangs miteinander versöhnen. Ergebnis ist, daß die gefühlsmäßige Komponente des Schreibens ebenso betont wird wie die (angebliche) Einfachheit eines so praktizierten Schreibens (vgl. die heftige und polemische Kritik an diesem Schreibverständnis bei: Link 1990/91). Eben jene Subjektorientierung und die suggerierte Leichtigkeit des (Geständnis)Schreibens haben dazu geführt, daß die kreativen Schreibdidaktiker sich an ein breites Publikum richten können: beginnend beim Schreibanfänger und endend bei Schreibkursen für Gefängnisinsassen beziehungsweise ältere Frauen (vgl. einige Beiträge in den beiden Festschriften: Hein/Koch/Liebs 1984; Boueke/Hopster 1985).

Sogar die Geschichte des **Aufsatzunterrichts**, der den Ideen des kreativen Schreibens eigentlich gänzlich entgegengesetzt ist, wird in Hinblick auf mögliche Gemeinsamkeiten neu gelesen (Boueke/Schülein 1985; Merkelbach 1990; Spinner 1993b). Inzwischen sind die Grenzen zwischen kreativer und Aufsatzdidaktik in einigen Konzeptionen fließend geworden: Das ist der Fall, wenn Gerhard Sennlaub das ›Aufsatzschreiben‹ in den Grundschuljahren zu einem kreativen Schreiblehrgang, d.h. zum *Spaß beim Schreiben* werden läßt (Sennlaub 1988; 1. Aufl. 1980); so geht auch Christina Buchner vor (1990), wenn sie mit Schülern des 1. und 2. Schuljahres das Schreiben von Geschichten übt und sie so zum *Schreibvergnügen* verführt. Die Impulse der kreativen Schreibdidaktik – so kann man schlußfolgern – lassen sich sinnvoll in den frühen Schreibunterricht der Primarstufe beziehungsweise in den Unterricht mit lernschwachen Schülern aller Jahrgangsstufen integrieren, weil sie die Probleme des Schreibenlernens minimieren helfen (vgl. z.B. dazu Schmitz 1998, die mit therapeutischen Impulsen kreative Schreibprojekte in der Hauptschule initiieren will). Kreatives Schreiben wird in diesen Konzeptionen nicht vorrangig als Bestandteil literarischen Lernens gesehen; es wird **sprachlich orientierten Lernprozessen** zugeordnet, weil ein spielerischer, bewußter, experimentierender Gebrauch von Sprache im Vordergrund steht (vgl. dazu auch: Seidel 1983, 21–34).

Vor allem aber scheinen die kreativen Schreibdidaktiker – und das nicht nur in der Primarstufe – **soziales Lernen** fördern zu wollen und sprengen auch damit den Rahmen des literarischen Lernens: »Schülerinnen und Schüler, die im Unterricht kreativ schreiben [...] sind offen für Versuche und Entdeckungen, sie wissen, daß ihr Selbst nie abgeschlossen ist, und entwickeln die Fähigkeit, andere zu verstehen. Sie nehmen sich selbst, aber

ebenso die anderen als Subjekte ernst. [...] [Sie] haben Kraft zur
Utopie« (Spinner 1993a, 23). Verbunden wird dieses Lernziel mit
dem Anspruch – wie in neueren lesedidaktischen Entwicklungen
(vgl. II.2) –, **sinnliche Bedürfnisse** in die schulische Schreibarbeit
auch der Sekundarstufe zu integrieren. So finden sich unter den
Schreibaufgaben, die zum kreativen Repertoire gehören, folgende
Beispiele (vgl. die Zusammenstellungen von Fritzsche 1989; *Praxis
Deutsch* (1993) H. 113; Brenner 1990; Schuster 1997): Schrei-
ben zu Musik, Gerüchen, Gegenständen, Bildern; Schreiben und
Tanzen; Phantasiereise; Schreibspiele; Möglichkeitsgeschichten;
Lebenskurve; biographische Korrespondenz; Schreiben zu einem
Photo von sich selbst. Mit solchen Schreibaufgaben sollen alle Sin-
ne angesprochen werden, werden die Grenzen von privatem und
öffentlichem Schreiben verwischt, wird den kindlich-jugendlichen
Schreibern Gelegenheit gegeben, subjektive Gefühle und Erfahrungen schreibend zu verarbeiten. Angestrebt wird, die mühsamste
Tätigkeit, die Schüler im Deutschunterricht überhaupt zu erlernen
haben – das Schreiben – leichter zugänglich und praktizierbar zu
machen und ihm den Ruf einer ungeliebten Pflicht zu nehmen.
Scheiben nicht als komplexer »Problemlösungsprozeß«, sondern
Schreiben zum Lösen von Problemen – die Frage bleibt, ob mit
dieser euphorischer Sicht nicht die Schwierigkeiten ignoriert werden, die mit Schreiben verbunden bleiben, gleich aus welchen Motiven heraus es stattfindet.

4.   Literarische Gesprächsdidaktik

Wenngleich der größte Teil des Literaturunterrichts aus *mündlicher*
Arbeit besteht, nehmen Forschungen zur literarischen Gesprächsdidaktik nur einen schmalen Raum ein (vgl. den Literaturüberblick
bei Merkelbach 1995). Diese Mißachtung hängt u.a. auch damit
zusammen, daß das Aufgabenfeld mündliche Kommunikation der
Sprachdidaktik zugeordnet wird. Nicht zufällig sind die frühen
Arbeiten zum *Gespräch im Unterricht* – so der Titel einer 1977
erstmals publizierten Studie von Gertrud Ritz-Fröhlich – nicht auf
die literarischen Anteile des Grundschulunterrichts konzentriert,
sondern behandeln Texte – auch literarische – nur als »*gesprächs-
auslösende Medien*« (Ritz-Fröhlich 1982, 112). Zwar scheinen sich
gerade literarische Texte besonders gut als Initialzündung für ein
Klassengespräch zu eignen, aber diese Tatsache wird nicht gegenstandsbezogen, sondern nur methodenorientiert reflektiert. Der

Akzent liegt vielmehr darauf, daß die Schüler vom ersten Schuljahr an lernen, **korrekt an einem Gespräch teilzunehmen**, und nicht darauf, in dem Gespräch etwas über – beispielsweise – kinderliterarische Romane zu lernen.

Das ist auch bei Lutz Rössner der Fall, dem es um den Unterschied von *Gespräch, Diskussion und Debatte* in Grund- und Hauptschule geht. Obwohl seine vier Gesprächsprotokolle literarische Texte zur Grundlage haben, ist es nicht sein Ziel, die wachsenden literarischen Kenntnisse der Schüler zu demonstrieren; zeigen will er vielmehr, daß die Schüler die gehobene Gesprächsform der Diskussion sehr viel früher als erwartet praktizieren können. Der literarische Text, z.b. ein Grimmsches Märchen, wird nur in Hinblick auf seine Ergiebigkeit für diesen Lernprozeß in einem siebten Schuljahr kommentiert (Rössner 1967, 95). Das Ziel dieser Arbeiten besteht vor allem darin, die demokratischste Form des Gesprächs, die auf Gleichberechtigung aller Teilnehmer zielende *Diskussion* so früh wie möglich einzuüben. Es ist kennzeichnend, daß sich diese Forschungen auf den Unterricht aller Schulklassen beziehen, weil Reden – anders als Lesen und Schreiben – schon früh gekonnt beziehungsweise auch von lernschwachen Schülern beherrscht wird und deswegen Basis für den Unterricht ab der ersten Klasse und in allen Schulformen ist.

Gleichberechtigtes Sprechen über Literatur im Unterricht

Auch in den didaktischen Arbeiten der achtziger Jahre, in denen das Unterrichtsgespräch stärker auf das Fach Literatur bezogen untersucht wird, bleibt die **Demokratisierung der Gesprächsstruktur** ein wichtiges Anliegen. Erneut machen sich rezeptionstheoretische Einflüsse bemerkbar: Wird die kindlich-jugendliche Rezeption ernstgenommen, wird auch den mündlichen Beiträgen der Schüler größeres Gewicht beigemessen (Willenberg 1987; Hurrelmann 1987; Wieler 1989). Allerdings findet der literarische Lernprozeß nun ebenfalls Berücksichtigung. So werten die Literaturdidaktiker, die an Willenbergs *Psychologie des Literaturunterrichts* mitgearbeitet haben, vier Unterrichtsprotokolle in Hinblick auf die wachsenden literarischen Verstehensfähigkeiten aus (Willenberg 1987, 18–61). Grundlage des Unterrichts in einer 5., 8., 9. und 12. Klasse war jeweils Peter Hacks kleine Erzählung »Der Bär auf dem Försterball«. Ausgewertet werden die nicht lernzielorientiert geführten Unterrichtsgespräche von Kaspar H. Spinner unter entwicklungspsychologischen Gesichtspunkten; Heiner Willenberg untersucht sie in Hinblick auf die immer adäquater werdende Rezeption textstruktureller Momente: Attribuierung der Figuren, deren Beziehungen untereinander sowie deren Handlungsmotive; Jürgen Kreft schließlich konzentriert sich darauf, ab welcher Jahrgangsstufe und wie selbstverständlich die Schüler den parabolischen Gehalt der Erzählung erkennen (mühsam und mit Hilfe des Lehrers ab Klasse 8, selbstverständlich ab der 9. Klasse). Die intensive und unter Berücksichtigung unterschiedlicher Fragestellungen vorgenommene Auswertung der Unterrichtsgespräche markiert einen neuen Stand in der literarischen Gesprächsdidaktik. Die auf einen literarischen Text bezogenen Gespräche werden unter dem Gesichtspunkt einer **wachsenden literarischer Erkenntnisfähigkeit** untersucht. Daß es den Forschern auch um eine Gesprächsform geht, in der »ein Miteinander und Gegeneinander« von Lehrern und Schülern zum »Erkenntnisfortschritt« führt, zeigen Spinners abschließend an den Lehrer gerichteten Vorschläge für »textbezogene [...] Impulse« beziehungsweise für »kommunikationsanregende Fragen« (Spinner 1987b, 186–188).

Auch Bettina Hurrelmann untersucht Gespräche, in denen »die Vorgabe eines bestimmten Interpretationsverfahrens« fehlt (Hurrelmann 1987, 57). Ihr Beitrag nimmt insofern eine Sonderstellung ein, als sie literarische Gespräche unter Erwachsenen beziehungsweise unter Leistungskursschülern eines 12. Jahrgangs untersucht und nach der Bedeutung fragt, die das »Gespräch als Medium des Textverstehens im Unterricht [...] für die Beschäftigung mit *Frauenliteratur*« hat (ebd., 58). Unter Bezugnahme auf Schleiermachers Hermeneutik gelangt sie zu der abschließenden Erkenntnis, daß »das Gespräch als methodisches Regulativ des Literaturunterrichts [...] die Möglichkeit [bietet], das individuell-kreative Moment des Textverstehens mit dem verallgemeinernd-objektivierenden zu vermitteln« (ebd., 77). Um eine Polarisierung von subjektiven und objektiven Ansätzen zu vermeiden, sei es sinnvoll, wenn das Unterrichtsgespräch anknüpfe an die Form der kulturellen Gesprächspraxis, die außerhalb der Schule existiere: so ergeben sich selbstverständlich »*Allgemeinheit der Texterkenntnis und Individualität des Sinnverstehens*« (ebd., 77).

Der Konflikt zwischen dem subjektiven Verstehen des Schülers und dem (angeblich) ›objektiven‹ Anspruch des Textes, den der Lehrer repräsentiert, wird von Petra Wieler in ihrer Studie zum *Sprachlichen Handeln im Literaturunterricht* (1989) nüchtern dargestellt. Auf der Basis der akribischen Auswertung eines relativ offen strukturierten Unterrichtsgesprächs in einer 10. Klasse gelangt sie zu dem Ergebnis: »Einerseits sind die Schüler eingeschränkt auf die ›Lösung‹ kleinschrittiger textanalytischer ›Aufgaben‹, mit denen der Lehrer *seine* Auslegung des Textes im Unterricht ›erarbeitet‹; andererseits müssen sie helfen, die Fiktion aufrechtzuerhalten, daß die Textanalyse der Klärung des *eigenen* Verständnisses dient [...]« (Wieler 1989, 112). Um diese schulspezifische Struktur der Kommunikationssituation aufzubrechen, macht Wieler den Vorschlag, »›Verständigung über literarisches Verstehen‹« als einen eigenen Lernbereich im Literaturunterricht einzurichten (ebd., 252); »*kommunikative, an der Verständigung über Textdeutungen orientierte Prozesse sprachlichen Handelns*« sollten in diesem Lernbereich dominieren (ebd., 224; Hervorh. E.K.P.).

Voraussetzung dafür seien veränderte Bedingungen der Unterrichtssituation wie z.b. die Beschränkung des lehrerdominierten Unterrichtsgesprächs auf die Erarbeitung schwieriger Texte oder für die Vermittlung historischen und interpretatorischen Wissens. Wichtig sei ansonsten, die **Lehrerdominanz zurückzudrängen**, um die »institutsspezifische Struktur der Unterrichtskommunikation aufzubrechen«; dem Lehrer komme nur noch die »Rolle eines Gesprächsleiters« zu (ebd., 229). Hingegen sei die wechselseitige Beurteilung von Redebeiträgen durch die Schüler selbst anzustreben sowie die Beteiligung der Schüler bei der Auswahl der Unterrichtsgegenstände.

Auch in den Formen des kollektiven Schreibens beziehungsweise kreativen Veränderns von Texten sieht Wieler eine Chance der »intersubjektiven Verständigung über literarisches Verstehen« (ebd., 233). Wieler geht es weniger um die literarischen Erkenntnisprozesse, die sich in Unterrichtsgesprächen manifestieren, als vielmehr um die Notwendigkeit, das sprachliche Handeln im Literaturunterricht in seiner Besonderheit zu einem reflektierten Lerngegenstand zu machen und dafür zu sorgen, daß diese literaturorientierte Kommunikation tatsächlich – und nicht nur scheinbar – schülerorientiert stattfindet.

Zumindest das letztgenannte Ziel wird von einem Frankfurter Autorenkollektiv um den Didaktiker Valentin Merkelbach aufgegriffen und einer mehrmaligen praktischen Erprobung unterzogen (Christ/Fischer/Fuchs u.a. 1995). Die Frankfurter Gruppe hat nach Rücksprache mit den unterrichtenden Lehrern offene, nicht lernzielorientierte literarische Gespräche initiiert, eine Auswahl dieser Protokolle dokumentiert und jedem dieser Unterrichtsgespräche eine fachwissenschaftliche Interpretation beigefügt. Den Frankfurtern geht es um **freie Unterrichtsgespräche** über Kurzgeschichten, darum, daß die Unterrichteten spontan, offen und ihren Assoziationen nachgebend über ihre Textrezeption reden können und die Unterrichtenden so wenig wie möglich fragen,

lenken, steuern, eingreifen. Weil das Forscherkollektiv das traditionelle Gesprächs-Ritual des Deutschunterrichts in Frage stellt,
will es erproben, ob ungelenkte, aber ›ehrliche‹ Gespräche nicht
auch zu einem akzeptablen Interpretationsergebnis führen. Überhaupt billigen sie *jedem* literarischen Unterrichtsgesprächs, auch
dem offenen, ungelenkten, ungeplanten, den *Stellenwert einer Interpretation* zu und wollen es nicht zur bloß ›stimmungsmachen-
den‹ Spontanphase degradiert sehen (vgl. III.1.). Insofern ist diese
Arbeit von der Überzeugung getragen, Reden über Literatur gehe
unweigerlich mit literarischem Lernen einher:

»Eine an gesellschaftlicher Kommunikation interessierte Literaturwissenschaft [...], die sich [...] ihres hermeneutischen Ursprungs bewußt wird
und Interpretation nicht als Exegese von Eingeweihten, sondern als ge-
sprächsoffene Annäherung [...] an den jeweiligen Text versteht, hätte gewiß auch positive Auswirkungen auf [...] das literarische Gespräch in der
Schule« (Merkelbach 1995, 45).

Die Betonung liegt dabei auf der redenden Aktivität der Schüler;
der Lehrer sei nur noch »›Moderator‹, ja Partner« seiner Schüler
(ebd., 31). Eine gleichberechtigte Beteiligung aller Gesprächspart-
ner ist das angestrebte Ziel. Allerdings zeigen einige der dokumentierten Unterrichtsgespräche sowohl die Stärken als auch die *Schwä-
chen* dieses Ansatzes (vgl. die Rezensionen von Paefgen 1996c, Nutz
1997). Das wird z.b. in der Interpretation eines sehr sensibel und
klug geführten Gesprächs deutlich, das in einer siebten Hauptschulklasse über Borcherts »Nachts schlafen die Ratten doch« stattfand (Fischer 1995). Obwohl die Unterrichtende sich erst spät und
dann erkenntnisfördernd in das Gespräch einschaltet, kritisiert Eva
Fischer ihre Aktivitäten. Aber gerade dieses Unterrichtsgespräch, in
dem einige Schülerinnen erstaunlich weise über den für sie so fremden literarischen Text sprechen, kann als Beleg dafür gelesen werden, daß Verstärkungen der Lehrerin zu einer Verdeutlichung und
Verallgemeinerung des Interpretationsergebnisses führen können.
Daß die Schülerin Heike sich steigert von einem anfänglich spontanen »Der Mann will den Jungen ablenken‹« (ebd., 179) – was
Eva Fischer bezeichnenderweise als Titel ihrer Auswertung gewählt
hat – bis hin zu der erst durch das Nachfragen der Lehrerin her-
vorgerufenen – humanphilosophischen – Aussage: »›Er kann den
Jungen nicht leiden sehen‹« (ebd., 186), wird in dem Kommentar
Eva Fischers nicht genügend gewürdigt (ebd., 193). Es zeigt sich,
welche Lücke entsteht, wenn die Lehrerin nicht mehr loben darf.
    Differenzierter wird die Rolle des Lehrers von Johannes Wer-
ner wahrscheinlich auch deswegen gesehen, weil er »literarische

Diskurse« aus eigenem – und nicht aus fremdem – Unterricht auswertet (1996). Werner knüpft in seiner Dissertation zum *literatur-rezipierenden Diskurs* an die bisherigen Forschungen an und versucht, systematisch und theoretisch begründet, eine demokratisch-effiziente literaturunterrichtliche Gesprächspraxis theoretisch zu konzipieren und praktisch zu überprüfen. Er bezieht sich auf Habermas' Diskurskonzept, um »die besondere Qualität literaturrezipierender Diskurse zu analysieren, die reale Möglichkeit einer verständigungsorientierten Gesprächsführung nachzuweisen und die Chancen zu erforschen, die der Literaturunterricht für die Reproduktion lebensweltlicher Potentiale bietet« (ebd., 81). Werner wählt den Begriff des »**literarischen Diskurses**'« – (oder synonym den des »literaturrezipierenden Unterrichtsgesprächs'«) –, um ihn vom traditionellen Unterrichtsgespräch zu unterscheiden: Ersteres sucht eine »verständigungsorientierte Interaktionsform« zu realisieren, in der die »Gleichberechtigung aller Sprecher« ebenso gewährleistet ist wie die »argumentative Einlösung von Geltungsansprüchen zur Klärung von Poblemlagen, die sich aus der offenen Textrezeption ergeben« (ebd., 103). Eine Rücknahme der starken Lehrerposition ist auch hier das Ziel.

In der Analyse der »realen Gespräche« (ebd., 151), die nach diesen diskurstheoretisch entwickelten Vorgaben entstanden, wird das Lehrerverhalten sehr differenziert, vorsichtig und ausgewogen interpretiert, wohl nicht zuletzt aufgrund der Tatsache, daß die Unterrichtsgespräche von Werner selbst durchgeführt wurden; wenn Forscher und Unterrichtender nicht identisch sind, fallen die Urteile über die Gespräche gemeinhin strenger aus. Werner hingegen kommt zu dem Schluß, daß sich eine »drängendere Lehrerrolle« nicht immer vermeiden lasse (ebd., 202). Auch eine »Änderung der Gesprächsrichtung durch den Lehrer« wird von Werner dann für berechtigt gehalten, wenn die Gesprächsteilnehmer sie nachvollziehen können (ebd., 194). Legitim sei auch die Einführung neuer Deutungen durch den Lehrer, als illegitim hingegen bezeichnet Werner Lehreräußerungen, »die abschließende Gültigkeit beanspruchen« (ebd., 222/23). Während der Lehrer durch das Diskursmodell »ebenso in Begründungszusammenhänge eingebunden [sei] wie jeder andere Sprecher«, bestünde für die Schüler im »freien Zugang zu den unterschiedlichsten Themen, Deutungsmustern und Textperspektiven« die Möglichkeit, »die Vielfalt der Lebenswelten mit den literarischen Texten zu verbinden« (ebd., 262). Der – ausführlich dokumentierte – Diskurs in einer 11. Klasse darüber, warum Woyzeck Marie tötet, demonstriere beispielsweise, daß ein solches Gespräch zu einer »ästhetische(n) Reproduktion lebensweltlichen Wissens« führen könne (ebd., 216): »Das Ergebnis ist deswegen bemerkenswert, weil es zeigt, wie der Diskursverlauf die Reduktion der komplexen Themenstellung und des schwierigen Textrepertoires zu einfachen Erklärungsmodellen verhindert, wie es sich im Gegenteil zur differenzierten Deutung entwickelt« (ebd., 215). Trotz der offenen Gesprächsanlage, in der sich der Lehrer mit Steuerungen zurückhält, führt der Diskurs zu einem texterkennenden Ergebnis, das zustandekommt, weil die Schüler die Lektüre des ästhetischen Textes mit der ihres alltäglichen Lebens auf einem neuen Niveau verbinden können.

Was ist ein literarisches Gespräch?

Daß Reden über Literatur immer auch die Möglichkeit des Redens über das eigene Leben einschließt, wird auch von Hubert Ivo herausgearbeitet. Ivo leistet eine sprachtheoretisch fundierte Begründung für die **Besonderheit des »Redens über poetische Sprachwerke«** und greift damit alle Fragen und Probleme auf (1994, 222–271; vgl. dazu auch Härle/Steinbrenner 2004), die in der aktuellen literarischen Gesprächsdidaktik verhandelt werden. Er geht von einer eigentümlichen Schwebelage literarischer Texte aus: zwar besäßen sie Autorität sowie einen hohen Grad an Verbindlichkeit, erhöben aber gleichwohl keinen Anspruch auf die Vermittlung von Glaubens- und Wissensgrundsätzen. Literatur nehme eine (dankbare) Zwischenposition ein, zwischen festen, starren »Gehorsamstexten« am einen Endpunkt und leichten, unverbindlichen »Wettertexten« am anderen (Ivo 1994, 233), von beiden Polen profitierend, ohne jeweils einen von ihnen alleine vertreten zu wollen. (Gehorsamstexte haben den Status von Gesetzestexten mit verpflichtendem Charakter; mit Wettertexten hingegen wird der Gegenpol bezeichnet: ein hoher Grad von Beliebigkeit und Unverbindlichkeit ist ihnen eigen.)

Charakteristisch sei die »Vielstimmigkeit« der literarischen Texte (ebd., 229). Gerade wegen dieser »Vielstimmigkeit«, die Ivo immer wieder hervorhebt, verlangten literarische Texte nach einer ihnen eigenen Auslegungspraxis. Im Unterschied zur juristischen und theologischen Exegese kenne die literarische »kein letztes Wort« (ebd., 254) und biete sich deswegen für eine **allegorische Auslegungspraxis an, dem »mehrfachen Schriftsinn«** literarischer Texte gerecht werdend (ebd., 240). Allegorese meint eine redende wie öffentliche Auslegungspraxis, die nicht vereinzelt stattfindet, sondern mit anderen zusammen in einem mündlichen Verständigungsprozeß. »Das Lesen poetischer Sprachwerke, ihre Auslegung und die Verständigung über die Auslegung sind als konstitutive Tätigkeiten in der Tradition dieser Schriftlichkeit immer auch Einübung in kulturelle Vielstimmigkeit; das *Gespräch über Literatur* wird zum Modell *›sprachverständigender‹, nicht machtbestimmter Intersubjektivität«* (ebd., 236/37; Hervorh. E.K.P.). Ivo hat ein solches öffentliches Reden über poetische Sprachwerke erprobt. Die Auswertung dieses Seminars führt dazu, Widersprüche und extreme Gegensätze als unabwendbare Momente bei einem Reden über poetische Sprachwerke gelassen zu akzeptieren. ›Reden über Literatur‹ sei »ein Mittleres« zwischen:

- »Plaudern und Verkündigen,
- privatem und öffentlichem Reden,
- Leser- und Textorientiertheit,
- Eigenem und Fremdem« (ebd., 267–270).

Mit dieser Umschreibung wird das literaturdidaktische Dilemma, das zwischen sachlicher Erkenntnisorientierung einer- und Subjekt- beziehungsweise Schülerdominanz andererseits schwankt, begründet. Gerade die lebensweltliche Orientierung, die insbesondere in den mündlichen Teilen des Unterrichts aktiviert wird und die von vielen Lehrenden und Didaktikern als störend für den literarischen Lernprozeß eingeschätzt wird, scheint nach dieser Definition als unausweichlicher Bestandteil zu einem Reden über Literatur zu gehören. Folge dieser Erkenntnis müßte die Akzeptanz von gleichzeitig naiver und elaborierter Rezeption beziehungsweise die Feststellung sein, daß sich literarisches Reden in der Mitte zwischen beidem einpendelt. Der »Nutzen der Balancier-Stange« (ebd., 264) in literarischen Gespräche bestehe darin, immer wieder jene Mitte anzusteuern, in der sich die Gegenpole im Gleichgewicht befinden und in der auch der gefährliche Drahtseilakt zwischen einem subjektiven ›ich empfinde das aber so‹ und einem reflektierten ›im Text steht geschrieben‹ ohne verletzende Abstürze überstanden werden kann.

Ivo führt Gründe dafür an, warum das **Reden im Literaturunterricht** immer mal wieder als ›Labern‹ empfunden werden kann; er begründet aber auch, warum dieses ›Labern‹ nicht zu vermeiden ist beziehungsweise nur bei autoritärer Gesprächsführung durch einen Leiter verhindert werden kann. Und nicht zuletzt begründet Ivo, warum diese Freiheit in der literarischen Gesprächspraxis, die von allen Forschern gefordert wird, dem literarischen Text gemäß ist und vielleicht mehr Umwege mit sich bringt als bei gesteuerter Gesprächsführung, aber ebenfalls zu textorientierten Erkenntnissen führt.

III. Aktuelle Fragen – kritische Diskussionen

1. Krise der Interpretation

»In den modernsten Fällen läuft die Interpretation auf die philisterhafte Weigerung hinaus, die Finger von der Kunst zu lassen. Wirkliche Kunst hat die Eigenschaft, uns nervös zu machen. Indem man das Kunstwerk auf seinen Inhalt reduziert und diesen dann interpretiert, zähmt man es. Die Interpretation macht die Kunst manipulierbar, bequem. [...] Es ist nicht unsere Aufgabe, ein Höchstmaß an Inhalt in einem Kunstwerk zu entdecken. Noch weniger ist es unsre Aufgabe, mehr Inhalt aus dem Werk herauszupressen, als darin enthalten ist. Unsere Aufgabe ist es vielmehr, den Inhalt zurückzuschneiden, damit die Sache selbst zum Vorschein kommt« (Sontag 1982, 16/22; 1. amerikan. Aufl. 1964).

Zweifel an der Interpretation literarischer Texte beziehungsweise an der Beurteilung der Richtigkeit von Interpretationen sind Ergebnis literaturtheoretischer Entwicklungen der letzten dreißig Jahre; diese sind im Rahmen der vorliegenden Darstellungen bereits des öfteren in immer wieder neuen Zusammenhängen erörtert worden und sollen deswegen an dieser Stelle nur kurz referiert werden:

- die **rezeptionsästhetische Wende,** die die Rolle des Lesers im literarischen Prozeß aufgewertet hat: »Wenn zehn Leute einen literarischen Text lesen, kommt es zu zehn verschiedenen Lektüren. [...] Die Lektüre ist ein anarchischer Akt. Die Interpretation, besonders die einzige richtige, ist dazu da, diesen Akt zu vereiteln« (Enzensberger 1988, 33/34). – Jürgen Schutte bezieht sich denn auch in seiner literaturwissenschaftlichen *Einführung in die Literaturinterpretation* zustimmend auf einen »glücklichen Ausdruck« Leo Kreutzers: »*Interpretation* ist [...] eine Inszenierung der eigenen *Lese-Erfahrung*« (ebd., 1993, 10; letzte Hervorh. E.K.P.). Schutte berücksichtigt diese Erkenntnis, indem er die Interpretation als »Definition des Textes« und gleichzeitig als »Selbstdefinition des Interpretierenden« bezeichnet, »indem sie die Übereinstimmung und die Distanz von Text und Leser wechselseitig auslegt« (ebd., 11; vgl. dazu auch Paefgen 2004).
- **poststrukturalistische Texttheorien,** die *eine* ›richtige‹ auf endgültige Sinnfindung ausgerichtete Interpretation schriftlicher Texte in Frage stellen: »Einen Text interpretieren heißt nicht, ihm einen (mehr oder weniger begründeten, mehr oder weni-

ger freien) Sinn geben, heißt vielmehr abschätzen, aus welchem Pluralem er gebildet ist. [...] [Der] Text ist eine Galaxie von Signifikanten und nicht Struktur von Signifikaten. [...] Dieses absolut pluralen Textes können sich Sinnessysteme bemächtigen, deren Zahl niemals abgeschlossen ist, da sie zum Maß das Unendliche der Sprache haben« (Barthes 1987, 9/10);

• **konstruktivistische Theorien,** nach denen der Leser sich selbst und nicht den Text interpretiert: »Texte können als (Selbst-)Orientierungs-Anlässe verstanden werden. *Texte haben keine in ihnen selbst liegende Bedeutung,* sondern Texten werden von Beobachtern erst Bedeutungen zugeschrieben [...]. Interpretationen sind ›vom Text her‹ nicht zu sichern [...]« (Scheffer 1992, 234; vgl. kritisch dazu Zabka 1999).

• Neben diesen theoretisch begründeten Zweifeln an interpretatorischen Sicherheiten führt Karlheinz Fingerhut die **Gegenwartsliteratur** selbst als Argument dafür an, daß eine »interpretierende Vereinnahmung der Literatur in der Schule« nicht länger gerechtfertigt sei (Fingerhut 1988, 10; vgl. dazu auch Förster 1991, der diese These theoretisch begründet). Da die Literatur der achtziger Jahre, wie sie beispielsweise Hans Magnus Enzensberger, Heiner Müller, Thomas Bernhard und Christoph Hein schrieben, sich nicht mehr auf literaturpädagogische Ziele wie »›Entfaltung der Persönlichkeit‹«, »›historisches Bewußtsein‹« und die »›utopische Dimension‹ der Literatur« verpflichten lasse (Fingerhut 1988, 5), müsse man die »schulischen Lektüreverfahren [...] aus ihrer Fixierung an ergebnisorientierte Interpretationsrituale« befreien (ebd., 18). Fingerhut zitiert die erbitterten Angriffe der Schriftsteller gegen den schulisch verordneten interpretatorischen Mißbrauch der Literatur und sieht mit diesen gemeinsam im »produktiven, kreativen, spielerischen« Umgang mit Literatur« einen Ausweg aus dem freudlosen Interpretationszwang (ebd., 11).

Im Zusammenhang mit den Ausführungen zur aktuellen Lese-, Schreib- und Gesprächsdidaktik wurde bereits erörtert, wie Funktion und Zielsetzung von Interpretationsprozessen im Literaturunterricht didaktisch neu reflektiert werden (vgl. II.2.–4.). Die kritischen Einwände gegen einen straffen, auf einstimmige Interpretation ausgerichteten Literaturunterricht haben weitere didaktische Auswirkungen gehabt und zu einer größeren Offenheit in den Zielformulierungen geführt, was die Erläuterung literarischer Texte in unterrichtlichen Zusammenhängen betrifft. Das zeigt sich u.a. darin, daß seit den achtziger Jahren in didaktischen oder Lesebuch-Publikationen eher von einem lockeren, fast **Unverbind-lichkeit** signalisierenden Umgang mit Texten oder von einer auf **Sachlichkeit** abzielenden Arbeit an Texten die Rede ist; der Begriff der Interpretation wird vermieden beziehungsweise als Frage formuliert: »Gibt es die ›richtige‹ Interpretation?« (*Texte, Themen und Strukturen* 1990, S. 36; Nündel/Schlotthaus fragen schon 1978: »Haben texte ›objektive‹ bedeutungen?«, 14). Die Zweifel an der Interpretation zeigen sich auch in der thematischen Ausrichtung einiger Hefte von *Der Deutschunterricht* aus den achtziger Jahren; so problematisiert der Titel eines Heftes aus dem Jahr 1982 (H. 6) noch: »Interpretation und ihre Schwierigkeiten in der Schule«; 1984 (H. 2) wird die Frage schon auf Alternativen zugespitzt: »Lesen oder Interpretieren?« In den neunziger Jahren ist weniger von Interpretation die Rede als vielmehr von »Lektüre-Vielfalt« (1996, H. 3) oder von »Neuen Lesarten« (1995, H. 6). *Praxis Deutsch* widmet Heft 81 (1987) noch schlicht dem Thema »Interpretation«, Heft 98 (1989) trägt schon den Titel »Textanalyse«; in Heft 136 (1996) wird mit dem Titel »Szenische Interpretation« eine Synthese von (ernsthafter) Interpretation und (spielerischer) Gestaltung angestrebt.

Unterscheidung zwischen mündlicher und schriftlicher Interpretation

Diese Titel-Beispiele signalisieren, daß nach Alternativen beziehungsweise Ergänzungen zur klassischen Interpretation gesucht wird und daß letztere nicht länger unangefochten den mündlichen und schriftlichen Aufgabenbereich des Literaturunterrichts dominiert. Andererseits zeugen die zahllosen, kontinuierlich aktualisierten Reihen mit sogenannten ›Schulinterpretationen‹ davon, daß nach wie vor im Deutschunterricht interpretiert wird. Allerdings geben diese zumeist werkbezogenen Bände nicht an, wie die Autoren zu einem Interpretationsergebnis gelangt sind, sondern sie führen ein solches vor. Das eigentliche Problem besteht aber darin, *wie und ob* Schüler zu einer selbständigen Interpretationstätigkeit angeleitet werden können. Die Verunsicherung hat diesbezüglich ein Problembewußtsein entstehen lassen, insbesondere was den **Anspruch an eine *richtige* Interpretation**, den Begründungsbedarf eines interpretatorischen Ansatzes, die Kriterien ihrer Bewertung sowie die Einführung in die methodische Vorgehensweise angeht. Drei Lösungswege zeichnen sich ab, die sich nicht immer ausschließen, sondern auch einander ergänzend erwähnt werden:

1. Die Interpretation wird neu definiert. Da sie unvermeidlich und unverzichtbar ist, wenn man mit Texten, insbesondere mit literarischen arbeitet, wird nach neuen Formen gesucht, um die Festlegung auf die starren, lehrerfixierten und zum Dogmatismus neigenden Interpretationsrituale zu reformieren. Für den **mündlichen** Teil des Literaturunterrichts, das Interpretationsgespräch, wird nach neuen Formen der Verständigung gesucht, an denen Schüler und Lehrer gleichermaßen beteiligt sind (vgl. II.4.). Insbesondere für die **schriftliche** Form wird die Unterscheidung zwischen **sprachlicher, struktureller und stilistischer** *Analyse* als vorbereitende Arbeit für die nachfolgende deutende *Interpretation* wichtig (vgl. unterschiedliche Definitionen von Analyse und Interpretation in *Praxis Deutsch* (1989) H. 98, 24–26).

2. Interpretationsaufgaben für **schriftliche Arbeiten** werden sorgfältig reflektiert, begründet und in ihrer Begrenztheit erläutert. Der ›Glaube an die einzig richtige Interpretation‹ wird vermieden. Minutiöse Anleitungen, wie interpretatorisch vorgegangen werden kann, ergänzen die historischen Kapitel in den Oberstufenlesebüchern. Interpretationsaufgaben werden eingegrenzt, z.B. themen-, gattungs- oder epochenorientiert.

3. Auf die klassischen Interpretationsaufgaben soll weitgehend verzichtet werden zugunsten von essayistischem, kommentierenden oder literarischen Schreibaufgaben, die indirekt zu einer interpretatorischen Kommentierung auffordern beziehungsweise mit Deutungsvorschlägen spielen (vgl. II.3.).

Zu 1.: Kaspar Spinner versucht in einem Basisartikel mit dem Titel »Interpretieren im Deutschunterricht«, der dem bereits erwähnten *Praxis Deutsch*-Heft vorangestellt ist (Spinner 1987a), eine neue Umschreibung dessen, was interpretatorische Prozesse im Literaturunterricht zu leisten vermögen. Diese Ausführungen sind auch deswegen von Interesse, weil Spinner zwei Jahre später am selben Ort versucht, die Stellung der »sachlichereren, exakteren, kritischeren« Textanalyse im Literaturunterricht zu klären (Spinner 1989). Beide Arbeiten am Text haben nach Spinner ihren Platz im Literaturunterricht, beide möchte er retten und verteidigt sie vor Angriffen. Bei Interpretationsgesprächen gehe es vor allem um den Versuch einer »intersubjektiven Einigung«, um die Verständigung über den Sinn des Gelesenen, den »kommunikativen Akt« (Spinner 1987a, 17) sowie die »Lust am Entdecken«. **Interpretieren sei eine Form des »Problemlösens«** (ebd., 20): deswegen solle der Lehrer nur solche Texte zur Interpretation vorschlagen, die schwer verständlich

sind und den Wunsch nach interpretierender Erklärung wecken.
Spinner diskutiert die Schwachstellen und Mängel eines autoritä-
ren Interpretationsgebarens: So komme es weniger auf ›falsch‹ oder
›richtig‹ an, sondern darauf, »ob die interpretierenden Aussagen
aspektreich sind und ob der Interpretierende nachvollziehbare Begründungen für seine Deutungen nennen kann« (ebd., 20).

Auch nach der Intention des Autors solle nicht zwanghaft gesucht werden; wichtig sei, was der Text zu sagen habe und nicht
was der Autor (angeblich) habe sagen wollen (ebd., 21). Kohärenz
sei ein Kriterium für die Bewertung von Interpretationen; Erläuterung des Kontextes (vgl. dazu Schutte 1993, 75–93; 190–197),
auf den sich der jeweils Interpretierende (nicht selten nur implizit)
beziehe, trage dazu bei, Mißverständnisse und Widersprüche aus-
zuräumen. Auch die schriftliche Interpretation solle nicht unter
»einseitigen Objektivitätsanspruch« gestellt werden: »Worauf es
ankommt, ist vielmehr, daß die Schüler schriftlich eine selbst ver-
antwortete und auf den Text bezogene Sinndeutung so entfalten,
daß sie argumentativ begründet und für einen Leser nachvollziehbar ist«. Er schlägt eine »richtungsweisende Vorgabe« vor (Spinner
1987a, 23), die die Funktion einer Kontextklärung habe und zu
einer kohärenten Deutung führen könne.

Andere Probleme ergeben sich, wenn man einen **textanalytischen** Zugang betont (Spinner 1989). Wenngleich eine präzise
Trennung zwischen Interpretation und Analyse nicht Konsens ist
und in didaktischen Publikationen beide Begriffe auch synonym
gebraucht werden, scheint mir allerdings Spinners Hinweis wichtig, daß mit Textanalyse »ein bestimmter Typ des methodischen
Zugangs zu Texten« gemeint ist, »der durch ein systematisches
Aussondern und Erfassen von Einzelelementen und der Herausar-
beitung funktionaler Zusammenhänge gekennzeichnet ist« (ebd.,
20). Spinner zählt einige Methoden auf, bei denen eine analytische
Arbeit an Texten in den Vordergrund gerückt wird: Zwar nennt er
die strukturalistische Analyse nicht an erster Stelle, betont aber,
daß diese »den Modellfall eines analysierenden Zugangs zu Texten« vorstelle, weil »in keiner anderen Methode so konsequent eine
Zerlegung des Textes in Einzelteile« erfolge (ebd., 22; vgl. auch
I.3.1.).

An diesem auf binäre Oppositionen und tabellarische Zusam-
menfassungen ausgerichteten Verfahren entzündete sich auch die
Kritik an textanalytischen Verfahren: Das zergliedernde Vorgehen
zerstöre das identifikatorische ästhetische Erleben, den unmittel-
baren emotionalen Bezug und die inhaltliche Auseinandersetzung.
Gelobt wurde die rationalere und durchschaubar strukturierte

Herangehensweise, die größere Objektivierbarkeit der Ergebnisse sowie die bessere Überprüfbarkeit derselben. Spinners konkrete unterrichtsbezogene Vorschläge zeigen, daß textanalytische Operationen – anders als interpretatorische – nicht auf Kohärenz ausgerichtet sind, sondern eine fragmentarisierte Arbeit an Texten ermöglichen:

- Untersuchung des Satzbaus;
- Nachgehen der Frage, warum ein Text komisch wirkt;
- Zeitgerüst oder Erzählperspektive untersuchen;
- Textvergleiche in Hinblick auf fiktionale und nichtfiktionale Redeweise anstellen;
- Textproduktion in Hinblick auf Stil und/oder Aufbau des analysierten Textes.

Um die »Lust am Entdecken« geht es also auch bei textanalytischen Aufgaben, aber das was entdeckt werden kann, ist formaler, sachlicher, materieller Natur und bereitet das Fundament für eine deutende Interpretation. Textanalytische Aufgaben sind nach Spinners Ausführungen schriftliche Aufgaben und dienen der Erkenntnis strukturierender Textmerkmale; Interpretation hingegen – wenn man Spinners Definition folgt – hat im mündlichen Bereich des Unterrichts ihren Platz und ist auf Kommunikation mit anderen angewiesen. Wenn Interpretationen verschriftlicht werden müssen, spitzen sich die spezifischen Probleme zu, weil die unmittelbare Gegenrede fehlt und ein endgültiges, allein zu verantwortendes Urteil gefällt werden muß.

Lesebuch und Interpretation

Zu 2.: Reaktionen auf die nunmehr erkannte Problemlage finden sich in den Oberstufenlesebüchern der neunziger Jahre. Die neuen Lesebücher fassen den sprachlichen und literarischen Lernbereich in *einem* Band zusammen (vgl. im Unterschied dazu z.B. das zweibändige Sprach- und Literaturlesebuch von Wernicke 1983). Dieses Verfahren, das mit *Texte, Themen und Strukturen* (1990) erstmals praktiziert wurde, bietet die Chance, interpretierendes Schreiben in die nunmehr eher als Arbeits- denn als Lesebücher konzipierten Bände zu integrieren. Es ist kennzeichnend für die meisten dieser neuen Bücher, daß die **Interpretation als eine zu erlernende Fertigkeit** behandelt wird; davon zeugen methodische, häufig minutiös gegliederte Anleitungen mit sehr detaillierten Angaben, wie eine Interpretationsaufgabe erfolgreich gelöst werden kann. Dabei wird die Interpretation entweder eher dem **sprach-**

lichen oder dem literarischen Lernen zugeordnet. D.h., daß entweder die Schriftlichkeit des Interpretationsaufsatzes betont wird,
oder daß Wert gelegt wird auf das literaturorientierte Wissen und
dessen adäquate Anwendung. Zwei Beispiele sollen diese jeweilige
Akzentsetzung und die Folgen verdeutlichen:

a. Der vierte Abschnitt von *Texte, Themen und Strukturen* mit
   dem Titel »Schreiben« wird eingeleitet von dem Kapitel »**Interpretierendes Schreiben**«. Das Ziel dieses Kapitels ist es, den
   Lesern des Buches allgemeine Hinweise zu geben, was bei der
   schriftlichen Erstellung eines Interpretationsaufsatzes zu bedenken ist. So wird unterschieden zwischen Einleitung, Gesamt-
   eindruck, gattungsorientierter Textbeschreibung und deutender
   Interpretation; für letztere werden ein (einfaches) lineares und
   ein (anspruchsvolles) aspektorientiertes Verfahren einander gegenübergestellt, wird Hypothesenbildung vorgeschlagen sowie
   zwischen Deutung und Wertung unterschieden. Zahlreiche
   Beispiele aus Schüleraufsätzen veranschaulichen Probleme, die
   beim Schreiben auftreten können. Die Wiedergabe einiger aus-
   gewählter literaturwissenschaftlicher Interpretationsmethoden
   – mit einem impliziten, aber nicht eingehaltenen Anspruch auf
   Vollständigkeit vorgestellt – wird mit der Bemerkung eingeleitet, daß heute alle Verfahren gleichermaßen ihre Berechtigung
   hätten, aber nicht jedes für jeden Text sinnvoll sei. Eine tabellarische Übersicht faßt die einzelnen Arbeitsschritte nochmal
   kurz zusammen und macht konzentriert auf die besonderen
   Anforderungen bei der Erstellung der schriftlichen Arbeit aufmerksam (*Texte, Themen und Strukturen* 1990, 270–286).

b. Eine andere Gewichtung erfährt die Aufgabe der Interpretation
   in *Standorte* (1991). Zum einen bildet das Interpretationskapi-
   tel den Anfang des Bandes, zum anderen sind über ein Drittel
   des Buches diesem Gegenstand gewidmet (ebd., 9–108). Die
   Verfasserin Eva-Maria Kabisch gliedert dieses Kapitel nach **Gattungen** und verbindet exemplarisches literarhistorisches und
   gattungsorientiertes Lernen mit dem Erlernen der Interpretation: literarische Texte unterschiedlicher Zeiten werden in Hinblick auf verschiedene Interpretationsansätze hin untersucht.
   Wohl nicht zufällig beginnt sie mit lyrischen Texten und gestaltet diesen Teil am ausführlichsten: an der kurzen, prägnanten
   und überstrukturierten lyrischen Sprache läßt sich die Forderung nach interpretierender Klärung wohl besonders einsichtig
   machen (vgl. z.B. dazu die streng exemplarisch vorgehende Lyrikanalyse von Binder/Richartz 1984). Akzentuiert werden auf
   diese Weise die gattungsspezifischen Momente, deutlich wird

auch ein Nebeneinanderstehen unterschiedlicher Interpretationsansätze. Dabei unterscheidet Kabisch nicht nach literaturwissenschaftlichen Interpretationsmethoden, sondern versucht mit ihrer Schwerpunktsetzung bei allen Gattungen der Form beziehungsweise der zentralen Aussage des jeweiligen Textes gerecht zu werden: ein Gedicht Gryphius' wird in Hinblick auf Form und Struktur untersucht, lyrische Texte Eichendorffs und Heyms werden in Hinblick auf inhaltliche Aspekte und Epochenzuordnung verglichen; Wortschatz und Syntax stehen bei einer Erzählung Kafkas im Mittelpunkt, das Leitmotiv bei einer Novelle Thomas Manns; Schillers *Kabale und Liebe* erfordert eine Berücksichtigung des politisch-sozialen Hintergrundes und Büchners *Woyzeck* die Erarbeitung des modernen Antihelden. Ergänzt werden diese exemplarischen Interpretationsvorschläge um grundsätzliche methodische Anleitungen, die dem Benutzer des Buches bei eigener Interpretationstätigkeit eine selbständige Anwendung erleichtern sollen.

Die beiden Schwerpunkte – schriftlich-sprachliches und literarisches Lernen – widersprechen sich nicht, sondern ergänzen einander. Die jeweilige Akzentsetzung, die mal mehr Gewicht auf die perfekte Abfassung der schriftlichen Arbeit legt, mal mehr die korrekte Anwendung literaturanalytischer Kenntnisse beachtet, berührt die beiden Lernbereiche, die bei der Erstellung einer schriftlichen Interpretation aktiviert werden müssen. Auf jeden Fall zeugen diese und ähnliche Anleitungen davon, daß die Interpretation nach wie vor als Aufgabe des Deutschunterrichts akzeptiert, daß sie aber als ein komplexer Gegenstand behandelt und gelehrt wird (vgl. in diesem Zusammenhang die kritische Auseinandersetzung mit dem Lesebuch in Kämper-van den Boogaart 2004b). Interpretieren müssen die Schüler nicht können, *können* sie aber lernen; *müssen* sie es auch nach wie vor lernen?

Neue Formen der schriftlichen Interpretation

Zu 3.: Davon sind nicht alle Didaktiker länger überzeugt. Während in den bisher vorgestellten Reflexionen versucht wird, auf die analysierte Krise zu reagieren und kontrollierbare Lösungswege zu entwickeln, gibt es auch didaktische Modelle, in denen nach Alternativen zur mündlichen wie schriftlichen Interpretationsfixierung gesucht wird. Ausgehend von der Unvermeidbarkeit interpretatorischer Aussagen und der Unendlichkeit dieses Prozesses, geht es darum, **Formen des indirekten Interpretieren**s zu bieten; vermieden werden sollen formalisierte und formelhafte Aufgabenstellungen, die den Interpretierenden einengen und leiten und nach wie vor den Eindruck vermitteln, ›es gäbe ein richtiges Ergebnis‹. Es soll Raum geschaffen werden für subjektive Eindrücke, spontane Reaktionen, heftige Kritik oder Zustimmung, indirekte Kommentierung. So kommt es dem Didaktiker Ulf Abraham beispielsweise darauf an, die mit Literaturwahrnehmung unweigerlich verbundenen **affektiven Reaktionen** auch im literarischen Schreibunterricht zu berücksichtigen (Abraham 1994). »Anmutung, Erlebnis, Gesinnung« kämen bei analysierenden und erschließenden Formen des Schreibens über Literatur zu kurz (ebd., 12). Abraham geht es weniger um eine Unterscheidung von Analyse und Interpretation – er geht von einer dominanten Stellung textanalytischer Operationen im Deutschunterricht aus –, sondern darum, daß alle diese Schreibformen das Ziel hätten, »Distanz« zum gelesenen Text herzustellen und nicht ein »*Gewinnen von Nähe*« (ebd., 67). Poetische Texte, so seine Ausgangsthese, hätten aber einen »Anmutungscharakter, der durch kognitive Lehrziele kaum zu fassen ist« (ebd., 13). Der Schüler solle nicht nur lernen, die in einen poetischen Text eingeflossene »Subjektivität, Emotionalität und Sinnlichkeit« des Autors zu erfassen, sondern sich auch seiner eigenen vergleichbaren Gefühle bewußt werden und sie äußern können (ebd., 14/15). Textanalytische Operationen, die im übrigen immer auch interpretierende Aussagen enthielten, seien aus diesem Grund – als ausschließliche Form – einem Schreiben über Literatur nicht angemessen. Nach der Untersuchung eines umfangreichen Korpus von lehrerkommentierten Schüleraufsätzen gelangt Abraham zu dem abschließenden Urteil:

»*Herkömmliche Textanalyse- und Interpretationsaufsätze über Literatur – vorwiegend Epik und Lyrik – sind schreib- und korrekturmethodische Schauplätze einer falschen Reduktion ästhetischer Erfahrung und literarischer Urteilsbildung: Reduktion der Erfahrung auf das Wiedererkennen sogenannter Stilmittel und Stilformen, Reduktion der Urteilsbildung auf die sogenannte Autorintention und die allenfalls wertende Einordnung in eine Epoche*« (ebd., 112).

Abraham bezweifelt weniger die Lehr- und Lernbarkeit der Interpretation als vielmehr ihren Zweck und Nutzen. Er entwickelt in einem abschließenden Kapitel Alternativen und sucht nach »›divergenten‹ Schreibarten«, nach einer »Erweiterung der Bandbreite dessen, was wir Schülern abverlangen« und nach einem Schreiben, das Raum für »Affekte« bietet: für auf den literarischen Text »gerichtete« und *über* diesen »richtende« Affekte (ebd., 118/19). »Mit der Illusion der ›richtigen‹ und für alle verbindlichen Textinterpretation, die fachwissenschaftlich schon lange als altes Eisen gilt«, sei nun auch »fachdidaktisch nachhaltig aufzuräumen« (ebd., 119).

Abraham bezieht sich auf die konstruktivistische Literaturauffassung Bernd Scheffers (Scheffer 1992; vgl. auch II.2.), wenn er als Alternativaufgabe vorschlägt, die Lernenden »biographische Lebensromane« verfassen zu lassen. Die abgedruckten Beispiele zeigen persönliche, unmittelbare und auf Lebenserfahrungen bezogene Kommentare zu einer Erzählung von Siegfried Lenz (Abraham 1994, 130–136); mal beziehen sie sich mehr auf den gelesenen Text, mal mehr auf das gelebte Leben, wenngleich die offene Aufgabe dazu verleitet, letzterem große Aufmerksamkeit zu schenken. Nicht alle Schreibformen bieten so große Freiheiten. Wenngleich Abraham im theoretischen Teil betont, daß er emotionales Schreiben zur Literatur zulassen möchte, sucht er auch nach anderen Aufsatzformen, die die traditionellen, unzulänglichen, aber im Deutschunterricht nach wie vor üblichen ergänzen: So verlangt der im deutschen Schreibunterricht unübliche **Précis** zum einen eine Kürzung des jeweiligen literarischen Textes auf exakt ein Drittel der ursprünglichen Länge, zum anderen eine Beibehaltung, eine Nachahmung seines Stils; eine schwierige Aufgabe, wie die abgedruckten Beispiele zeigen (ebd., 147–154).

Abrahams weitere Aufgabenvorschläge pendeln zwischen den beiden Polen des emotionalen und des formalisierten Schreibens. Letzteres ähnelt aber in keinem Fall der traditionellen Interpretationsaufgabe, sondern bietet eine Plattform für stilistische Schulung und für indirekte Kommentierung literarischer Texte.

Während Abraham auf der Basis der konstruktivistischen Literaturtheorie für eine größere Nähe von Schreiben und Literatur argumentiert, vertreten die von postmodernen Texttheorien beeinflußten Didaktiker die Position, daß eine größtmögliche Distanz zum gelesenen Text erreicht werden soll. So lehnt Jürgen Förster das »traditionelle Interpretationsziel, die Ermittlung des wahren Sinns einer Rede beziehungsweise der Wahrheit durch Bücherlesen« ebenfalls ab (Förster 1995, 4), sucht aber nach sachlichen texterläuternden Verfahren, die von »einer gewissen Distanz sowohl zum traditionellen Verständnis vom Gegenstand Literatur als auch zu einer diesem verpflichtenden Lektürepraxis wie schließlich auch zum geläufigen ›Wert‹ oder ›Gehalt‹ literarischer Bildung« ausgehen (ebd., 8). Für einen postmodernen literarischen Gegenwartstext wie Botho Strauß' *Paare, Passanten* schlägt er als Textoperationen zunächst eine »Binnenanalyse« vor, in der aus der »Beobachterperspektive« das »Hauptaugenmerk auf die Analyse der Signifikantenkette« und der »intertextuellen Beziehungen« gerichtet ist (Förster 1991, 79). Auf Themenanalyse brauche nicht verzichtet zu werden, nur müsse diese nicht in einem »Zentralsinn« aufgehen: »der Text trägt in sich die Zeichen jener Differenz zu sich selbst, die es unmöglich machen, eine Auslegung zu beenden« (ebd., 79). Försters konkrete Vorschläge zu möglichen erläuternden Text-Operationen deuten an, daß eine postmoderne Arbeit an literarischen Texten in einer **detaillierten, akribischen und textnahen Analyse** bestehen können, einem Verfahren, das mit der klassischen Textanalyse verwandt ist. Förster spricht in einer späteren Publikation von einem »**text- und sprachverliebten Lesen**« (Förster 1998, 65).

Von einer solchen sprachverliebten Lektürehaltung zeugen auch die Beiträge in einem von Jürgen Förster herausgegebenen Heft von *Der Deutschunterricht* (1995, H. 6). Den Autoren war vom Herausgeber die Aufgabe gestellt worden, »am Beispiel kanonischer Texte vorzuführen«, welche konkreten Formen eine poststrukturalistische Lektürepraxis annehmen kann. Eine Tendenz zur genauen Lektüre, zur Detailbesessenheit und zur (kritischen) Distanznahme gegenüber dem literarischen Text ist allen Aufsätzen abzulesen (vgl. auch die Ausführungen zu Spinner 1995 und Kremer/Wegmann 1995 in II.2.). So geht es Karlheinz Fingerhut »um die Schärfung der Textwahrnehmung für unterschwellige und gegenläufige Bedeutungen« durch eine zweite Lektüre (Fingerhut 1995, 46). Am Beispiel dekonstruktiver Textoperationen zu frühen Heine-Gedichten versucht er Auswege aus dem literaturdidaktischen Interpretationsdilemma – »spontane, subjektive und ichbezogene Lektüren« sollen durch »die ›literarisch gebildete‹, literaturwissenschaftlich legitimierte und historisch aufgeklärte Lektüre abgelöst« werden (ebd., 40/41) – vorzuführen. Fingerhuts Vorschläge scheinen allerdings dieses bekannte Dilemma nur auf einer intellektuell anspruchsvollen Ebene zu wiederholen: Mal wird in der zweiten (vom Lehrer gesteuerten) Lektüre die ironische Brechung der goetheanischen Erlebnislyrik entdeckt, mal die »Realitätshaltigkeit« der Gedichte (ebd., 45), mal werden die intertextuellen Bezüge einer Romanze zur Aufklärung herbeigezogen.

Wolfgang Erdbrügge, der seinem Aufsatz in Aufbau und Stil eine postmoderne Note gibt, wirbt für eine fragmentarisierte Arbeit im Umfeld von Botho Strauß' Drama *Das Gleichgewicht*, weniger um zu interpretieren, sondern um über diesen vieldiskutierten Gegenwartsautor, diesen »Zankapfel« zu »streiten, auch in der Schule« (Erdbrügge 1995, 34).

Und Clemens Kammler versucht in Verbindung mit Ruth Klügers Autobiographie *weiter leben* eine diskursanalytische Lektürepraxis, die nicht hermeneutisch ist, sondern sich »als politische Kritik an Lektürestrategien« versteht (Kammler 1995b, 21): Basis ist eine kritische Auswertung von gut 100 Rezensionen dieser Autobiographie, in der die »Tilgung des spezifisch Jüdischen der Erinnerungsarbeit von Ruth Klüger« in der deutschen Presse nachgewiesen wird (ebd., 25; vgl. zur Kritik an der deutschen Literaturkritik auch Kämper-van den Boogaart 1997a, 213–304).

Ob mit diesen anspruchsvollen Analyseverfahren eine überzeugende Alternative zur Interpretation vorgeschlagen wird, kann augenblicklich noch nicht abgeschätzt werden. Nicht auszuschließen ist, daß das methodische Fundament der ›klassischen‹ Interpretation bekannt sein muß, bevor die Schüler der Abschlußjahrgänge diese großzügigen und großräumigen Analyseverfahren durchführen können. Nicht auszuschließen ist ebenfalls, daß auch die poststrukturalistischen Formen der Texterläuterung zu einer Ritualisierung und Dogmatisierung, zu Abnutzungs- und Ermüdungserscheinungen führen können. Wichtig scheint der Gestus (des besseren Wissens) zu sein, mit dem die Erkenntnisse vorgetragen werden; wenn eine solche Haltung ausgemacht werden kann, wirken auch die postmodernen Texterläuterungen – entgegen allen Beteuerungen – genauso endgültig wie traditionelle Interpretationen. Festzuhalten ist, daß mit konträren didaktischen Modellen auf die Krise der Interpretation reagiert wird: Einerseits wird der subjektive beziehungsweise der emotionale Faktor betont, andererseits wird eine Intellektualisierung des literarischen Lernens angestrebt. Kann diese bekannte Polarisierung mit dem produktions- und handlungsorientierten Literaturunterricht befriedet werden?

2. Produktions- und handlungsorientierter Literaturunterricht

»Lesen scheint tatsächlich eine Synthese von Wahrnehmung und Schaffen zu sein; es setzt gleichzeitig das Wesentlichsein des Subjekts und das Wesentlichsein des Objekts voraus; das Objekt ist wesentlich, weil es unerbittlich transzendent ist, weil es seine eigene Struktur aufdrängt und weil man es erwarten und beobachten soll; das Subjekt aber ist auch wesentlich, weil es nicht nur notwendig ist, um das Objekt zu enthüllen (d.h. zu veranlassen, daß es ein Objekt *gibt*), sondern auch dafür, daß dieses Objekt eben *da* ist (d.h. um es hervorzubringen)« (Sartre 1958, 28; 1. frz. Aufl. 1948).

Produkte haben die Schüler schon immer im Literaturunterricht anfertigen müssen, Handlungen vollziehen mußten sie auch. Aber mit dem Begriff des produktions- und handlungsorientierten Literaturunterrichts sind nicht länger die traditionellen, sachlichen Arbeiten – aktive Teilnahme am interpretierenden Unterrichtsgespräch, Referate, Aufsätze, Hausarbeiten – gemeint. Gemeint ist vielmehr, daß die Schüler im Literaturunterricht – im weitesten Sinne – ›ästhetisch-künstlerisch‹ tätig werden; Fingerhut spricht von »nicht-wissenschaftlichen Formen des Umgangs mit Literatur«, Spinner von einem »verändernden und schöpferischen Umgang mit Sprache«, Hopster von »literar-ästhetischen Handlungen« (Fingerhut 1987/88, 585; Spinner 1987/88, 602; Hopster 1984b, 90). Beschrieben werden Schüleraktivitäten, die nicht in den traditionellen Rahmen des Interpretierens passen, sondern die – dem Gegenstand Literatur verwandte – ästhetisierte ›Produkte‹ herstellen beziehungsweise ›Handlungen‹ ausführen.

Im Zusammenhang mit der rezeptionsästhetischen Theorie wurden die ›produktiven‹ Verfahren bereits Ende der sechziger Jahre (Rumpf 1968a und b), insbesondere aber während der siebziger Jahre als Ergänzung eines analytischen Literaturunterrichts vorgeschlagen (v.a. Müller-Michaels 1978; Waldmann 1980). Aber erst im Verlauf der achtziger Jahre, die von einem »›Zurück zur Literatur‹« geprägt waren (Waldmann 1984, 98), wurde das Modell eines produktions- und handlungorientierten Literaturunterrichts theoretisch fundiert und praktisch ausgearbeitet.

Im Unterschied zu den reformpädagogischen Anfängen, in denen vergleichbare Methoden erstmalig praktiziert wurden (vgl. I.1.), sollten die produktions- und handlungsorientierten Methoden nicht länger auf die Grundschule beschränkt bleiben (vgl. die historische Darstellung bei Jensen 1997); von Anfang an wurde die Sekundarstufe I berücksichtigt und sehr schnell auch die gymnasiale Oberstufe (u.a. Rupp 1987; Kopfermann 1994): Mit dem Konzept des produktions- und handlungsorientierten Unterrichts wird eine ästhetisierte Arbeit im Kontext von Literatur vorgeschlagen, die von der 1. bis zur 13. Klasse praktiziert werden und die darüber hinaus sogar in universitären und erwachsenenbildenden Zusammenhängen Anwendung finden kann. Zwar wurde von Beginn an um eine mögliche Synthese von produktionsorientiertem Ansatz und kognitiv-kritischer Analyse gerungen (vgl. Fingerhut u.a. 1981), aber es läßt sich wohl nicht bestreiten, daß mit den ästhetischen, den einzelnen Schüler aktivierenden Arbeitsformen zunächst ein Gegenprogramm zu den steifen, von oben organisierten Interpretationsritualen formuliert werden sollte. Aus heutiger Sicht kann vorsichtig folgende Systematisierung vorgeschlagen werden:

1. Wenn die **Produktionsorientierung** akzentuiert wird und an
   erster Stelle steht, sind in den meisten Modellen vor allem
   schreibende Arbeitsformen gemeint. Literarische Texte dienen
   als Ausgangs- oder Zielpunkt der ästhetischen Schüleraktivität,
   die Herstellung eigener poetisierter Texte soll einer Intensivie-
   rung des literarischen Verstehens dienen. Analyse literarischer
   und Produktion eigener Texte können, müssen aber nicht verbunden werden.
2. Wenn die **Handlungsorientierung** betont wird, sind zumeist
   nicht nur schreibende Arbeiten, sondern auch szenische, gra-
   phisch-bildliche, musikalische, körpersprachliche, vortragende,
   spielerische und ähnliche **Inszenierungen** zu literarischen Texten gemeint (vgl. insbesondere Scheller 1989; 1996; vgl. auch
   Ingendahl 1981; Blumensath 1992; Frommer 1995; Schuster
   1996). Affektive Lernziele – wie Freude, Lust, Spaß – und Er-
   halt der Motivation stehen im Vordergrund. Literarische Texte dienen als Sprungbrett für die gestaltenden Aktivitäten der
   Schüler, werden aber nicht unbedingt auf Inhalt und Form hin
   untersucht. Den Gefühlen der Schüler wird viel Raum zugestanden, Erkenntnisprozesse laufen eher nebenbei. – Unnötig
   zu betonen, daß diese Gliederung der Übersichtlichkeit dient
   und daß in der didaktisch-methodischen Umsetzung häufig
   Überschneidungen und zahlreiche Mischformen auftreten.

Soziales und sprachliches Lernen

Zu 1.: Günter Waldmann hat mit seinen Ausführungen zu *Theorie
und Praxis des produktionsorientierten Literaturunterrichts* (1984) diesen Unterrichtsverfahren endgültig einen Namen, eine theoretische
Begründung und eine unterrichtspraktische Zukunft gegeben (vgl.
auch Waldmann 1980). In diesem ›Basistext‹ bündelt Waldmann
nicht nur die disparaten didaktischen Ansätze jener Zeit, sondern
erstellt mit dem zehn Seiten umfassenden »systematischen Katalog
von Formen produktionsorientierten Umgangs mit literarischen
Texten« ein nach wie vor brauchbares methodisch-praktisches Kom-
pendium (Waldmann 1984, 117): Er versucht die Fülle der möglichen Verfahren zu systematisieren und ordnet sie in fünf Bereiche:

1. Aktive und produktive Rezeption eines Textes;
2. produktive Rezeption eines modifizierten Textes;
3. produktive Konkretisation eines Textes;
4. produktive Veränderung eines Textes;
5. angeleitete und freie Produktion eines Textes (ebd., 117–127).

Während die Aufgaben des ersten Kapitels auditive, darstellende und visuelle Gestaltungen und die des zweiten (bastelnde) Rekonstruktionen künstlich veränderter literarischer Texte vorsehen, beziehen sich die methodischen Vorschläge der letzten drei Kapitel weitgehend auf Schreibaufgaben: z.b. Konkretisation der Figuren eines Textes (ebd., 121), Veränderung der Form eines Erzähltextes (ebd., 123), Nachgestaltung literarischer Vorbilder (ebd., 125). Die Dominanz der schriftlichen Produktion ist nicht zufällig, wenn man die theoretischen Erörterungen Waldmann berücksichtigt.

Waldmann leitet – ganz im Sinne Sartres – die Legitimation produktiver Verfahren im literarischen Lernprozeß von **einer neuen Definition des Lesens** ab: Lesen sei »handelnde [...] Aktualisierung eines Sinnsystems«, und als solche Aktualisierung sei sie »produktives individuelles und auch gesellschaftliches Handeln, wenn sie mit sozialer Phantasie geschieht« (ebd., 112). Literatur ermögliche diese »**soziale Phantasie**«, weil sie dem Leser erlaube, »neue Erfahrungsbereiche zu erkunden und in einem simulativen Probehandeln seine gegebenen Verhältnisse zu übersteigen« (ebd., 105). Zu einem »*eigenen*« und nicht einem konformistisch-affirmativen Lesen könne Lesen nur dann werden, wenn es mit »sozialer Phantasie« geschehe und wenn »produktive eigene Zuordnungen und Strukturierungen« vorgenommen werden können. Phantasie, verstanden als »vorstellungsmäßige Verarbeitung von Problem- und Bedürfnissituationen des einzelnen« (ebd., 110), ist Waldmann in diesem Zusammenhang sehr wichtig und ergänzt – wie auch der gesellschaftliche Bezug – die Rezeptionstheorie Isers: »Phantasie, ›utopische Phantasie [...], wie Bloch sie eindringlich beschrieben hat, ist die Fähigkeit, reale Hoffnungen zu entwerfen, wünschbares Zukünftiges vorzustellen, individuell wie gesellschaftlich Mögliches zu antizipieren und so bestehende Not und Entfremdung vorstellungsmäßig und schließlich real zu menschenwürdigem Leben hin zu übersteigen [...]« (ebd., 111).

Deutlich wird, daß Waldmann versucht, die didaktischen Prämissen der siebziger mit denen der achtziger Jahre zu verbinden: kritisches Lesen braucht nicht länger nur analytisch, sondern muß auch schreibend-produktiv stattfinden, um lebenspraktische Wirkung zu erzielen, individueller Phantasie Raum zu geben und sie in soziale Phantasie zu überführen. Deutlich wird auch, daß die theoretische Fundierung der produktiven Verfahren bei Waldmann auf einem ›Glauben an die Macht der Literatur‹ basiert: produktive Rezeption kann in gesellschaftliches Handeln überführt werden. Erneut werden mit dem Literaturunterricht, dieses Mal dem produktionsorientierten, utopische Ziele und idealistische Hoff-

nungen verknüpft. Waldmanns spätere sprachtheoretisch fundierte
Argumentation – auf die *Differenz* von Alltags- und literarischer
Sprache hinweisend (1988, 221–230) – unterscheidet sich erheb-
lich von der frühen sozialutopischen und wird deutlicher auf li-
terarsprachliche Lernprozesse bezogen (Waldmann 1988; 1996;
Waldmann/Bothe 1992; vgl. II.3.).

In seiner didaktischer Konzeption eines elaborierten litera-
turanalytischen und -produktiven Lern- wie Schreibunterrichts
werden die mit den produktionsorientierten Anfängen verbundenen Ideen weitergedacht, in neue theoretische Zusammenhänge
eingebunden und methodisch zugespitzt: der Literatur lesende
Schüler wird zu einem **die poetische Sprache schreibend erpro-
benden** Schüler. Das soll er auch in den produktionsdidaktischen
Konzeptionen Karlheinz Fingerhuts werden (z.B. Fingerhut 1991;
1993b; 1996; vgl. II.3.). Fingerhut gehört ebenfalls zu den frühen Verfechtern eines produktionsorientierten Unterrichts (vgl.
Fingerhut 1982; Fingerhut/Melenk 1983), verbindet allerdings
keine über den Unterricht hinausreichenden Erziehungsziele mit
diesen Verfahren und warnt sehr früh vor übertriebenen Hoffnungen: »Die Rolle des Schriftstellers ist den Schülern ebensowenig
auf den Leib geschrieben, wie es zuvor die des (Literatur-)Wissen-
schaftlers gewesen war« (Fingerhut 1985, 352). Wie Waldmann
plädiert Fingerhut für »eine konstruktive Integration von Analyse
und Produktion«, aber nicht, um »Ich-Identität« beziehungsweise »Kommunikations- und Interaktionsfähigkeit« zu stärken und
»utopisches Denken« im Literaturunterricht zu erlauben, sondern
als einen Weg, »auf dem sich Leser, ästhetische Erfahrungen mit
Texten machend, schreib-handelnd, Literatur erarbeiten können«
(ebd., 354). Fingerhut geht es – in Anlehnung an Bertolt Brecht
– darum, das »›Vergnügen des Erkennens‹«, d.h. analytisches Erarbeiten und vergnügliches Weiterdichten, miteinander in Einklang
zu bringen (ebd., 355–359). Er weist gleichzeitig auf die Abnut-
zungserscheinungen hin, die jede Methode, mehrfach im Unterricht angewendet, erleben müsse. Auch die »Wende zur neuen
Subjektivität« im Literaturunterricht werde aus Schülerperspektive
schnell zum Alltagsgeschäft (ebd., 351).

Produzieren und Verstehen

Waldmann wie auch Fingerhut sind überzeugt davon, daß die ästhetischen Arbeitsformen der spezifischen Eigenart des Lerngegen-
stands Literatur, der auf der großen Skala zwischen sachlicher Information und gefühlsgeladener Identifikation angeordnet werden

muß, in besonderer Weise gerecht werden können. Diese Einschätzung wird von Harro Müller-Michaels geteilt (1987; 1991), der die produktiven Verfahren in die hermeneutische Spirale integriert und ihre Funktion bei den unterschiedlichen Stufen des Verstehens deutlich zu machen versucht (Müller-Michaels 1987, 236; 1991, 592; vgl. auch Ingendahl 1991, 8). **Produktion und Verstehen** scheint eines der Probleme zu sein, die sich im Zusammenhang mit dem ästhetisch aktiv werden Schüler stellen: umstritten ist z.b. – wie Zabka unter Hinweis auf Küglers Kritik am produktionsorientierten Literaturunterricht fragt –, ob Produzieren ohne Verstehen überhaupt möglich ist. Thomas Zabka hat über die Frage nachgedacht, »welche Arten des Verstehens [...] sich bei welchen Formen produktiver Textbehandlung« ereignen (Zabka 1995, 132). Er geht von dem Brüchen aus, die sich während des literarischen Lernprozesses dann einstellen, wenn eine erfolgreiche Produktion zwanghaft in einen abstrakten zusammenfassenden Diskurs überführt werden muß und befaßt sich mit der Frage, ob eine solche Transponierung immer nötig sei. Zabka, der auf der Basis unterrichtspraktischer Erfahrung argumentiert, gelangt zu dem Ergebnis, daß die mit poetischer Textproduktion einhergehenden indirekten Verstehensvorgänge nicht »minderwertig« seien:

»Ein Textverstehen, das sich in der handelnden Aneignung von Sachgehalten, Stil- und Formphänomenen, Unbestimmtheiten und Sinnstrukturen einstellt, ist seinem Wesen nach nicht die uneigentliche Vor- oder Nachübung eines eigentlichen, diskursiven Verstehens – auch wenn es sich zu dessen Festigung, Vertiefung und Erweiterung sinnvoll einsetzen läßt –, sondern *ein Verstehen sui generis*« (ebd., 142/143; Hervorh. E.K.P.).

Dieses »implizite«, »vorbegriffliche« Verstehen« sei eine »Latenzform des begrifflichen« Verstehens. Wenn der Unterricht auf implizites Verstehen abziele, reiche eine Phase der Produktion und ein anschließender Vergleich der Schülerprodukte mit dem literarischen Ausgangstext. Will der Unterricht aber ein »manifestes Verstehen« erreichen, so müsse in »diskursiven Auswertungsphasen [...] die schwierige Aufgabe« bewältigt werden, »das implizit-ästhetische Verstehen in explizit-begriffliches zu transformieren« (ebd., 143), so daß das Verstehen selbst zum Gegenstand des Unterrichts wird.
　　Diese Unterscheidung in verschiedene **Stufen des Verstehens** ist eine geeignete Basis, um die Ansprüche an literarische Lernprozesse lern- und altersgruppenspezifisch zu begründen: Literaturbezogenes Verstehen läßt sich – vor allem in den Klassenstufen der Primar- und der unteren Sekundarstufe – durch produktive

Arbeitsformen evozieren, ohne daß unbedingt (immer) eine abstrahierende Auswertung stattfinden muß; es läßt sich auf ein höheres Erkenntnisniveau heben (nach Zabka zunehmend ab Klasse 8), wenn die produktionsorientierten Aufgabenstellungen bereits so zielgerichtet formuliert sind, daß sie den Bedarf einer diskursiven Reflexion über die Produkte sowie einer metasprachlichen Begriffsklärung erzwingen.

Eine andere Begründung für einen produktionsorientierten Literaturunterricht liegt in der Antwort auf die »Frage, wie die Funktion von Literatur als eines Mediums der Selbstvergewisserung, des Nachvollzugs fremder Erfahrungsperspektiven, der Reflexion und der differenzierenden Beurteilung von Interaktionszusammenhängen unter den Bedingungen von Unterricht zur Entfaltung gebracht werden kann« (Spinner 1987/88, 610; vgl. auch 1982; 1987b; 1990; vgl. auch Meckling 1991). Schreibende und spielende Schüleraktivitäten, deren Auslöser die Lektüre literarischer Texte ist, werden dann zu **psychisch-sozial-stabilisierenden Faktoren,** die Einfluß nehmen sollen auf individuelle Charakterbildung und -entwicklung. Spinner sieht, wie er später schreibt, in einem kreativen Literaturunterricht die Chance, Hilfe in der krisenhaften »Phase der Identitätsfindung« zu geben, Eigenschaften wie Selbstbewußtsein, Empathie, soziales Verhalten zu fördern und zu unterstützen. Die »Beschäftigung mit dem eigenen Ich, der eigenen Lebenssituation« werde ermöglicht, »Bezüge zu aktuellen Lebenserfahrungen« könnten hergestellt werden, die Hinführung »zum Verstehen anderer Menschen« werde durch die Auseinandersetzung mit den literarisch vermittelten fremden Perspektiven erleichtert (Spinner 1990, 9).

Spinner schlägt im Zusammenhang mit modernen kurzen Geschichten eine Fülle von **Produktions- und spielerischen Aufgaben** vor, die von der 5. bis zur 10. Klasse (beziehungsweise für die Sekundarstufe II) Basis für einen Literaturunterricht sein sollen, in dem »humanes, moralisches Verhalten« ebenso gelernt werde wie »ein kreatives Verhältnis zur Sprache« (ebd., 10): Wenngleich die meisten seiner Vorschläge schreibende Ausgestaltungen entwerfen, gibt Spinner auch handlungsorientierte Hinweise wie ein »Ratespiel mit pantomimischer Darstellung« (ebd., 38), alltägliche »Hörerfahrungen genau festzuhalten« (ebd., 45), »eine Umfrage über früheres Erziehungsverhalten« unter älteren Erwachsenen zu veranstalten (ebd., 57) und die Umformung einer Geschichte, in deren Mittelpunkt ein Toter steht, in ein Theaterspiel (ebd., 82). Spinner argumentiert im Interesse des einzelnen Schülers, der während seiner Schuljahre entscheidende Entwicklungsjahre erlebt. Er erhofft sich von den intensiven, imaginativen und jeden einzelnen Schüler fordernden Arbeiten und Spielen zu Literatur eine die Persönlichkeitsbildung stärkende und unterstützende Wirkung (vgl. auch Spinner 1980).

Kulturelles Handeln im Literaturunterricht

Zu 2.: Didaktiker, deren Modelle zwischen Produktions- und Handlungsorientierung anzusiedeln sind und die mal stärker die eine, mal die andere Richtung favorisieren, verfolgen weniger dezidiert die Frage, wie literarische Lernprozesse in produktionsorientierte Unterrichtsphasen integriert werden können (z.B. Müller-Michaels 1978; Rupp 1986; 1987; 1993a; 1993b). Wenngleich einige dieser Beiträge durchaus dem produktionsorientierten Ansatz – wie er in dieser Darstellung verstanden wird – zuzuordnen sind, so werden die produktiven Schülerarbeiten doch mit anderen Intentionen verbunden: Es geht entweder um den Nachweis alltagsweltlicher Nützlichkeit dessen, was im Literaturunterricht gelernt wird (Müller-Michaels 1978) oder um die Anstiftung weit über die Schule hinausgehender **kultureller Prozesse** beziehungsweise um die »Wiedereingliederung ästhetischer Arbeitsformen in die Alltagswelt der Schüler« (Rupp 1987, 77).

Müller-Michaels, der den **Handlungsbegriff** in die didaktische Literatur eingeführt hat, versteht unter Rezeptionshandlungen auch die tradierten Arbeitsformen wie Kommentieren, Redigieren, Übersetzen, Interpretieren, Kritisieren und Rezensieren (Müller-Michaels 1978, 27–32); die Funktion dieser – wie Müller-Michaels sagt – »produktiven Rezeption« für das »kulturelle Leben der Gegenwart« sucht er nachzuweisen (ebd., 33/34). Gerhard Rupp bleibt nicht bei diesen bekannten Arbeitsformen stehen, sondern konzentriert sich – ausgehend von Müller-Michaels' Handlungskonzept – auf die Herstellung alternativer Texte durch die Schüler: »Die bisher zurückgedrängte, unterdrückte laienhafte Erfahrungsbildung der Schüler und ihre ›Kultur‹ schaffen sich somit selbst ihre ›Texte‹ und versuchen, diese den überlieferten Texten gegenüberzustellen« (Rupp 1987, 79).

Mit der Einführung des Handlungsbegriffs in die Literaturdidaktik wird in diesen Konzepten eine Überführung des literarischen Lernens in das Leben gemeint beziehungsweise eine Einübung in eine kulturelle Praxis, die gleichermaßen in wie auch außerhalb der Schule gültig ist. Müller-Michaels will das Fach Literatur retten unter Hinweis auf Sinn und Funktion dessen, was in Zusammenhang mit diesem Gegenstand gelernt werden kann; Rupp will das

Alltagsleben der Jugendlichen ästhetisieren und erhofft sich von einem handelnden Umgang der Schüler mit Literatur eine Veränderung ihrer Alltagskultur. Daß eine selbstverständliche, alltägliche Integration handlungs- und produktionsorientierter Verfahren in den Deutschunterricht der Oberstufe nicht einfach ist, zeigen im übrigen Müller-Michaels' *Deutschkurse* (1987): Müller-Michaels wertet in dieser Darstellung den regulären Unterricht in einem Grundkurs Deutsch aus, den er über drei Jahre hinweg durchgeführt hat: Weite Teile des Unterrichts bestehen aus den bekannten, lehrerdominierten Interpretationsgesprächen.

Wenn der Handlungsbegriff an erster Stelle steht (Haas 1984; 1997), verschiebt sich die Akzentuierung: Hervorgehoben wird das »praktische Handeln« und der »aktive Gebrauch der Sinne« beim »Umgang mit gegebenen Texten« (Haas/Menzel/Spinner 1994, 18). Während die Produktion auf das »Erzeugen von neuen Texten« ausgerichtet ist und stärker kognitive Fähigkeiten beansprucht (ebd., 18), erlauben Handlungen musikalische, darstellende, bildliche und spielende Reaktionen auf die Lektüre literarischer Texte. Die **sinnliche Komponente des Lesens** wird betont, die »Aktion des persönlich als sinnvoll und lustvoll erfahrenen Lesens« wird ebenso hervorgehoben wie die Tatsache (Haas 1984, 17), daß Literatur nicht nur kritische, emanzipatorische und literarische Kompetenzen vermittle, sondern auch »emotive und kreative« (Haas 1997, 36). Analytische Arbeit an Texten nehme – so zeigt Haas in einer graphischen Darstellung – im Verlauf von dreizehn Schuljahren immer mehr zu; mindestens in den ersten sieben Jahren sollen aber handlungs- und produktionsorientierte Anteile dominieren. Sie bestimmen auch in den letzten Jahren der Sekundarstufe I noch große Teile des Literaturunterrichts (ebd., 47).

Diese Reihenfolge und Gewichtung hält Haas für wesentlich, weil »kritisch-analytisches Lesen ohne das breite Fundament einer affektiv-emotiven Einübung und Bejahung von Leseprozessen [...] primär der Zerstörung einer [...] auf Lesen bezogenen Erwartungshaltung, und, falls in Ansätzen bereits ausgebildet, der Leselust und Lesemotivation« diene (ebd., 46/47). Haas geht es eher darum, **begeisterte Leser auszubilden** als darum, literarische Lernprozesse zu initiieren. Entschiedener als die bisher genannten Didaktiker setzt sich Haas dafür ein, den Literaturunterricht für emotionale Erfahrungen und spielerische Freiräume zu öffnen. Mit seiner handlungs- und produktionsorientierten Konzeption will er die »kognitive Dominanz des herrschenden Unterrichts mildern«, »die Übermacht der reflexiv-passiven Aneignung von Literatur in der Schule« abbauen, »die instrumentale Verwendung von Texten«

zurückdrängen und »dem Lesen [...] seine Authentizität wenigstens ein Stück weit« zurückgeben (ebd., 50).

Die handlungsorientierte Ausrichtung des Literaturunterrichts ist nicht unkritisiert geblieben (zuletzt Licher 1995, die als eine Folge dieser literaturdidaktischen Entwicklung den »›Auszug der Theorie‹« aus der Lehrerbildung und einen grassierenden »Antiintellektualismus« beklagt; 342/343; vgl. auch Kämper-van den Boogaart 1996, 41–46). Karlheinz Fingerhut hat sich schon 1987 mit dem wechselnden Gebrauch des Handlungsbegriffes in der Geschichte der Didaktik seit den sechziger Jahren befaßt, der mal lehrer-, mal forschungs- und erst zuletzt schülerbezogen verwendet wurde, und stellt eine Abnutzung wie auch Verwischung der begrifflichen Schärfe fest. In neuen fachdidaktischen Konzepten werde der Handlungsbegriff als »eine Metapher« verwendet und meine »einen anderen, einen im Spektrum der Lese- und Verstehensoperation erweiterten Literaturunterricht, dessen Fundierung die ›ästhetische Erfahrung‹ durch Formen selbständiger und ungelenkter individueller oder kollektiver Rezeptionsweisen ist« (Fingerhut 1987/88, 596). Bei dem Versuch, den Handlungsbegriff neu zu definieren, trennt Fingerhut zunächst zwischen **Verstehen und Handlung** (ebd., 593): Handlung sei kein Verstehen. Handlungen könnten mit Verstehen zu tun haben, müßten es aber nicht zwangsläufig. Rezeption hingegen habe zwangsläufig etwas mit dem Prozeß des Verstehens zu tun. Handlung siedelt Fingerhut auf den »unteren Ebenen der einzelnen, zielgerichteten Operationen« an (ebd., 599), ausgeführte Operationen gingen immer auch mit Verstehen einher und seien somit höherwertig. Fingerhut übt Kritik an der unpräzisen Verwendung literaturdidaktischer Termini, die zu Hohlwörtern verkommen, wenn sie nur Gebrauch finden, weil sie positiv besetzt sind und als zeitgemäß gelten. Er kritisiert nicht grundsätzlich die produktive Ausrichtung des Literaturunterrichts.

Kritische Diskussion um die Produktionsorientierung

Das aber tut Hans Kügler (1988a und b; 1989). Kügler geht mit den produktions- wie handlungsorientierten Modellen hart ins Gericht: ›Überproduktivität‹ der Schüler verhindere bei Waldmann, daß Verstehen überhaupt erreicht werden könne (1988a, 5/6); Haas demonstriere mit seinem handlungs- und produktionsorientierten Literaturunterricht ein »sekundäres Verhältnis zur Literatur« (ebd., 6); theoretische und praktische Widersprüche im Gebrauch des Handlungsbegriffes werden Müller-Michaels nachgewiesen (ebd., 7). Während Kügler diese drei didaktischen Entwürfe neben kritischen Einwänden auch würdigen kann, wird Gerhard Rupps didaktisches Modell vernichtend kritisiert. Rupps überanstrengter Gebrauch der Handlungsorientierung und seine Verzerrung der literarischen Rezeption – so Kügler – führe dazu, daß

»der poetische Text selbst [...] reduziert [wird] zum ›Formular‹« und erzeuge »durch systematisch entstellte Texte [...] einen absoluten, vom Schüler nicht mehr umgehbaren Rezeptionszwang« (ebd., 8).

Kügler spricht von »geschundenen Texten« (ebd., 8). Im Unterschied zu Fingerhut hält Kügler den Produktionsbegriff für noch »anfechtbarer«, weil er »die mystifizierende Gleichsetzung von Autor und Schüler« unterstelle und nicht deutlich mache, daß der Schüler »nur parasitär, d.h. mit vorgefertigten Materialien des Autors spielend an der Textproduktion beteiligt ist« (ebd., 9).

Küglers heftige und zum Teil polemische Angriffe haben eine über mehrere *Praxis Deutsch*-Hefte hinweg geführte Debatte zwischen Rupp, Haas und Waldmann auf der einen und Kügler auf der anderen Seite ausgelöst (Rupp 1988; Haas/Rupp/Waldmann 1989; Waldmann 1989). Rupp wehrt sich vor allem gegen die stillschweigende Voraussetzung der Küglerschen Kritik, daß der literarische Text eine »richtungsgebende Größe für das gesamte Geschehen des Literaturunterrichts« sei; dieser »verstaubte Literaturbegriff« sei der modernen Literatur nicht angemessen (Rupp 1988, 6). Waldmann wirft Kügler einen überholten »Textfetischismus« vor (Waldmann 1989, 4). Auch Haas weist Küglers Wertschätzung des literarischen Werkes zurück und befindet es wichtiger, »ob ein Leseunterricht den *Schülern*, ihren unterschiedlichen Interessen, Begabungen und intellektuellen wie emotionalen Möglichkeiten entspricht« (Haas/Rupp/Waldmann 1989, 6/7). Kügler beharrt in einer späteren Erwiderung darauf, daß dem autonomen literarischen Werk im literarischen Lernprozeß eine unangefochtene Primärstellung zukomme und der Schüler sich diesem unterzuordnen habe (Kügler 1989, 4; ausführlicher und weniger polemisch 1996).

Wenn man dieser Einschätzung folgt, trifft Küglers Kritik einen wahren Kern: Sowohl in der produktiven als auch in der handlungsorientierten Initiierung literarischer (Lern)Prozesse geht es um eine **schülergerechte Literatur-Vermittlung,** in der – je nach Akzentsetzung – das literarische Werk durchaus im Mittelpunkt, in der es aber auch nur eine Randstellung einnehmen kann. Andererseits wird die Auflösung eines monolithischen Kunstwerk- beziehungsweise Textbegriffs und der bastelnd-schreibend-spielende

Umgang mit Literatur durch neue literaturtheoretische Entwicklungen unterstützt (vgl. z.b. Paefgen 1997c): Die ästhetische Aktivierung eines engagierten Lesers ist weniger Erfindung der produktions- und handlungsorientierten Didaktiker als vielmehr konsequente Fortsetzung eines strukturalistisch, rezeptionstheoretisch und nicht zuletzt eines poststrukturalistisch aufgebrochenen Literaturverständnisses sowie einer veränderten Schreibweise in der Literatur des 20. Jahrhunderts. Wie wichtig dieser theoretische beziehungsweise literarische Zusammenhang ist, zeigt vielleicht die Tatsache, daß das Konzept des produktions- und handlungsorientierten Literaturunterrichts inzwischen fast zwanzig Jahre existiert; und es gibt keine Anzeichen für ein Ende dieser ›Epoche‹. Es scheint – wie andere literaturdidaktische Novellierungen der Nachkriegszeit auch – Teil des normalen Literaturunterrichts geworden zu sein, ohne weitere welt- und menschheitsverändernde Folgen gezeitigt zu haben.

Gleich mit welcher Einstellung Didaktiker und Lehrer dieser Richtung gegenüberstehen mögen, können sie doch nicht ignorieren, daß diese Entwicklung Gründe haben muß, vielleicht folgende:

• Wenn die Autorität des Autors an Bedeutung verliert und das literarische Werk als sprachlich ›gemachtes‹ verstanden wird, liegt ein ästhetisch aktiv werdender Leser nahe.
• Die ästhetische Aktivierung ist in besonderer Weise für eine exemplarische Vorgehensweise geeignet und kann die Lektüre umfangreicher literarischer Werke – vor allem bei lernschwachen Schülern – ersetzen.
• Moderne Literatur provoziert nicht selten aktive Eingriffe des Lesers.
• Produktive Phasen, in denen alle Schüler zum gleichen Zeitpunkt tätig sein müssen, stellen eine mögliche Alternative zu einem immer nur einzelne Schüler aktivierenden Interpretationsgespräch vor.

Abgesehen davon, daß die traditionellen analytisch-interpretierenden Formen des Sprechens und Schreibens über Literatur wahrscheinlich nach wie vor den größten Teil der tatsächlich stattfindenden Deutschstunden bestimmen, bildet das Konzept des ästhetisch aktivierten Schülers – vielleicht aus oben genannten Motiven – zur Zeit das didaktisch am intensivsten ausgearbeitete Gegen- oder Ergänzungsmodell zu diesem Alltag (vgl. dazu auch Waldmann 1999).

3. Neue lesedidaktische Diskussionen

Neben einer angeregt geführten Kanondiskussion (vgl. II.1) fallen für die ersten Jahre des neuen Jahrhunderts intensivierte lesedidaktische Reflexionen auf. Zwei Faktoren sind ausschlaggebend dafür, daß Lesen augenblicklich stärker fokussiert erscheint als Schreiben: zum einen die Arbeiten zur ›Lesesozialisation in der Mediengesellschaft‹, die stärker als bisher psychologisch-empirische Forschungsimpulse in die Deutschdidaktik bringen; und zum anderen die PISA-Studie, die auf die schlechten Leseleistungen deutscher Schüler zum Ende der Sekundarstufe I aufmerksam gemacht hat. Beide Studien haben auf jeden Fall dazu geführt, daß dem Lesen eine intensivierte Aufmerksamkeit geschenkt wird und es nunmehr als eine Tätigkeit betrachtet wird, die über die ersten Schuljahre hinaus eine längere Schulung verträgt.

Lesen im Umfeld neuer Medien

In jüngerer Zeit hat sich eine **mediendidaktische Diskussion** entwickelt, die im Kontext der Lesesozialisationsforschung arbeitet und argumentiert. In diesen Forschungszusammenhängen werden neuen technologischen Entwicklungen erhebliche Bedeutung beigemessen, wenn es um die Frage der Herausbildung von Lesekompetenz geht. Von besonderem Interesse sind neue mediale Möglichkeiten, die in Verbindung stehen mit dem Computer (CD-Roms, Hypertexte, Internet etc.), den Kommunikationstechnologien (SMS, Zeitungen etc.) sowie dem TV- und Audiobereich (Daily Soaps, Videoclips, Hörbücher etc.). Ausgangspunkt ist, daß Lesen angesichts einer immer perfekteren multimedialen Umgebung nur noch im Zusammenhang mit diesen technischen Informations- und Unterhaltungselektroniken untersucht werden kann.

Dieses Themenfeld spielt auch im 1999 erschienen *Handbuch Lesen* eine Rolle, wenngleich mit diesem neuen Standardwerk versucht wird, möglichst viele Bereiche abzudecken, die mit der Geschichte der Lesens ebenso zu tun haben wie mit Buchhandel und Bibliotheken sowie mit psychologischen, didaktischen und lesesozialisatorischen Fragen (Franzmann u.a. 1999). Es ist aber immerhin bezeichnend, daß es einige Beiträge zu Thema ›Lesen und Medien‹ gibt, wenngleich es im Rahmen eines Handbuchs eher um einen Überblick gehen kann und weniger um spezifische Einzelforschungen. Diese hat u.a. Andrea Bertschi-Kaufmann (2000) vorgelegt, wenn sie **Lese- und Schreibaktivitäten** von Primarschulkindern »in einer Medienumgebung« als Gegenstand der Studie untersucht. Bertschi-Kaufmann stellt Schweizer Grundschülern ein breites Buchangebot zur Verfügung sowie Computer und CD-Roms. Die Schüler können in offenen Unterrichtsformen je nach Interessenlage auswählen, müssen aber ein Lesetagebuch führen, das von Bertschi-Kaufmann als schriftliche Dokumentation ausgewertet wird. In ihrem Resümee gelangt die Verfasserin zu dem Ergebnis, daß sowohl die alte Kinderliteratur als auch die neuen (einfacheren) PC-Medien ihren Beitrag zu einer Leseförderung leisten, vor allem wenn die aktuelle Kinderliteratur in breiter Form geboten wird und wenn phantastische Lesestoffe zur Auswahl bereit stehen.

Vergleichbare Fragen werden auch in einem Forschungsverbund bearbeitet, der seit 1998 unter dem Thema ›**Lesesozialisation in der Mediengesellschaft**‹ Wissenschaftlerinnen und Wissenschaftler unterschiedlicher Disziplinen vereinigt. Aus sozial- und kulturwissenschaftlicher wie auch aus psychologischer und kommunikationswissenschaftlicher und nicht zuletzt literaturdidaktischer Perspektive wird in diesem größeren Forscherzusammenschluß versucht, das Verhältnis zwischen Lese- und Medienkompetenz neu zu bestimmen. Erste Ergebnisse sind in den beiden Bänden dokumentiert, die Norbert Groeben und Bettina Hurrelmann zur *Lese-* bzw. zur *Medienkompetenz* herausgegeben haben. Im Mittelpunkt steht als normative Leitidee das »Menschenbild des ›gesellschaftlich handlungsfähigen Subjekts‹« (Groeben 2002a, 5).

Der erste Band widmet sich der *Lesekompetenz* (Groeben/Hurrelmann 2002). Lesen wird nicht nur auf literarische Leseprozesse bezogen, sondern auf »das Lesen [...] aller möglichen Lektürestoffe«, wenngleich zugestanden wird, daß es mit Blick auf die Rezeptionsanforderungen sinnvoll sein kann, eine »heuristische Spezifizierung von unterschiedlichen Textsorten« vorzunehmen (Groeben 2002, 12). ›Kompetenz‹ wird begriffen als »ein individuelles Potenzial dessen, was eine Person unter idealen Umständen zu leisten im Stande ist« (ebd., 13).

Ein wesentliches Ergebnis der sowohl historisch als auch psychologisch und didaktisch ausgerichteten empirischen Studien ist die Bedeutung der sogenannten »**Anschlußkommunikation**«. Damit sind nicht einfach nur Gespräche und mündlicher Gedankenaustausch gemeint, die sich auf die jeweiligen Lektüren beziehen und in denen Anregungen, Fragen, Stellungnahmen und Erkenntnisse, die durch das Gelesene entstanden sind, verbalisiert und mit anderen ausgetauscht werden. Hurrelmann versteht darunter »eine reflexionsbezogene Fähigkeitskomponente, die [...] für die retrospektive Überprüfung des Verstandenen durch Vergleich mit dem (inter-)textuellen Wissen, dem Weltwissen, den emotionalen Erfahrungen, den normativen Orientierungen der Lesenden« zuständig ist (Hurrelmann 2002, 278–279). Allgemein wird aber die Herausbildung dieser Fähigkeit wichtig befunden für die »soziale Dimension von Lesekompetenz« (ebd., 279). Hurrelmann ist vorsichtig, was eine mögliche besondere Stellung literarischer Lektüren in diesem Zusammenhang angeht, schließt eine solche aber nicht ganz aus (ebd.). Die gängige Form der Anschlußkommunikation, nämlich die schulische, steht nicht im Zentrum der Aufmerksamkeit, sondern nimmt eine singuläre Position ein bzw. wird unter einer anderen Fragestellung verhandelt (vgl. Rupp 2002).

Mit den Studien zur *Lesesozialisation in der Mediengesellschaft* (Groeben/Hurrelmann 2004) finden die Arbeiten dieser interdisziplinären Forschergruppe ihren vorläufigen Abschluß. Der Ton wird strenger, entschiedener; nun wird mit den vorgetragenen Positionen ein **normativer Anspruch** verbunden. Es ist interessant, daß in dieser resümierenden Darstellung »stringent« getrennt wird zwischen **Unterhaltungs- und Informationslesen** (Groeben 2004, 28). Dabei wird als Ergebnis empirischer Studien festgehalten, daß Unterhaltungslesen nicht nur in erster Linie eine eskapistische Funktion erfüllt, sondern daß es ratsam ist, dieses Fluchtlesen »normativ als ein anthropologisches Grundbedürfnis« zu akzeptieren (ebd., 22). Festgestellt wird auch, daß sich diese evasorischen Bedürfnisse inzwischen eher mit Hilfe anderer Medien erfüllen lassen, »während das für die Informationsfunktion deutlich weniger gilt« (ebd., 21). Aus diesem Grund fragt Groeben, ob es nicht sinnvoll ist, »beim Konzept der Lesekompetenz primär von Informationstexten auszugehen und sich auf die kognitiven Teilkompetenzen als Kompetenzdimensionen zu konzentrieren (s. PISA-Konzeption) [...]«, vor allem »weil diese Konzentration empirisch und normativ am besten den Funktionen entspricht, die das Lesen in unserer Mediengesellschaft haben *kann* und haben *sollte*« (ebd.). Der andere Pol – das Unterhaltungslesen – wird ebenfalls im Rahmen »der normativen Zielidee einer angestrebten gesellschaftlichen Entwicklung« diskutiert (ebd.), wird aber von Groeben weniger stark gewichtet als das Informationslesen.

Das bedeutete das **Ende des Literaturunterrichts**. Lesearbeit an literarischen Texten, die sich nicht dem Unterhaltungssektor zuordnen lassen, läßt sich nach diesen ›normativen‹ Vorgaben nicht mehr begründen und nicht mehr legitimieren. Mit dem Anspruch, aus empirisch entstandenen Ergebnissen normative Setzungen auch für lesedidaktische Fragen ableiten zu können, wird die alternativlose Zweiteilung von Unterhaltungs- und Informationslesen als Faktum formuliert. Abgesehen davon, daß es nicht ganz einfach ist, die Unterscheidung im einzelnen immer treffen (und durchhalten) zu können, fällt bei dieser Polarisierung auch auf, daß andere »Formen des Lesens« nicht (mehr) vorkommen (Maurer 1977; Kämper-van den Boogaart 1997a). Didaktisch ließe sich daraus nur folgern, daß zukünftig in erster Linie **informatorisches Lesen** gelehrt und daß auf die Möglichkeit des Unterhaltungslesens aufmerksam gemacht wird. Das Lesen komplexer literarischer Texte, das weder aus informatorischen Gründen noch mit Unterhaltungsabsichten geschieht, paßt nicht mehr in dieses Raster; und eine theoretisch begründete Lektüre schulklassischer Texte erst recht nicht (Förster 2000).

PISA und die Folgen für die Lesedidaktik

Die internationale **PISA-Studie** (*P*rogramm for *I*nternational *S*tudent *A*ssessment), die die **Lesekompetenz** von 15jährigen Schülern in über 30 OECD-Ländern getestet hat, hat mit der Veröffentlichung der Ergebnisse 2001 entscheidende Impulse für lesedidaktische Fragen und Forschungen gesetzt (Artelt u.a. 2001; zu den didaktischen Reaktionen Abraham vgl. u.a. 2003; Kämper-van den Boogaart 2004a; Karg 2005). Die deutschen Schüler schnitten in diesem internationalen Vergleich schlecht ab. Als gravierend erwies sich dabei der Zusammenhang zwischen sozialer Herkunft und der Leseleistung, der sich in den überdurchschnittlich schlechten Ergebnissen der Hauptschüler spiegelte. Gravierend war, daß männliche Schüler deutlich schlechtere Ergebnisse erzielten als weibliche; und nicht zuletzt beunruhigte die geringe Leselust der deutschen Schüler, die außerhalb des Pflichtprogramms seltener zum Vergnügen lasen als viele ihrer Altersgenossen in anderen europäischen und außereuropäischen Ländern.

Den im Rahmen von PISA durchgeführten Tests liegt ein **sachlich-pragmatischer Begriff von Lesekompetenz** zugrunde, der Lesen als die Fähigkeit definiert, »»geschriebene Texte zu verstehen, zu nutzen und über sie zu reflektieren, um eigene Ziele zu erreichen, das eigene Wissen und Potential weiterzuentwickeln und aktiv am gesellschaftlichen Leben teilzunehmen‹« (zitiert nach: Artelt u.a. 2001, 80). Lesekompetenz wird also vorrangig verstanden als ein ›verstehender Umgang mit Texten‹.

Der größte Teil der PISA-Aufgaben mißt die Fähigkeit der Schüler, »**Informationen** aus dem vorgegebenen Text herauszusuchen [...] oder eine **Textinterpretation** vorzunehmen« (ebd., 82). Bei einem geringeren Teil der Aufgaben müssen die Schüler über

den Text hinausgehen und zu einer **Reflexions- oder Bewertungs-
leistung** gelangen. Für jede dieser Fähigkeiten (Informationsentnahme, Interpretation, Bewertung) wurden jeweils fünf Kompe-
tenzstufen ermittelt (insgesamt also 15 Parameter), von denen die
erste Kompetenzstufe von einer sehr einfachen und die fünfte von
einer komplexen Lösung der gestellten Aufgaben ausgeht (ebd.,
89). Dabei wurde zwischen einem internationalen und einem nationalen Test unterschieden: Während der internationale Test sich
auf die »Erfassung von Verstehensleistungen« konzentrierte (ebd.,
79), wurde mit dem nationalen Test nach dem »*Lernen aus Texten*«
gefragt (ebd.). Hier geht es um »Behaltens- und Erinnerungslei-
stungen« sowie darum (ebd., 84), wie das neu erworbene Wissen
»aktiv mit bereits vorhandenem Wissen in Beziehung gesetzt wird«
(ebd., 80). Das Stichwort ›Vorwissen‹ spielt in diesem Zusammenhang eine wichtige Rolle.

Auch wenn die **Ergebnisse der PISA-Studie** in der Deutschdidaktik akzeptiert werden und wenn am schlechten Abschnei-
den vieler deutscher Schüler nicht ›gedeutelt‹ wird, so sind einige
Grundannahmen der internationalen Studie in der deutschdidaktischen Diskussion nicht unumstritten. Kritisch diskutiert wird die
pragmatische Auffassung von Lesekompetenz, die dem angelsäch-
sischen Raum entstammt und die weder mit der deutschen Tradition noch den Lesesozialisationsforschungen des letzten Jahrzehnts
in Übereinstimmung zu bringen ist. So spricht Bettina Hurrelmann
von einem »instrumentell« geprägten »Begriff von Lesekompetenz,
der den kognitiven Prozeß der Informationsentnahme von Texten
in den Mittelpunkt stellt« und grenzt ihre eigene Auffassung von
›**Lesen als kultureller Praxis**‹ von dieser vorwiegend pragmatischen
Dimension ab (Hurrelmann 2003, 11). Kritisch verhandelt wird
auch, daß die Testaufgaben vorwiegend auf pragmatischen Texten
basierten und daß literarische Texte seltener berücksichtigt wurden. Und wenn mit literarischen Texten gearbeitet wird, lassen sich
nicht wenige Einwände gegen Fragen und erwartete Ergebnisse
vorbringen (vgl. dazu z.B. Karg 2003, 107–111; Kämper-van den
Boogaart 2004b, 72–76).

Unklarheiten werden auch konstatiert, was den **lerntheoreti-
schen Begriff des Lesens** angeht bzw. die motivationspsycholo-
gische Komponente, die mit dem freiwilligen Bücherlesen in der
Freizeit verbunden ist und die nicht unbedingt mit der (deutschen) Lesesozialisationsforschung übereinstimmt (vgl. Holle
2004, 16/17). Auch die Testtheorie und die dem Test zugrundeliegende Auffassung von Testverstehen werden kritisch unter die
Lupe genommen (Bremerich-Vos/Wieler 2003). Hingegen zieht

Jürgen Grzesik (2003) aus der Analyse der internationalen Test-konstruktion die Konsequenz, daß es sinnvoll sei, in der deutschen Schullandschaft eine »Testkultur aus Testtheorie und Testpraxis« zu entwickeln. Als positives Ergebnis verzeichnet Grzesik den Wandel von einer ideologisch geprägten Diskussion über Bildungsziele hin zu einer **Diskussion über Kompetenzen.** Wenngleich diese auch nicht immer »wertfrei« seien, so böten sie doch – vor allem in Verbindung mit »**Bildungsstandards**« die Chance der Konkretisie-rung dessen, was Schülern vermittelt werden soll bzw. zu welchen Ergebnissen sie geführt werden sollen (Grzesik 2003, 161).

Es sind denn auch die Kompetenzen und Standards, die aus der gegenwärtigen bildungspolitischen Diskussion nicht wegzu-denken sind und die den literarischen Teil des Deutschunterrichts nicht unberührt lassen. Dabei sollen Bildungsstandards festlegen, »welche Kompetenzen die Kinder oder Jugendlichen bis zu einer bestimmten Jahrgangsstufe erworben haben sollen [...] (Bildungs-standards 2003, 13). Kompetenzen werden verstanden als »›die bei Individuen verfügbaren oder durch sie erlernbaren kognitiven Fähigkeiten und Fertigkeiten, um bestimmte Probleme zu lösen‹« (ebd., 15). Wenn sie Fähigkeit, Wissen, Verstehen, Können, Han-deln, Erfahrung und Motivation umfassen sollen (ebd., 59), wird deutlich, daß mit dem Begriff eigentlich das ganze Spektrum des-sen erfaßt ist, das am Lernen beteiligt ist. Mit Kompetenzen sind auf jeden Fall im weitesten Sinne die Dispositionen der Lernenden gemeint, während Standards Zielorientierungen vorgeben (deren Erreichen dann Gegenstand von evaluierenden Tests sein soll) (vgl. die kritische Auseinandersetzung mit Standards bei Kämper-van den Boogaart 2004 c).

Auch wenn diese Entwürfe unter großem zeitlichen Druck hergestellt wurden und zum momentanen Zeitpunkt noch nicht von einer durchdachten und fundierten Konzeptionen sowie von präzisen Formulierungen gesprochen werden kann, ist insgesamt eine **Tendenz zur Normierung** unverkennbar. Diese Normierung betrifft auch die Inhalte des literarischen Teils des Deutschunter-richts, die sich vielleicht nicht grundlegend ändern, die aber durch formulierte Eingangs- und Abschlußprofile, durch die dezidierte Auffächerung in methodische und fachliche Kompetenzen sowie durch die Festlegung von literaturspezifischem Orientierungswis-sen eine stärkere Zielorientierung ansteuern und eine Überprüf-barkeit (durch landesweite Vergleichsarbeiten bzw. zentral gestellte Abiturthemen) sichern (vgl. dazu auch Fingerhut 2004; Köster 2004). Während vormals reflektiert wurde, welche Inhalte und Methoden *gelehrt* werden sollen (Input) kommt es nunmehr darauf an, **was *gelernt* worden ist und welche Ergebnisse** sich zu einem bestimmten Zeitpunkt erfolgreich abprüfen lassen (Output). Eine solche Orientierung verlangt deutliche Aufgabenformulierungen bzw. eindeutige Fragen; solche Momente werden nunmehr auch mit der Lektüre literarischer Texte (wieder) enger verknüpft als in den rezeptionsdidaktisch geprägten Phasen seit den 1980er Jahren.

Literatur-Lesen und Standards

Es ist aber eben dieser **Trend zur Standardisierung**, der in Verbindung mit der Lektüre literarischer Texte umstritten ist. Kaspar H. Spinner beklagt, daß die für literarische Lektüreprozesse konstituierenden Momente wie »Möglichkeitssinn«, Imaginations- und »Identitätsbildung« bei einer vorwiegend pragmatischen Auffassung von Lesen nicht länger berücksichtigt werden können (Spinner 2003, 247). Er äußert sich denn auch – ganz im Unterschied zu Grzesik – skeptisch, was eine sogenannte ›Testkultur‹ angeht, weil die »Aufgabentypen nach PISA« nicht unbedingt dem literarischen Lesen bzw. der Ambiguität literarischer Texte gerecht werden (Spinner 2003, 246). »Wenn Konsequenzen aus PISA gezogen werden, gilt es darauf zu achten, dass im Unterricht nicht eine **Reduzierung auf das erfolgt, was PISA testet**« (ebd., 247). Genau diese Reduktion scheint schnell stattgefunden zu haben, so daß sich Spinner zwei Jahre später veranlaßt sieht, darauf hinzuweisen, welche Probleme gerade für den literarischen Teil des Deutschunterrichts erwachsen, wenn eine Standardorientierung Überhand nimmt. Er versucht deutlich zu machen, was verlorengeht, wenn »der Schüler [...] im standardisierten Unterricht zurechtgestutzt wird« (2005, 8). Spinner nennt es »das *Umkippen von Subjektivität in Objektivität*« (ebd.).

Insbesondere literarisches Verstehen, das aus einer Balance von genauer Textwahrnehmung und subjektivem Angesprochensein bestehe, lasse sich eben durch standardisierte Formen der Leistungsmessung nicht oder schlecht messen: Den Schülern werde einerseits suggeriert, »persönliches Empfinden sei gefragt«, andererseits aber werde jeweils nur der »objektbezogene Teil der Antwort« akzeptiert (ebd.). Dabei sei es gerade das Zusammenwirken zwischen anspruchsvollen Standards auf der einen Seite und aspektreicher Aufgabenformulierung auf der anderen Seite, das dann aber in der Mischung zu Trivialisierungen und Reduktion von Komplexitäten führe; kurz gesagt die dürftigen Aufgaben werden den anspruchsvollen Standards in keiner Weise gerecht.

Spinner erinnert in diesem Zusammenhang ganz zu Recht an die Phase der Lernzielorientierung, in der bescheidene Unterrichtsmodelle mit »mächtig ausgreifenden Lernzielbeschreibungen« versehen wurden (ebd., 6). Allerdings hatten Lernziele nur die Funktion der Ergebniskontrolle, während Standards mit dem Anspruch »einer verlässlichen Überprüfung des Leistungsstands« verbunden werden und damit eine weit über eine Unterrichtsstunde oder -einheit hinausgehende Beurteilung aussprechen wollen (ebd.). Spinner kritisiert darüber hinaus die **neuen Unterrichtsmaterialien**, die schon allein durch ihre Titelwahl in die Nähe von »technizistisch, polizeilich und militärisch konnotierten Wörtern« kämen und auch inhaltlich-methodisch signalisieren, wie sehr die Schüler gerade im Bereich der Leseübungen ›trainiert‹, ›abgerichtet‹ und ›gegängelt‹ werden sollen (ebd., 11).

Spinners Beitrag, der sowohl die Folgen aus der PISA-Studie konzentriert zusammenfaßt als auch eine dezidierte Kritik an eben diesen Folgen übt, hat eine Debatte ausgelöst, deren Ende noch nicht abzusehen ist (Wieler 2005; Abraham 2005; Becker-Mrotzek 2005; Willenberg 2005; Jonas 2005; Ossner 2005). Dabei erfahren seine pointiert vorgetragenen Thesen durchaus Zustimmung, werden aber auch deutlich zurückgewiesen. Abraham spricht sich für »ein Mindestmaß der Vergleichbarkeit und verlässlich vorhandener ›Kompetenz‹« aus, das »in einer Gesellschaft der wachsenden Vielfalt (mit all ihren Konsequenzen für Lernvoraussetzungen und Bildungsinteressen)« gewährleistet sein müsse (Abraham 2005, 9); Becker-Mrotzek kritisiert Spinners Schlußfolgerungen und sieht die Aufgabe der Fachdidaktik darin, zu erarbeiten, »welche Kompetenzen zu den unverzichtbaren Voraussetzungen im Fach Deutsch gehören« (Becker-Mrotzek 2005, 12); und Jakob Ossner zieht aus Spinners Kritik an den neuen Aufgaben, die in Verbindung mit literarischen Texten gestellt werden, die Konsequenz, die *Formulierung* solcher Aufgaben zu überdenken und sie sprachlich zu präzisieren (Ossner 2005, 21).

Auf jeden Fall steht Lesen nunmehr verstärkt unter Beobachtung und wird fast mehr ›trainiert‹ als gelehrt. Das zeigt sich auch an dem häufig verwendeten **Begriff der Lesestrategie** (vgl. z.B. Abraham 2003; Willenberg 2004). (Spinner weist auf die militärische Konnotation dieses Begriffs hin; Spinner 2005, 11.) Insbesondere die Ausführungen von Heiner Willenberg machen deutlich, daß es sich dabei eigentlich um alte und lange eingeführte Arbeitstechniken handelt: Lesen mit Stift und Papier, Markieren wichtiger Passagen, lautes, leises und wiederholtes Lesen, Zwischenüberschriften finden, Exzerpte anfertigen, Notizen vor und

nach der Lektüre (vgl. Übersicht in Willenberg 2004, 15). Auch
jüngere Versuche, Lesen als »sprachästhetische Basisqualifikation«
zu verstehen, gehen in diese Richtung (Paefgen 2000). Wenngleich
diese Arbeitsformen also nicht neu sind, so sind sie nach PISA
neu entdeckt und mit dem Ziel versehen worden, den Schülern
Methoden an die Hand zu geben, die sie nach einiger Übung selbständig anwenden können.

Daß Lesen in den literaturdidaktischen Reflexionen augenblicklich stärker fokussiert erscheint als Schreiben oder gar der
mündliche Teil, zeigt sich an den vielen Versuchen, auf PISA per-
spektivisch zu reagieren. Während Ulf Abraham dafür plädiert, für
eine Steigerung der Lesekompetenz das Lesen mit dem Schreiben
zu verbinden (Abraham 2003), konzentrieren sich andere Didaktiker darauf, welche früh ergriffenen Präventionsmaßnahmen Le-
seprobleme verhindern können (Holle 2004); wie durch verstärkte
Einbeziehung der Eltern Lesekompetenzschwächen ausgeglichen
werden können (Belgrad 2004); wie Lesen systematisch beobachtet
und gefördert werden kann (Baurmann/Müller 2005). Auch das
Verhältnis von Kanon und Kompetenzorientierung wird zustimmend (Müller-Michaels 2004) und kritisch reflektiert (Kammler
2004). Diskutiert wird auch, welche Rolle das **Lesen von Sachtexten** spielen kann, wenn eine andere Lesehaltung und eine Verbesserung der Leseleistung angestrebt wird (exemplarisch in: *Praxis
Deutsch* (2005) H. 189; vgl. auch Hummelsberger 2003; Paule
2003).

Es ist interessant, daß die IGLU-Studie (*I*nternationale-*G*rund-
schul-*L*ese-*U*ntersuchung), die die Leseleistungen von Grundschülern getestet und die für die deutschen Schüler zu einem guten
Ergebnis geführt hat, weniger Beachtung gefunden hat als PISA
(vgl. Bos u.a. 2003). Erfolge beunruhigen weniger als Mißerfolge.
PISA hingegen hat in kurzer Zeit die didaktische Diskussion um
die Aufgaben des Literaturunterrichts intensiviert. Wenn man die
literaturdidaktische Situation vier Jahre nach PISA vorsichtig resü-
miert, zeichnen sich **folgende Trends** ab:

- Weil im PISA-Test vor allem die Lesekompetenz getestet wird,
  konzentriert sich die literaturdidaktische Aufmerksamkeit zur
  Zeit auf das Lesen, und zwar insbesondere auf die Leseleistun-
  gen der Schüler in den mittleren Schuljahren vor allem der
  Haupt-, Real- und Gesamtschulen, aber auch der Gymnasien.
  Deutlich geworden ist, daß gerade schwächere Schüler sowohl
  genaue Leseanleitungen brauchen als auch Lesestunden und
  Lektüreangebote zur Bildung und Steigerung von Motivation.

- Literaturdidaktische Konzeptionen stehen im Grunde vor einer widersprüchlichen Aufgabe: Einerseits sollen die Schüler zu einem genauen Lesen angeleitet werden, das einer testenden Überprüfung standhält, andererseits aber sollen sie dazu verführt werden, auch außerhalb der Schule freiwillig zu lesen. Daß es sich dabei um zwei konträre Lesehaltungen handelt und daß diese Spanne nicht in jedem Fall mit ›Unterhaltungs- und Informationslesen‹ erfaßt werden kann, wird in den didaktischen Reflexionen nicht immer berücksichtigt.
- Für die Sekundarstufe I tritt möglicherweise die Lektüre umfangreicher und älterer literarischer Werke zurück (z.b. Novellen und Dramentexte aus dem 19. Jahrhundert) zugunsten der Lektüre von (motivierenden, unterhaltsamen) jugendliterarischen Texten. Wenn »Kriterien wie Verständlichkeit und Anschließbarkeit an die Lebenswirklichkeit der jeweiligen Schülergruppe« wichtiger werden als »die Frage nach dem ›autonomen ästhetischen Wert‹ von Texten« (Kammler 2004, 242.), erscheint die Lektüre älterer Dichtung obsolet und vielleicht teilweise oder sogar ganz in die Sekundarstufe II verlagert.
- Für die Sekundarstufe II zeichnet sich eine **Rückkehr zu Literaturvorgaben** ab, zu einer bestimmten Anzahl von Werken, die bis zum Abitur gelesen werden müssen. Auf der Basis solcher Werkzusammenstellungen werden dann die zentralen Abiturthemen formuliert. Daß ein Kanon kein Mittel sei zur »Behebung der Misere« (Kammler 2004, 242), scheint für die Oberstufe weniger zu gelten als für die mittleren Jahrgänge.
- Es ist nicht auszuschließen, daß die **Lektüre von Sachtexten** an Bedeutung gewinnen wird, zumal sich pragmatisch Texte leichter mit Fragen und Tests verbinden lassen.
- **Kompetenzen und Standards** werden auch den literarischen Teil des Deutschunterrichts beeinflussen. Auch wenn Literatur von einigen Didaktikern nach wie vor als ein »besonders geeignetes Medium zur Förderung von Lesekompetenz« angesehen wird, so wird doch auch für den Literaturunterricht die Forderung nach »differenzierte(n) kulturelle(n) Bildungsstandards und didaktische(n) Konzepte(n) für die einzelnen Schulstufen« erhoben (Kammler 2004, 241). Und in welcher Weise diese literaturspezifischen Standards den Literaturunterricht beeinflussen bzw. verändern werden, läßt sich im Moment noch nicht absehen.

4. Bilder und andere Medien im Literaturunterricht

»Die Linguisten sind nicht die einzigen, die die sprachliche Natur des Bildes in Zweifel ziehen; auch die gängige Meinung hält das Bild aufgrund einer gewissen mythischen Vorstellung des Lebens dunkel für einen Ort des Widerstands gegen den Sinn: Das Bild ist Darstellung, das heißt letztlich Wiederaufleben, und bekanntlich verträgt sich das Intelligible schlecht mit dem Erlebten. So wird die Analogie von beiden Seiten als verarmter Sinn empfunden: die einen denken, das Bild sei ein im Vergleich zur Sprache sehr rudimentäres System, und die anderen, die Bedeutung könne den unsäglichen Reichtum des Bildes nicht ausschöpfen. [...] Wie gelangt der Sinn in das Bild? Wo endet der Sinn? Und falls er endet, was liegt *jenseits* von ihm?« (Barthes 1990b, 28; 1. frz. Aufl. 1964)

Die Öffnung des Literaturunterrichts gegenüber anderen Medien als den schriftlichen hat in der Nachkriegsgeschichte der Literaturdidaktik eine längere Tradition:

1. In den sechziger Jahren wurden die (literarisch anspruchsvollen) **Hörspiele** von Günter Eich, Ingeborg Bachmann, Friedrich Dürrenmatt und Max Frisch für den Unterricht entdeckt (vgl. Klose 1974; vgl. historische Darstellung bei Haas 1991, 13). Mit diesem neuen Genre, das erst in den fünfziger Jahren entstanden war, konnte allerdings eine literaturnahe Brücke vom alten Dramen- zum neuen Hörspieltext geschlagen werden. Teilweise wurden die Hörspiele nur in der Textfassung gelesen, da entsprechende Reproduktionsgeräte noch nicht verbreitet waren. Insofern ist mit dem Hörspiel eine literarische Gattung für den Literaturunterricht entdeckt worden, die eine große Verwandtschaft zu den bekannten literarischen Formen aufwies und die keine außergewöhnliche Änderung der Rezeptionsformen verlangte.

2. Entscheidender und für die gegenwärtige Diskussion grundlegender waren **medienpädagogische Ansätze in den siebziger Jahren.** In einer ersten Phase, die geprägt war von »Strategie des partiellen Nachgebens«« (Kübler 1975, 470), war das oberste Lernziel »die Befähigung zum kritischen Medienkonsum« (ebd., 470/71); es ging um eine auf Qualität bedachte Nutzung von Rundfunk und zunehmend Fernsehen, um den »guten Film, das wertvolle Fernsehspiel« (ebd., 471). Von »Medienkunde« war die Rede (Wagner 1973). Zwar wurde der literarische Bereich verlassen, aber die überlieferten Wertungskriterien beeinflußten auch noch die mediale Auswahl. Das änderte sich in der zweiten Phase, die von der kritischen Didaktik geprägt war und in der der **massen- und**

unterhaltungsorientierte Gebrauch von Film und Fernsehen beziehungsweise der gedruckten Medien im Vordergrund von Analyse und Aufklärung stand (vgl. z.B. *Projekt Deutschunterricht*, Bd. 5 zum Thema« Massenmedien und Trivialliteratur« (1973); Heft 14 der Zeitschrift *Diskussion Deutsch* (1973) war dem Schwerpunkt »Medien« gewidmet, Heft 42 (1978) dem Thema »Massenmedien«; einen Überblick über die Entwicklung geben die beiden Beiträge von Haueis 1974; 1979). Eine kritische Einstellung gegenüber diesen medialen Erzeugnissen dominierte: »Mit ideologischer Verve sollen die Schüler angeregt werden, die in den Medien vermittelten Gesellschaftsbilder (Ideologeme) zu analysieren; Wirklichkeit und ihre mediale Darstellung sollen verglichen und die vorhergesagte Diskrepanz als Kritik gegen die Medien verwendet werden« (Kübler 1975, 471/72). Oberstes Lernziel blieb – mehr oder weniger offensiv vertreten –, daß die Schüler »doch lieber ›ein gutes buch‹ [...] lesen und von den medien« ablassen sollten (Gräbe 1981, 417). Medien waren in diesem Jahrzehnt ein Untersuchungs- und Vermittlungsgegenstand, der vor allem die Aufmerksamkeit der Sprachdidaktiker fand. Literaturdidaktisch engagierte Arbeiten blieben eher in der Minderheit (z.B. Geißler 1973; Gast 1977; 1979).

3. **Mißtrauen gegenüber dem Bild** beziehungsweise Geringschätzung desselben bestimmte die didaktische Haltung. Auf die bildfeindlichen Momente weist Roland Barthes in der eingangs zitierten Passage hin, demonstriert aber gleichzeitig in seiner exemplarischen Werbebildanaylse, wie unbegründet diese skeptische Einstellung ist (Barthes 1990b). Diese und andere Arbeiten sind Grundlage solcher didaktischen Ansätze, die bei der Beziehung von Text und Bild auf die Gleichberechtigung beider ›Partner‹ Wert legen (Otto 1978). Dem Kunstpädagogen Gunter Otto geht es darum, die Repräsentationsleistung des Bildes aufzuwerten und aus seiner dem Text nachgeordneten Stellung zu befreien: »So gesehen sind Texte und Bilder als Bedeutungsträger *Material des Denkens*. Begriff und Bild fungieren dabei [...] in einer Mischform, als ›Gemengelage‹ [...]; d.h. *beide* sind am einheitlich zu begreifenden Denkprozeß beteiligt. Wenn das stimmt, gibt es kein Denken ohne Bezugnahme auf ›Bilder‹, und von Denken kann nur da die Rede sein, wo die Ebene der Begrifflichkeit erreicht wird« (Otto 1978, 12). Ein vergleichsweise elaborierter Bildbegriff, der aus kunstwissenschaftlicher Sicht in die literaturdidaktische Debatte eingebracht wird, konnte sich für die Bild-Didaktik im Literaturun-

terricht immer nur in Ansätzen, aber nicht auf breiter Ebene durchsetzen.

Literaturverfilmungen im Literaturunterricht

In den achtziger Jahren wurde mit den sogenannten ›**Literatur-verfilmungen**‹ ein Genre entdeckt, das für den Literaturunterricht geeignet schien: Proklamiert wurde, daß diese »besser [sind] als ihr Ruf« (Gast/Vollmers 1981, 432). Es ist nicht länger unspezifisch und allgemein von »Fernsehen« die Rede (*Praxis Deutsch* (1977) H. 25), sondern »Literatur und Film« (*Der Deutschunterricht* (1981) H. 4) beziehungsweise »Verfilmte Literatur – literarischer Film« lauten jetzt die Arbeitsgebiete (*Praxis Deutsch* (1983) H. 57). Die abwertende Benennung ›Massenmedien‹ wird aufgegeben zugunsten der weniger wertenden Bezeichnung »Medien« (*Diskussion Deutsch* (1981) H. 61). Die Nähe von Literatur und Bildmedien wird akzeptiert, wenn von »Lesen und sehen« gesprochen wird (*Diskussion Deutsch* (1987) H. 95). »Wir verstehen den Film als ein eigenständiges Kunstwerk, als solchen wollen wir ihm zu seinem Recht im Deutschunterricht verhelfen« erklären Heinz Blumensath und Stephan Lohr (1983, 10). Didaktisches Ziel ist nunmehr, daß die Schüler die »ästhetischen Möglichkeiten des Genres Film« erkennen sollen (ebd., 10). Mit Blick auf die kritische Mediendidaktik der siebziger Jahren halten die beiden Autoren den Hinweis für angebracht, daß auch dem filmischen Medium »der ausschließlich kognitiv-analytisch angelegte Zugriff« nicht gerecht werde (ebd., 13). »Ganzheitliche«, d.h. »produktive und kreative« Verfahren werden auch für die Filmbesprechung und -analyse vorgeschlagen (ebd., 18). Blumensath und Lohr sehen in der dem Film eigenen *kollektiven* Rezeption eine **didaktische Chance**: Eine Verständigung über das Gesehene ist naheliegender, wenn schon *gemeinsam* gesehen wird im Unterschied zu dem monologischen Buch, das zunächst *alleine* gelesen wird. Blumensath und Lohr entfernen sich insofern vom literarischen Text, als sie nicht nur die Verfilmung von Literatur als ernsthaften ästhetischen Unterrichtsgegenstand gelten lassen wollen, sondern auch den »ohne literarische Vorlage entstandenen, gleichwohl poetische Qualität besitzenden Film« (ebd., 15).

Vergleichbar einer kanonischen Auswahl, enthält das *Praxis Deutsch*-Heft, dem diese Ausführungen als Basisartikel zugrundeliegen, eine 250 Titel umfassende Liste mit Filmtiteln. Nicht nur solche sind aufgeführt, die eine literarische Vorlage in eine filmische umformen, sondern auch ›Film-Klassiker‹ wie u.a.: IWAN DER

SCHRECKLICHE (Eisenstein), GOLDRAUSCH (Chaplin), CASABLANCA (Curtiz) und BEI ANRUF – MORD (Hitchcock), aber auch Avantgarde-Filme wie OUT 1: SPECTRE (Rivette), DIE PATRIOTIN (Kluge), SOLARIS (Tarkowskij), MAMMA ROMA (Pasolini) und nicht zuletzt LETZTES JAHR IN MARIENBAD von Alain Resnais.

Eine »Einführung in die Film- und Fernsehanalyse« (Hickethier 1983; vgl. auch 1981), die entsprechende technische Informationen über Kameraeinstellungen, Licht- und Raumkompositionen wie auch über die Möglichkeiten der Montage enthält, macht die Unterschiede von Text- und Filmanalyse deutlich. Hickethier betont, daß den Schülern zunächst Gelegenheit gegeben werden müsse, den »sehr emotional wirkenden Eindruck des Gesehenen und Gehörten« zu verbalisieren (Hickethier 1983, 20). Für die eigentliche Analyse müßte danach entschieden werden, »was man untersuchen will, worin das Erkenntnisinteresse liegt.« Erst in dieser Phase sei es erforderlich, »daß man sich [...] gezielt der dazu notwendigen filmanalytischen Begriffe bedient« (ebd., 23). Die Filmanalytiker – das ist diesen und anderen Ausführungen zur Filmanalyse zu entnehmen – haben von der Textinterpretation gelernt und versuchen, deren ›Fehler‹ zu vermeiden. Hickethier hat diesen frühen Ansatz überarbeitet und eine umfangreiche *Einführung in die Film- und Fernsehanalyse* vorgelegt (1996; 1. Aufl. 1993); neben methodischen Aspekten konzentriert sich Hickethier hier auf die Analyse des Visuellen und des Narrativen.

Literatur und Film

Ausgangspunkt der filmdidaktischen Überlegungen ist, daß die Schüler ihre (angebliche) Literaturkenntnis nicht länger durch »Buch und Lesen« erwerben, sondern durch »**Filmadaption und Zuschauen**« (Gast/Vollmers 1981, 432). Argument für eine schulische Berücksichtigung ist nicht mehr eine allgemein verbreitete Mediennutzung, sondern eine spezifische literaturunterrichtliche Komponente, die in der audiovisuellen Rezeptionsmöglichkeit bekannter literarischer Stoffe liegt. Einige Didaktiker suchen mit einer anspruchsvollen Filmdidaktik auf dieses Phänomen zu reagieren. Sie betrachten die Medien als komplementäres, nicht als kontrastives Feld des Deutschunterrichts (ebd., 435). Die filmdidaktische Diskussion in den achtziger Jahren – insbesondere beeinflußt durch die Videotechnik, die die Reproduzierbarkeit fast ›revolutionär‹ vereinfachte und nunmehr ein ›Lesen‹ des Films erlaubte – zeigt sich insgesamt durch eine **ästhetische Aufwertung des filmischen Mediums** geprägt. Allerdings scheinen die Filmdidaktiker weiterhin um die Gleichwertigkeit mit dem Buchmedium ringen zu müssen; allzu oft finden sich beteuernde Ausführungen, die einen inzwischen anerkannten Kunst-Status des Films belegen sollen. Der Filmwissenschaftler Joachim Paech beschreibt noch 1987 die Lage eher skeptisch: »Das Buch in der Hand ist nicht mehr unbedingt besser, aber nach wie vor sicherer als der Film auf der Leinwand oder auf dem Bildschirm« (Paech 1987, 200). Paech hat ein Film- beziehungsweise Literatur-Verständnis, das Beziehungen nicht nur bei ›Literaturverfilmungen‹ annimmt, sondern das auf der Annahme einer grundsätzlichen Wechselwirkung zwischen Literatur und Film im 20. Jahrhundert basiert:

»[...] Literatur und Film [sind] eng miteinander in diachroner und synchroner Beziehung verbunden. Nicht erst die filmische Verwertung von Literatur hat beide Medien zusammengeführt, auch der Film hat die Literatur stark beeinflußt, Literaturgeschichte müßte heute ohne Filmgeschichte undenkbar sein [...]« (ebd., 201; vgl. zu dieser Frage auch die ausführliche und international rezipierte Studie von Paech 1997; 1. Aufl. 1988).

Gleichwohl habe sich die Literaturwissenschaft lange Zeit zurückgehalten, was die künstlerische Anerkennung des filmischen Mediums betrifft, und dieses auf das »literatursoziologische Nebengleis« der »Massenunterhaltung« abgeschoben (Paech 1987, 204).

Ende der achtziger Jahre scheine sich die Situation zu verändern, scheinen sich »kleine Schwerpunkte der Film- und Fernsehforschung« zu bilden (ebd., 206), die in germanistische, romanistische oder anglistische Philologien integriert werden (eine Entwicklung, die sich in den neunziger Jahren fortgesetzt hat). Aber selbstverständlich und weit verbreitet, das zeigt Paechs Darstellung, sind film- und fernsehwissenschaftliche Forschungsschwerpunkte an den deutschen Universitäten nicht. Auch eine filmdidaktische Diskussion wird nicht erregt geführt, sie wurde »immer leiser und zurückhaltender und verstummte« schließlich mehr oder weniger (ebd., 205).

Relativ selbstverständlich geworden ist inzwischen ein kleiner **Kanon an Literaturverfilmungen** wie z.B. Wolfgang Staudtes DER UNTERTAN (1951), Helmut Käutners DER HAUPTMANN VON KÖPENICK (1956), Orson Welles DER PROZESS (1962), Volker Schlöndorffs DER JUNGE TÖRLESS (1965), Rainer Werner Faßbinders FONTANE EFFI BRIEST (1974; bezeichnenderweise wird der Film häufig ohne die im Filmtitel enthaltene Referenz an den Autor des Romans zitiert und heißt dann fälschlicherweise nur: EFFI BRIEST), Volker Schlöndorffs und Margarete von Trottas DIE VERLORENE

EHRE DER KATHARINA BLUM (1975), Eric Rohmers DIE MARQUI-
SE VON O... (1975). Diese und andere vergleichbare Filme lassen
sich ohne Anstrengung in den traditionellen Literaturunterricht
integrieren und haben nicht selten die Funktion eines ›Bonbons‹,
der den textgeplagten Schüler zum Ende der Lese-Mühen gereicht
wird. Sie ersetzen die Lektürearbeit nicht, sie ergänzen sie, und
zwar nicht so sehr unter filmanalytischen als vielmehr unter interpretatorischen Gesichtspunkten: die filmische Umsetzung repräsentiert eine weitere Deutung.

Bilder und literarische Texte

Es ist sicherlich nicht zufällig, daß parallel zu einer gelassenen filmdidaktischen Haltung auch die Forschungen zur **Text-Bild-Didaktik,** die die Beziehung von Schrift, Wort und (ruhenden) Bildern
zum Gegenstand hat, intensiviert wurden. Auch in diesem didaktischen Feld wird das Bild ernster genommen. Das zeigen z.B. die
Ausführungen von Ehbauer und Schober (1984), die zunächst die
vertrauten Bildergeschichten, dann aber auch ›composita mixta‹
wie Comics und Werbeposter semiotisch untersuchen. Die beiden
Didaktiker schlagen für den Unterricht sachliche Fragen vor, in
denen z.B. erläutert werden soll, ob Texte und Bilder im Comic
zusammenpassen oder wie unterschiedlich »Bildtexte und Verbal-
texte« funktionieren (ebd., 456). Ein ausführlich vorgestellter Un-
terrichtsvorschlag basiert auf einem Bilderbogen aus dem 19. Jahrhundert, der in Form einer »kompositionellen Simultandarstellung«
zwar textlos gestaltet ist (ebd., 464), der aber den Märchentext
vom »Gestiefelten Kater« bildlich umzusetzen versucht. Ehbauer
und Schober wie auch Horst Kühnemann (1983a; b) und Dietrich Grünewald (1989) bedenken bei der Text-Bild-Didaktik, daß
Kinder vom ersten Schultag an in der Lage sind, ›Bilder zu lesen‹.
Den Didaktikern geht es insgesamt um den »Abbau naiver Re-
zeptionsgewohnheiten« (Kühnemann 1983b, 228). Sie stehen der
Bilderwelt nicht mehr so skeptisch gegenüber wie in den siebziger
Jahren: Ehbauer und Schober wollen beispielsweise mit Bildern
nicht nur die Motivationsphase auszuschmücken, sondern wollen
die Grundschüler durch die Reflexion über den integrierten oder
vorausgegangenen Text beziehungsweise durch eine eigens zu erstel-
lende verbale Kommentierung in eine elaborierte, sprachbewußte
Bild-Lektüre einzuführen. Grünewald hält eine anspruchsvolle
Bildauswahl für wichtig, die nicht nur bei dem bereits erreichten
Wahrnehmungsniveau des Kindes stehenbleibt, sondern die Schüler zu neuer und ungewohnter Rezeptionsarbeit herausfordert und

sie in dieser trainiert; denn: »Das Vermögen, visuell [...] auch komplexe Strukturen wahrzunehmen, scheint früh ausgebildet zu sein« (Grünewald 1989, 127). Auffällig ist, daß zunächst die **affektiven Qualitäten des Bildes** betont werden: »Das Bild ist unmittelbar, konkret und anschaulich. [...] Durch ihre direkte Bindung an die Erscheinungswelt sprechen sie [die Bilder; E.K.P.] die Sinne unmittelbar an und provozieren ein spontanes Reagieren. Das Bild beschäftigt zuerst vor allem die Empfindungen, vermag dann aber auch durch die Rücknahme in die Reflexion Denkprozesse einzuleiten [...]« (Blumensath/Voigt 1988, 13). Heinz Blumensath und Gerhard Voigt zeigen vor allem die Verbindung von Bild und literarischem Text auf: welche Skulptur ein Gedicht evoziert hat, wie eine Lageskizze das Stottern einer Romanfigur erklären kann, wie eine nach einer Dramenszene entstandene Zeichnung »texterschließende Funktion« gewinnen kann (ebd., 16). In diesen Fällen hat das Bild eine »dienende« Funktion dem Text gegenüber (ebd., 17): Es verhilft zu einem besseren, intensivierten Textverstehen. Eine Primärstellung nimmt es ein, wenn das Bild Anlaß für die Produktion von Schülertexten ist (ebd., 17/18; vgl. auch Ludwig/Spinner 1992; vgl. auch die für den Literaturunterricht hilfreiche Anleitung von Otto 1983).

Daß die Beziehung zwischen der »›bildhaften Sprache‹« der Literatur und der geschriebenen beziehungsweise erst noch zu schreibenden »›Sprache der Bilder‹« akzeptiert worden ist (Blumensath/Voigt 1988, 13), zeigt sich auch an den zahlreichen Abbildungen, die inzwischen selbstverständlicher Bestandteil der Lesebücher aller Jahrgangsstufen geworden sind: die Lesebücher für die unteren Jahrgänge haben mittlerweile sogar häufig Bilderbuchcharakter. Während in diesen Büchern nicht selten die Schmuckfunktion des Bildes dominiert und die textminimierende Folge ausgenutzt wird, demonstriert Hans Adolf Halbeys Studie zum Bilderbuch, daß **Bilder als fixe Bestandteile literarischer Texte** auch zum Gegenstand einer ernsthaften Analyse werden können (1997). Halbey spricht schon im Untertitel von einer »unterschätzten Literaturgattung« und strebt mit seiner Arbeit eine Aufwertung des Mediums an, das dem frühen literarischen Lernen zugrundeliegt. Er analysiert exemplarisch ausgewählte Bilderbücher unter verschiedenen Fragestellungen und zeigt sowohl die ästhetische als auch pädagogische Qualität dieser Text-Bild-gemischten Medien auf. Intensiv geht Halbey auf Maurice Sendaks *In der Nachtküche* ein, weil dieses Buch in besonderer Weise geeignet sei, »die vielschichtigen und vielfältigen Aspekte der Bilderbuch-Literatur darzustellen« (Halbey 1997, 75).

›Neue Medien‹ im Literaturunterricht

Während sich die literaturdidaktische Einstellung gegenüber op-
tischen Medien in den achtziger Jahren konsolidierte, ist in den
neunziger Jahren erneut Unruhe und Bewegung in die mediendidaktische Debatte geraten. Ursache ist die technische Perfektionie-
rung und zunehmende Verbreitung audiovisueller und auditiver
Medien, die zu einer intensiveren Nutzung alter wie neuer Ge-
räte geführt hat – nicht zuletzt bei Kindern und Jugendlichen
(vgl. statistische Auflistung in Bauer 1994, 365). Zwar wird der
fächerübergreifende Aspekt bei der Medienerziehung berücksichtigt, aber das Fach Deutsch gehört nach Auffassung der medienin-
teressierten Deutschdidaktiker zu den »Leitfächern‹« (Eschenauer
1994, 378). Vor allem die Tatsache, daß Schüler in ihrer Freizeit
andere mediale Erfahrungen als eine buchorientierte praktizieren
und bevorzugen, wird als ausschlaggebendes Argument für eine
notwendige Umorientierung des deutschunterrichtlichen Lernens
gesehen. Eine inzwischen bei der nachwachsenden Generation
selbstverständliche »Multimedialität und Intermedialität« erfor-
dere ein »konzeptionelles Umdenken« für die Deutschdidaktik
und bedeute die »Integration anderer Medien*ästhetiken*« in den
Deutschunterricht (Wermke 1997, 37).

Wie in den siebziger Jahren ist erneut von »Mediendidaktik«
die Rede (*Diskussion Deutsch* (1994) H. 140; *Der Deutschunterricht* (1997) H.3; *Mitteilungen des Germanistenverbandes* (1997)
März), aber im Unterschied zur ersten mediendidaktischen Phase
wird nunmehr das Buch als »Leitmedium« tendenziell verabschie-
det: So sieht Bauer den Grund für die »geringe Verankerung der
Medienpägogik in der Schulpraxis« in der »einseitigen Orientierung des Bildungswesens an der Schrift- und Buchkultur« (Bauer
1994, 371). Und Jutta Wermke spricht von einer »traditionell engen *Verbindung von Buch und Kultur* in unserer Gesellschaft«, die
die Wahrnehmung einer anderen Ästhetik als der »buchorientier-
ten« verhindere (Wermke 1997, 40). Eine leichte Ungeduld über
dieses hartnäckige Festhalten an Buch und Schrift ist in den Ausführungen Wermkes und Bauers nicht zu überlesen (zumal sie wissen, daß die Medienpädagogik in den Lehrplänen für den Deutschunterricht zur Zeit noch als eine »wichtige Nebensache« behandelt
wird; Eschenauer 1994, 376).

»Gedruckte Texte«, so zitiert Bauer eine amerikanische Untersuchung, seien »erzieherisch gesehen nicht a priori höherwertige,
überlegene Medien« (Bauer 1994, 371). Bauer plädiert **für eine**
»multimediale Erziehung« und meint damit eine gleichberechtigte

Berücksichtigung der audiovisuellen, auditiven und Print-Medien (ebd., 371). Jutta Wermke fordert drei Jahre später schon sehr viel grundsätzlicher, daß »die Lernbereiche aus ihrem Junktim zu lösen [sind]: Lesen und Schreiben aus ihrer Bindung an Buch oder Heft, Sprache und Literatur von der Schrift« (Wermke 1997, 37). Zwar wird der schriftlichen Überlieferung weiterhin Raum zugestanden, aber die »›Meisterwerke‹« der »Altvorderen« können auch nur ein »Folgemedium« sein; »das Spezifische genuiner Buchtexte« müsse sich an den anderen Medien messen lassen und sei nicht länger selbstverständlich (ebd., 42/43). Jutta Wermke weist darauf hin, daß »fiktionale Literatur vor allem durch Verfilmungen von Dramen und Romanen eine enorme Verbreitung« erlebe, daß aber die »weniger populären Formen der Lyrik, der Kurzprosa [...] auf den Printbereich beschränkt« blieben. Zur Aufgabe des Deutschunterrichts gehöre es also, insbesondere die letztgenannten Dichtungen – unter »*Akzentuierung* der Sprachspezifik« – zu vermitteln (ebd., 52). Die umständliche und ungeliebte Lektüre epischer und dramatischer Werke – so kann geschlußfolgert werden – erübrige sich.

In diesen mediendidaktischen Initiativen werden die erheblichen Unterschiede zwischen der lesenden Lektüre eines Romans und dem Ansehen einer Verfilmung gänzlich ignoriert; letztere beruht – vor allem bei umfangreicheren Texten – auf dem Plot und ist insofern eher mit einer Lexikonzusammenfassung vergleichbar als mit dem Roman selbst. Es handelt sich bei Buch und Film um zwei unterschiedliche ästhetische Formen, in denen anderes und anders dargestellt und wahrgenommen wird. Die Leichtigkeit, mit der die Buch-Lektüre aufgegeben wird, macht insbesondere deswegen nachdenklich, weil Funktion, Wirkung und Wahrnehmung *ästhetischer Sprache* bei längeren Erzähltexten selbst von Fachleuten nicht mehr für wesentlich gefunden wird; nur noch dem Inhalt kommt Bedeutung zu. Allerdings wird in diesen mediendidaktischen Vorstößen auch keine ernsthafte Filmanalyse vorgeschlagen. Es handelt sich eher um eine **didaktische Vereinfachung**, die keiner der beiden ästhetischen Form gerecht wird: weder der Literatur noch dem Film. Der literarische Text braucht nicht mehr langwierig gelesen, und der Film braucht nur gesehen zu werden, damit man glauben kann, daß man weiß, was man umständlich hätte lesen müssen. Die Ursache dieses leichtsinnigen Umgangs mit Buch und Film liegt vielleicht in dem deutschdidaktischen Zugriff, der eine vorhandene Verwandtschaft betont, der aber die ebenfalls existierende Differenz übersieht.

In der **neoformalistischen Filmanalyse** amerikanischer Provenienz wird eher von den Unterschieden zwischen Film und Buch

ausgegangen, wird untersucht, wie narrative Filme verstanden
werden. Diese Arbeiten an einer Poetik und Rezeptionsästhetik
des Films konzentrieren sich auf die besondere Verwendung filmischer Techniken, die dieses Medium – insbesondere in der langen
Zeit vor der Erfindung des Videogerätes – von dem des Buches
unterscheiden. So macht beispielsweise eine von David Bordwell
– einem der Hauptvertreter der neoformalistischen Schule – vor-
geführte strukturale Analyse eines Hollywood-Films aus dem Jahre
1945 deutlich, daß es Darstellungsweisen gibt, die insbesondere
dem Film eigen sind und die eben nicht ohne weiteres auf andere
Medien übertragen werden können (Bordwell 1992, 17–21). Unter anderem wird dieser Methode mangelnde Interpretationsbereit-
schaft sowie fehlende Berücksichtigung emotionaler Reaktionen
vorgeworfen (Hartmann/Wulff 1995, 12). Bordwell relativiert die
Bedeutung der affektiven Reaktionen tatsächlich; er schlägt vor,
»Emotionen« zunächst beiseite zu lassen und zitiert abschließend
sogar Forschungen, die behaupten, »daß emotionale Reaktionen
auf kognitiven Urteilen beruhen« (Bordwell 1992, 22), daß also
die Trennung zwischen beiden Reaktionsweisen einer Konstruktion gleichkomme.

Trotzdem beurteilt Wolfgang Gast diese formalistische Analyse
als »völlig kognitiv bestimmte Untersuchungsmethode« und »un-
zureichend« für filmdidaktische Zusammenhänge. Eine »Form-
Struktur-Analysemethode von Filmen« hält er weder medienwis-
senschaftlich noch -pädagogisch für vorrangig. Ausgangspunkt
einer »sinnvollen Filmanalyse« seien »immer inhaltliche Fragen«,
seien »emotionale Sensibilisierung und sinnliche Erfahrungsgewin-
nung«, insbesondere in medienpädagogischen Zusammenhängen
(Gast 1996, 15). Gast verweist auf die **Unterschiede von Buch
und Film**, stellt aber besonders deren Gemeinsamkeiten heraus. In
seinem filmanalytischen Ansatz wird der Film wie ein »›audiovisueller Text‹« behandelt (ebd., 15), wie ein »Großtext« (ebd., 17),
der mit Hilfe eines Sequenzplans gegliedert und von dem einzelne
»*Einstellungen*«, verstanden als filmische Grundeinheiten, detailliert betrachtet und analysiert werden sollen (ebd., 18). Als »**Filmsprache**« werden Einstellungsgrößen, Perspektiven, Kamera- und
Objektbewegungen, Beleuchtung, Mise en scène, Wort-Bild-Ton-
Beziehungen und Montage untersucht (Gast 1993, 16–34).

Sowohl mit diesem Verständnis des Mediums als auch dem
analytischen Repertoire als auch seiner Terminologie bleibt Gast
nah bei den bekannten Elementen aus der Literaturanalyse. Obwohl er unterschiedliche Filmgenres als Unterrichtsgegenstand
vorstellt – z.B. Werbung und Nachrichten – schlägt er doch vor,

das »weithin akzeptierte Genre ›Literaturverfilmung‹ als Einstieg in die schulische Medienarbeit« zu nutzen (Gast 1996, 20). Daß Gast Volker Schlöndorffs 1975 hergestellte Verfilmung der Böllschen Erzählung *Die verlorene Ehre der Katharina Blum* als grundlegendes Beispiel seiner jüngsten Ausführungen wählt, zeigt, daß auch die Filmdidaktik sich eher auf Traditionelles bezieht und nicht unbedingt Wagnisse einzugehen bereit ist. Gast schlägt allerdings vor, daß der Film zunächst als Film behandelt und erst in einem zweiten Schritt mit der literarischen Vorlage verglichen werden sollte. In seiner filmdidaktischer Konzeption ersetzt der Film den Roman, ein analytisches Repertoire lernen die Schüler bezogen auf den Film und nicht länger auf den Text; letzterer wird nicht analysiert.

Wie untergeordnet der literarische Text behandelt wird, macht Gasts **Typologie didaktischer Filmanalyse** deutlich (Gast 1996, 22/23): Vergleiche von Filmszenen mit einigen zur Vorlage reduzierten Ausschnitten aus literarischen Werken machen nur noch einen Bruchteil der Arbeit aus. Angesichts der Dominanz des filmischen Mediums drängt sich die Frage auf, ob ein solcher Unterricht nicht adäquater mit Filmkunde bezeichnet wäre und vom Deutschunterricht gesondert organisiert werden müßte. Im Vergleich zum ersten *Praxis Deutsch*-Heft, das dreizehn Jahre früher Verfilmungen literarischer Vorlagen gewidmet war, hat sich die Priorität verschoben. Blumensath und Lohr gingen noch vom *Autor* und dem sozial-historischen Kontext aus, lasen dann das *Werk* und sahen anschließend den *Film* (1983, 16). Daß Wolfgang Gast 1996 den Film an die erste Stelle setzt, kann als charakteristisches Zeichen für die mediendidaktische Debatte interpretiert werden, in der auf eine Umstrukturierung des Faches Deutsch gedrängt wird. Im Unterschied zu den filmdidaktischen Konzeptionen der achtziger Jahre hat sich dabei der Akzent verschoben: vom literarischen Text zum Film; vom anspruchsvollen Film zum Unterhaltungsgenre.

Zeit- und Kriegsfilme

Dieser Trend setzt sich in neueren filmdidaktischen Arbeiten fort. Noch pointierter als in den neunziger Jahren tritt der Aspekt ›Literaturverfilmung‹ zurück; noch pointierter rückt der Aspekt ›Filmanalyse‹ als Bestandteil deutschunterrichtlicher Aufgaben in den Vordergrund. Nun werden Filme in die didaktische Diskussion eingebracht, die bis dahin keine Beachtung fanden bzw. die tabuisiert waren. Dieser filmdidaktische Aufschwung steht nicht zuletzt im Zusammenhang mit dem internationalen Erfolg eines deutschen Films: Tom Tykwer hat 1998 mit seinem metafiktionalen LOLA RENNT einen Film geschaffen, der aus literaturdidaktischer Perspektive sowohl für das Thema **Erzählen und Zeit** inspirierend ist (vgl. z.B. Köppert 2001; Kepser 2002) als auch für die Frage, wie ein- und dieselbe **Geschichte in Variationen** und mit unterschiedlichen Enden erzählt werden kann (Hickethier 2002).

Die Emanzipation von der Fixierung auf die literaturabhängigen oder -nahen Filme findet aber auch in didaktischen Einführungen und Überblicken über die Gegenstände des Fachs statt: So weist Peter Christoph Kern darauf hin, daß »filmgeschichtlich und filmästhetisch [...] Verfilmungen nur am Rande des Interesses« stehen (Kern 2002, 226). Der Deutschunterricht könne zwar kein hochdifferenziertes filmdidaktisches Curriculum entwickeln; »wünschenswert« aber sei die Berücksichtigung von solchen »**bildsemiotischen und sozialästhetischen Fragestellungen** und Erkenntnisse«, die Film und Text unterscheiden (ebd., 219). Kern zählt in seinen etwas apodiktisch vorgetragenen Ausführungen eine ganze Reihe von Filmbeispielen auf, die bisher in deutschdidaktischen Zusammenhängen unterrepräsentiert waren.

Dasselbe leistet Michael Staiger zwei Jahre später (2004), wenn er sich auf den von Experten publizierten **Filmkanon** beruft, der 35 Filme für ›Kino macht Schule‹ vorschlägt. Staiger warnt davor, sich auf bloße Kritik an diesem (angeblich schüler- und schulfernen) Kanon zu beschränken, sondern plädiert dafür, ihn als Anlaß zu nehmen, »dem Medium Film – endlich – zu einem angemessenen Stellenwert im deutschen Bildungssystem [...] zu verhelfen« (ebd., 87; zum Filmkanon vgl. auch Holighaus 2005).

Sowohl die Erstellung eines solchen Filmkanons als auch die inzwischen häufiger gefüllte Rubrik ›**Filmische Sehschule**‹ in der Zeitschrift *Der Deutschunterricht*, der auch Staigers Beitrag zugeordnet ist, weisen auf ein wachsendes Interesse am Film hin (vgl. z.B. Fehr 2001; Schroeder 2005). Interessant ist in diesem Zusammenhang aber, daß sich zwei umfangreichere filmdidaktische Arbeiten auf sogenannte **Horror- und Kriegsfilme** konzentrieren und damit eben auf filmische Genres, die für den Freizeitbereich attraktiv und pädagogisch umstritten ist (Hildebrand 2001; Descourvières 2002). Beide Autoren wollen mit ihren filmdidaktischen Konzeptionen auf den Film- und Mediengebrauch jugendlicher Schüler reagieren und diesem Freizeitverhalten durch die schulisch angeleitete Filmanalyse einen Rahmen geben. So begründet Jens Hildebrand seine Auswahl nicht nur mit der filmästhetischen Qualität, sondern auch mit dem medienpädagogischen Impuls, den »Schülern Wege aufzuzeigen, mit beunruhigenden Filmszenen umzugehen« (2001, 42; im Original fett gedruckt). Beispielhaft analysiert er – ausführlich und mit vielen Standbildern dokumentiert – Stanley Kubricks gemeinhin als Horrorfilm titulierten THE SHINING. Intensiv wird in der sich über 130 Seiten erstreckenden Analyse das ›Gemachtsein‹ des Films erarbeitet, werden immer wieder allgemeine filmanalytische Elemente und Termini in die Beschreibung einzelner Szenen integriert, wird versucht – so weit das schwarz-weißes und tonloses Papier zuläßt –, die Wirkung der jeweiligen Einstellungen zu veranschaulichen. Hildebrand konzentriert sich ganz auf die Filmanalyse: das zeigt die Zusammenstellung von Unterrichtseinheiten sowie ein kommentierter Katalog mit möglichen schulrelevanten Filmen, der eine ›bunte Mischung‹ enthält und unterhaltsame Komödien ebenso aufzählt wie Thriller, Actionfilme und berühmte Filme der Filmgeschichte (ebd., 313–349).

Benedikt Descourvières (2002) geht anders vor: Zum einen wählt er drei Filme – WEGE ZUM RUHM (1957) und FULL METAL JACKET (1987) von Stanley Kubrick sowie INDEPENDENCE DAY (1996) von Roland Emmerich; zum anderen schlägt er alle drei Filme explizit für den Deutschunterricht vor. Ausgangspunkt ist ›die Botschaft Film‹ allgemein und die des Kriegsfilms insbesondere: *Kriegs*filme, damit die Schüler lernen, »die filmische Thematisierung der Deformation des Menschen durch Macht, Gewalt und Autoritätsmißbrauch kritisch und kompetent zu analysieren und zu beurteilen« (ebd., 12–13); Kriegs*filme*, damit die Jugendlichen ›medial alphabetisiert‹ werden und lernen, den Film »als Kunstwerk« zu analysieren (ebd., 59). Descourvières entwickelt eine zehnstündige Unterrichtseinheit, in der die drei Filme im Vergleich thematisiert werden (ebd., 70–71). Aus seiner – kurzen, konzentrierten und gänzlich bildlosen – Analyse der drei filmischen Beispiele geht hervor, daß er die beiden Filme von Stanley Kubrick schätzt und ihren filmästhetischen Wert betont. Hingegen wird der Film von Roland Emmerich als klischeeverhaftetes Hollywood-Produkt bewertet; zu diesen Urteilen sollen die Schüler im Lauf der Unterrichtseinheit möglichst auch gelangen (ebd., 14).

Hildebrand und Descourvières setzen filmdidaktische Akzente, weil sie sich weit vom literarischen Text entfernen und ›ganz andere Filme‹ für den Unterricht vorschlagen – einmal mit dem Ziel, das ästhetische Potential von Unterhaltungsfilmen zu erarbeiten (Hildebrand), ein andermal mit dem Ziel, die Schülerinnen und Schüler für die mediale Verarbeitung des Themas ›Krieg‹ zu sensibilisieren und somit indirekt einen **Beitrag zur Anti-Kriegser-**

ziehung zu leisten. Descourvières geht eher **thematisch-inhaltlich**
vor, während Hildebrand die **Erzählstrukturen** aufzeigt und somit
den Film als Literaturersatz behandelt. Besonders für Descourvières' Modell drängt sich allerdings die Frage auf, ob der filmische
Sehaufwand (immerhin drei Kriegsfilme von insgesamt fast sechs
Stunden Länge) im Verhältnis steht zu dem didaktischen Gewinn.
Vielleicht wäre die Konzentration auf ein filmisches Beispiel nicht
nur realistischer, sondern auch didaktisch effizienter.

Insgesamt kann für den jetzigen **Stand der filmdidaktischen
Diskussion** vorsichtig eine Zweiteilung vorgeschlagen werden: Auf
der einen Seite können die didaktischen Ansätze angesiedelt werden, die unter dem Stichwort ›Medienpädagogik oder -didaktik‹
den Film *mitbehandeln*, ihn aber nicht ins Zentrum ihrer Arbeit
stellen (vgl. z.B. die meisten Beiträge in Jonas u.a. 2004, Kepser
u.a. 2004, Frederking 2004; aber auch Vollbrecht 2001). Der Film
ist dann ›nur‹ ein Medium unter vielen anderen. In einem weiteren
Sinne können diese Ansätze mit Volker Frederkings Konzeption
vom ›**symmedialen Deutschunterricht**‹ erfaßt werden: Gemeint
ist die Verbindung von »Printmedien mit analogen bzw. digitalen
Mono- bzw. Multimedien (Radio, Cassette, CD, Hörbuch, *Film*,
Video, Fernsehen, Computersoftware, Internet etc.)« (Frederking
2004a, 47; Hervorh. E.K.P.).

Und auf der anderen Seite stehen die didaktischen Konzeptionen, die sich auf Literatur-Film-Beziehungen konzentrieren bzw.
die durch die Filmanalyse **literaturnahe oder -bezogene Kenntnisse** vermitteln wollen (z.B. Rudloff 2004; Köppert/Spinner 2003;
Paefgen/Reichelt 2003). Es ist augenblicklich nicht abzusehen,
ob sich der Deutschunterricht langfristig zu einem symmedialen
Unterricht ausweiten wird oder ob es letztlich (nur) filmische Beispiele sind, die so in literaturorientierte Vermittlungsverfahren
integriert werden, daß Parallelen und Unterschiede zwischen den
beiden Formen des Erzählens und Darstellens fruchtbar gemacht
werden können. Daß aber auch die Frage der Literaturverfilmung
nach wie vor relevant sein kann, zeigt sich z.B. an Stanley Kubricks
EYES WIDE SHUT; dieser Film hat überhaupt erst das didaktische
Interesse an Arthur Schnitzlers später Erzählung *Traumnovelle* geweckt. Insofern sind es nicht zuletzt auch die Regisseure und ihre
noch zu drehenden Filme, die eine zukünftige Literatur-Film-Didaktik beeinflussen können.

5. Perspektiven für eine Literatur-Film-Didaktik

Der französische Filmregisseur Claude Chabrol unterscheidet »*im Wesentlichen* **zwei Arten von Filmemachern**«; er nennt die einen »Erzähler« und die anderen »Poeten« (Chabrol 2004, 9). Während die **Erzähler** »Geschichten erzählen« möchten (ebd.), haben die Poeten »eine *Weltanschauung*« (ebd., 10; auch im frz. Original in Deutsch). Einige der Poeten seien auch gute Erzähler (»was wunderbar sei«; ebd.), aber viele von ihnen seien »Didaktiker« und machten häufig zu ›schwerfällige und manichäische‹ Filme (ebd.). Ohne es im einzelnen auszuführen, meint Chabrol mit den Erzählern wohl eher die Filmemacher, die ihr Publikum unterhalten wollen und mit den Poeten die Regisseure, die intellektuell-ästhetische Ansprüche mit der eigenen Arbeit verbinden und sie auch dem Publikum zumuten wollen. Allein diese grobe Einteilung der Regisseure wie auch die der Filme ist von Interesse. Interessanter aber ist die Nähe zum literaturwissenschaftlichen und -didaktischen Vokabular (und vielleicht sogar die Nähe zu Schillers naiven und sentimentalischen Dichtern): Aus der Sicht eines erfahrenen Filmemachers besteht nach 100 Jahren Filmgeschichte keine Notwendigkeit, neue Bezeichnungen jenseits der Literatur zu (er-)finden, wenn es um Filmregisseure und deren ›Produkte‹ geht. Und es ist sicherlich nicht zufällig, daß sich Chabrol auf den – nur scheinbar einfachen – Begriff des Erzählers besinnt, wenn er seine eigenen und die (Unterhaltungs-)Künste seiner Kollegen bezeichnen will, ist es doch gerade das Erzählen, das eine Verwandtschaft zwischen den beiden Künsten nahelegt.

Aber der Film erzählt anders als die geschriebene Literatur, bzw. die Analyse des filmischen Erzählens wirft andere Probleme auf: So wird für den Film noch immer über die **Mittel- bzw. Unmittelbarkeit in der Darstellung** debattiert und damit zusammenhängend über die Frage, ob es einen dem filmischen Werk impliziten Erzähler gibt bzw. geben muß. Viele – wenn nicht wohl die meisten – Filme erscheinen uns direkt präsentiert, und sie fordern uns besonders wirkungsvoll auf, dem zu vertrauen, was wir sehen (bzw. zu sehen glauben). Es ist diese ›wie vom Himmel gefallene‹ Darbietung (die durch den dunklen Kinosaal unterstützt wird), mit der ein auffälliges **Illusionspotential** ebenso verbunden ist wie sinnliche Präsenz und größere Realitätseffekte; Wirkungsmomente, die schriftliche Erzählungen auch erreichen können, die aber gleichwohl aufgrund der sprachlichen ›Beschränktheit‹ einen anderen Grad an Unmittelbarkeit erlangen.

Mit dieser starken Wirkung des Films hängt die Frage zusammen, wie in den filmischen Künsten der **Eindruck von Subjektivität** hergestellt werden kann bzw. hergestellt wird. Dieses Thema mag in Verbindung mit dem Film auf den ersten Blick überraschen, bleiben doch vom Filmsehen häufig starke Eindrücke einer subjektiven Figurenperspektive zurück. Bei näherem Hinsehen ergibt sich aber gerade bei diesem Moment ein sprachlicher Vorteil für die Literatur und eine technische Hürde für den Film. Da es aber die Besonderheit fiktionaler Künste ist, subjektive Wahrnehmungen so wiederzugeben, daß sie glaubwürdig erscheinen, unternimmt der Film einiges, um diese Beschränkung wirkungsvoll zu überwinden.

Wenn es um die **Rezeption von Filmen** geht, wird immer wieder auf ein filmspezifisches Mittel hingewiesen, das für den Film charakteristisch ist, das aber auch die Literatur des 20. Jahrhunderts nicht unbeeinflußt gelassen hat; gemeint ist »ein handwerklicher Begriff der Filmpraxis« (Hickethier 1996, 136), nämlich der der **Montage**, der aber jenseits der bloßen Handwerklichkeit formale Fragen der Filmästhetik berührt. Nicht zufällig werden Abhandlungen über die Montage im Film häufig mit den **Aktivitäten der Rezipienten** in Verbindung gebracht. Für Béla Balázs, der sich noch auf den Stummfilm bezieht, ist es nicht zuletzt die Montage, die »uns Gefühle, Bedeutungen, Gedanken assoziieren lassen, die uns *anschaulich werden, ohne selber sichtbar zu sein*« (Balázs 2001 a, 46). Mit Blick auf die Anschaulichkeit seien die montierten Bilder der Sprache sogar überlegen und könnten schneller, zeitgleicher und unverfälschter darstellen, vor allem wenn es sich um irrationale innere Prozesse handelt. Balázs betont in diesem Zusammenhang die Aktivität des Zuschauers, wenn er Verben wie ›erraten, kombinieren, assoziieren, folgern‹ benutzt, um die Deutungsfindung zu unterstreichen.

Aus **didaktischer Perspektive** handelt es sich bei den folgenden Überlegungen um (erste) Bausteine, wie sich literaturästhetische Formen durch den Kontrast oder Vergleich mit filmästhetischen Formen verdeutlichen lassen. Es soll bei der Konzentration auf diese Momente nicht um die **Unter- oder Überlegenheit** der einen oder anderen Kunst gehen, sondern darum, wie Literatur und Film mit ihren spezifischen Mitteln einige der Probleme lösen, die sich für das Erzählen stellen. Der erzähltheoretische Exkurs zu Beginn soll das Umfeld der Fragen klären, das für die (neuere) Filmkunst noch diskutiert wird, während es für die (ältere) schriftliche Literatur geklärter ist. Der theoretische Versuch, filmspezifische Darstellungsformen mit den literarischen zu vergleichen, bezieht sich dabei auf Themen, die für die schulischen Vermittlungsprozesse im Literaturunterricht schon lange konstitutiv sind: Ich- und Er-Erzählungen, Wahrnehmungsperspektive, Charakterisierung der Figuren, Rezeptionsprozesse etc. Wenngleich diese Aspekte nicht unbedingt und in jedem Fall Vermittlungsgegenstand sein können, so klären sie doch die **Perspektive der Lehrenden** und zeigen, wie nah bzw. wie fern filmische Künste den vertrauten literarischen stehen. Eine solch theoretische Abhandlung scheint zum jetzigen Zeitpunkt auch deswegen angebracht, weil die eiligen Forderungen nach Filmerziehung häufig appellativen Charakter haben und sie nicht immer Begründungen dafür enthalten, in welcher Weise Anbindungen an die bisher vermittelten Gegenstände des Faches Deutsch möglich und sinnvoll sind.

Konkretisiert wird dieser theoretische Exkurs mit Hilfe von drei Literatur-Film-Arrangements, denen jeweils zwei Kurzgeschichten, ein Roman und drei Filme zugrunde liegen. **Ausgangspunkt ist dabei immer der literarische Text**, im Vordergrund steht der literarische Lernprozeß; filmische Parallelen und Unterschiede dienen der Unterstützung und Klärung literarischen Lernens. Nicht zufällig beziehen sich die drei Beispiele auf ›schulklassische‹ Texte. Während in vielen neueren filmdidaktischen Arbeiten zumeist von den Filmen ausgegangen wird (vgl. z.B. Hildebrand 2001; Descourvières 2002), wird im folgenden versucht, ein literaturdidaktisches Modell zu entwickeln, das von (bereits in den Unterricht eingeführten) literarischen Texten ausgeht. Dabei verfolgen die Lektüren der Texte sowie die Analysen der Filme eine didaktische Perspektive, wenn insbesondere die literar- und filmästhetischen Momente herausgearbeitet werden, die für schulische Vermittlungsprozesse eine Rolle spielen können. **Folgende Fragen stehen im Mittelpunkt**:

- Was kann über Literatur (neu) gelernt werden, wenn Blicke in Filme oder Filmszenen die Arbeit an Texten begleiten?
- Wie kann die Stärke bzw. Schwäche der literarischen Darstellungsform mit Hilfe filmischer Beispiele *sichtbar* gemacht werden?
- Wie kann trotz dieser literaturorientierten Akzentsetzung eine erste Einführung in das Sehen von Filmen stattfinden?

Für alle drei literarischen Texte ergibt sich durch die Bezugnahme auf filmische Beispiele eine erweiterte Interpretation.

Wenn es Konsens ist, daß Film und Kino stärker in die Schule und damit auch in den Deutschunterricht integriert werden sollen, dann reicht es nicht, Listen mit Filmtiteln zu publizieren und diese mit schulkanonischem Anspruch zu versehen; dann scheint es vielmehr angebracht, von den Aufgabenfeldern dieses Unterrichtsfaches auszugehen und zu fragen, welche Funktion filmkünstlerische Formen in diesem Vermittlungszusammenhang haben können, und zwar sowohl im allgemeinen als auch im besonderen. Eine Filmschule kann der Deutschunterricht nicht werden, aber er kann das ›Literarische‹ und das ›Nichtliterarische‹ am Film nutzen, um das ›Literarische‹ an der Literatur zu verdeutlichen.

Erzählende Künste?

Es ist nicht unumstritten, den Film den **erzählenden Künsten** zuzuordnen. Der Film gehört eher zu den darstellenden Künsten, in denen **Zeigen und Vorführen** die dominierenden Äußerungsformen sind und in denen ein Erzähler als Sprecher nicht oder seltener anwesend ist. Es ist insofern nicht zufällig, daß Käte Hamburger den Film 1957 **zwischen Epik und Dramatik** ansiedelt und im Film »eine Verschmelzung« zu einer »Sonderform der episierten Dramatik und dramatisierten Epik« sieht (Hamburger 1980, 203). 1996 kommt Anke-Marie Lohmeier sogar zu dem Ergebnis, daß die dramatischen Elemente im Film überwiegen (Lohmeier 1996, 38–39). Nicht nur Literaturwissenschaftler befassen sich mit der Frage, in welchem Verhältnis der Film zu den literarischen Gattungen steht; auch aus filmwissenschaftlicher Perspektive ist sie relevant. So unterscheidet Knut Hickethier zwischen dramatischen und filmischen Elementen und gelangt zu dem Schluß: »Die Welt wird [...] durch filmische Aufnahmen [...] als eine gegenständliche« repräsentiert« (Hickethier 2003, 128), während das Drama in den weitaus meisten Teilen nur aus Figurenrede besteht. Und es ist diese »Gegenständlichkeit, die in filmischen Welten eine besonders starke ästhetische Illusion« erzeugt (Koch 2003, 166), die uns dazu zu einer mittelbaren Wahrnehmung verführt. Das Präsens des Bildes, das im Unterschied zum epischen Präteritum eine kontinuierliche Gegenwärtigkeit signalisiert, tut sein übriges, um diese Wirkung zu unterstreichen. Wir trauen dem filmischen Werk eine erzählerunabhängige Aufführung eher zu, und wenn wir einen Erzähler annehmen, entsteht gleichwohl die »Fiktion, daß der Erzähler dem fiktiven Geschehen selbst beigewohnt hat, daß er ihm ›zugesehen‹ und ›zugehört‹ hat« (Lohmeier 1996, 38).

Anke-Marie Lohmeier geht in ihrer hermeneutischen Theorie des Films von einem Film-Erzähler aus, aber *wer* im Film erzählt – wenn es denn wie in den meisten Filmen keine hörbare Erzählerstimme und/oder sichtbare -figur gibt –, ist eine Frage, die filmtheoretisch noch immer verhandelt wird (vgl. den Überblick in Griem/Voigts-Virchow 2002, 162). Während Christian Metz von einem »un-persönlichen Kern« des Films ausgeht und jede Anthropomorphisierung für Film (wie im übrigen auch für die Literatur) ablehnt (Metz 1997, 172), verwendet David Bordwell zwar den Begriff der *Erzählung*, nicht aber den des *Erzählers* für den Film und verlagert die entscheidenden Aktivitäten überhaupt auf die Seite des Zuschauers (1992). Überhaupt versucht Bordwell, diese Frage zu ›entdramatisieren‹ und plädiert dafür, die Theorie nicht überzustrapazieren, wenn das einzelne Werk keine Notwendigkeit für vergleichbare begriffliche Klärung nahe legt (Bordwell 1985, 62).

Seymour Chatman bezieht sich zwar weitgehend auf Bordwell, weicht aber von seiner Theorie ab, wenn er für Romane wie für Filme neben einem impliziten Autor auch noch von einem Erzähler ausgeht, der die Geschichte präsentiert und der hier wie dort Teil des Diskurses ist; für den Film nennt er ihn »›cinematic narrator‹« (1990, 134). Interessanter als die Antwort auf die Frage nach einem filmischen Erzähler, ist die Tatsache, daß diese Frage noch immer strittig ist und noch immer diskutiert wird. Sie ist weniger leicht zu beantworten, u.a. weil es im Film »mehrere Kanäle« gibt. Hingegen besteht »der Roman [...] nur aus Worten, und man kann sagen, daß er nur über einen einzigen ›Kanal‹ verfügt; [...] Im Film ist das bedeutungstragende Material vielfältiger (Bilder, Töne, Worte usw.) [...]« (Metz 1997, 183). Und selbst wenn wir eine Erzählerstimme hören (und eine Erzählerfiguren sehen) »dann erklärt dies dennoch nicht, *warum auch die Bilder zu sehen sind*« (ebd.).

Für schriftliche Erzählungen, die nur aus Worten bestehen, ist die Frage nach dem Erzähler im Text vielleicht nicht endgültig geklärt, aber doch in größerem Konsens beantwortet: In den erzählenden Künsten, in denen Sagen und Sprechen die (einzigen) Mitteilungsformen sind, wird gemeinhin von einem Erzähler ausgegangen, der nicht mit dem Autor identisch ist und der die Ereignisse auch dann (mit-)erzählt, wenn es sich um eine Er-Erzählung handelt. Käte Hamburger lehnt eine solche anthropomorphisierte Erzählerfigur ab und insistiert darauf, daß es – zumindest für die Er-Erzählungen – nur »den erzählenden Dichter und sein Erzählen« gebe (1980, 126). Hingegen beantwortet Franz Stanzel in seiner bekannten »Theorie des Erzählens« die Frage, ›wer erzählt?‹ mit einem »Erzähler, der als eigenständige Persönlichkeit vor dem Leser erscheinen oder soweit hinter das Erzählte zurücktreten kann, daß er für den Leser praktisch unsichtbar wird« (ebd., 70). Und selbst Gérard Genette (1994) verwendet in seiner vom

Strukturalismus inspirierten Erzähltheorie den Begriff des Erzählers, und dies auch dann, wenn er den ihm wichtigen Unterschied zwischen ›wer spricht?‹ und ›wer sieht‹ erläutert. Es ist gerade diese **»Mittelbarkeit als Gattungsspezifikum des Erzählens«** (ebd., 70), die eine (größere) Distanz zwischen Autor, Text und Leser erzeugt, und diese Distanz nimmt Einfluß auf den Rezeptionsvorgang, auch dann, wenn er nicht reflektiert wird. Im Unterschied zu den (Verführungs-)Künsten des Films halten die Romankünste ihr Gemachtsein tendenziell eher gegenwärtig.

Trotzdem wird inzwischen davon ausgegangen, daß auch der Film erzählt; wenn nicht von *einer* Erzähler-Quelle ausgehend, dann mit *allen* technischen Mitteln und Kanälen, die ihm zur Verfügung stehen. Aber im Film wird anders erzählt als im schriftlichen Werk, und diese Unterschiede sind auch aus didaktischer Perspektive von Interesse. Wesentlich erscheint dabei, daß der Film – zumindest scheinbar – zu einer ›neutraleren‹ Erzählweise tendiert. Die technische Bedingtheit der Kamera führt dazu, daß die dargestellte Welt wie auch die in ihr agierenden Figuren von außen gezeigt werden. Was die Figuren denken, fühlen, empfinden, kann mit Bildern nicht gezeigt werden. **Darstellungen von Innensicht** sind ein Hindernis für das kinematographische Bild, sie sind eine Stärke der literarischen Sprache: »Für den Film [...] bedeutet die Innenperspektive zunächst nichts anderes als der *von innen nach außen gerichtete Blick*; kinematographische Innenperspektive ist nicht [...] die Darstellung seiner Gedanken- und Gefühlswelt, kein innerer Monolog und keine Reflexion [...]. *Die Innenperspektive der kinematographischen Erzählsituationen ist eine nach außen gewandte Perspektive*« (Hurst 1996, 97; Hervorh. E.K.P.).

Der Film ist eben – wie ein Kritiker sinngemäß gesagt hat – insbesondere die **Kunst des Blickes und nicht die des Wortes.** Käte Hamburger hat darauf hingewiesen, daß gerade die Wiedergabe der Gedanken und Empfindungen einer Figur die schriftliche Fiktion in besonderer Weise auszeichnet:»*Die epische Fiktion ist der einzige erkenntnistheoretische Ort, wo die Ich-Originalität (oder Subjektivität) einer dritten Person als einer dritten dargestellt werden kann*« (Hamburger 1980, 79; auch im Original kursiv). Und eben dieser besondere Ausweis der schriftlichen Fiktion dominiert das Erzählen im Film nicht, bzw. es bedarf eines anderen Aufwands, um ihn herzustellen, »weil »filmische Rede auf die phototechnisch erfaßbare Außenhaut der Dinge, auf die Welt des Sichtbaren angewiesen ist« (Lohmeier 1996, 204).

Nun weiß jeder, der nur einen einzigen Film gesehen hat, daß auch der Film den **Eindruck von Subjektivität** erzeugen kann

– und zwar sehr wirkungsvoll und sehr nachhaltig. Man kann eigentlich sagen, daß viele der bekannten **filmischen Techniken** gegen die starke apparative Tendenz zum Neutralen anarbeiten und Sorge dafür tragen, daß wir die Gefühle und Gedanken der Figuren auf der Leinwand genausogut zu kennen scheinen wie die vieler Romanhelden; so z.B.:

- der Aufnahmewinkel (Untersicht bzw. Aufsicht);
- optische Verzerrungen;
- die Konstruktion von mentalen Bildern (Träumen, Wünschen, Ängsten etc.);
- flashbacks (Rückblicke, Erinnerungen);
- in- und off-Stimmen;
- voice-over-Stimme;
- und nicht zuletzt die Geräusche bzw. insbesondere die Musik (vgl. dazu u.a. Metz 1997, 96–115; hier auch zahlreiche Beispiele).

Auch die Einstellungsgrößen können der Funktion dienen, die jeweilige Figurenperspektive zu subjektivieren. Insbesondere die Groß- oder die Detailaufnahme eines Gesichts hat eine wichtige Funktion, wenn es um Ausdruck des Inneren geht (vgl. dazu u.a. Balázs 2001, 43–58; Deleuze 1989, 123–142). Diese und andere Mittel sorgen dafür, daß wir die Gefühle, Gedanken und Empfindungen der Figuren *zu sehen glauben* und mit der Überzeugung das Kino verlassen, uns im Innenleben der Filmhelden genauso gut auszukennen wie in dem der Romanhelden. Und wir tun einiges, um dieses Wissen zu erlangen. Nicht zuletzt ist auch beim Filmsehen die **Aktivität des Zuschauers** gefragt, weil er es ist, der die entsprechenden Bild-Ton-Arrangements in die eine oder andere Richtung zusammensetzen und deuten muß; zudem nicht immer eindeutig zu klären ist, »ob das Gezeigte eine optimierte neutrale Perspektive oder eine subjektive Perspektive einnimmt. [...] Über die Frage, ob und wie fokalisiert [eingeschränkt; E.K.P.] wird, entscheidet [...] letztlich der Rezipient und nicht nur der Film [...]« (Griem/Voigts-Virchow 2002, 170).

Fast entsteht der Eindruck, daß der Filmzuschauer mehr zu tun hat als der Romanleser. Auch wenn diese Frage hier eher verneint wird, so scheint gerade für den didaktischen Zusammenhang doch der Hinweis angebracht, daß auch Filmsehen einen aktiven Zuschauer fordert und daß dieser zumindest nicht weniger tun muß als der Romanleser (von den vielen automatisierten Wahrnehmungsprozessen hier wie dort einmal abgesehen).

Ilse Aichinger und Alfred Hitchcock

Ein erstes Beispiel soll diese Fragen aus didaktischer Perspektive konkretisieren: der Vergleich zwischen einer (für den Unterricht in 8./9. Klassen kanonisierten) Kurzgeschichte von Ilse Aichinger – **Das Fenster-Theater** (1953) – und einem Film von Alfred Hitchcock DAS FENSTER ZUM HOF (REAR WINDOW) (1954). In beiden Werken wird aus dem Fenster gesehen: Sowohl der durch ein Gipsbein immobilisierte Jeff im Film als auch die namenlos bleibende Frau in der Geschichte werden dabei von voyeuristischen Bedürfnissen getrieben. Beide Male teilt der Zuschauer bzw. Leser diese voyeuristischen Lüste: Beim Lesen der Geschichte findet er das Benehmen des Mannes genau so eigenartig und leicht verrückt wie die süchtig aus dem Fenster starrende Protagonistin; für den Film hofft er sogar, daß ein Mord begangen wurde, damit der Held ›Recht behält‹. Und obwohl die Blicke der Protagonisten *aus* dem Fenster in gegenüberliegende Wohnungen sowohl den Film als auch die Geschichte dominieren, gibt es zu Beginn eher Blicke *auf* die Schauenden.

»Die Frau lehnte am Fenster und sah hinüber«, lautet der erste Satz in Aichingers Geschichte. Während dieser erste Satz die Protagonistin in möglichst neutraler Form als Sehende einführt, heißt es kurz darauf: »Die Frau hatte den starren Blick neugieriger Leute, die unersättlich sind. Es hatte ihr noch niemand den Gefallen getan, vor ihrem Haus niedergefahren zu werden.« Hier wird uns ein Wissen mitgeteilt, das nicht mit dem Wissen der Heldin identisch ist, das uns aber Informationen über ihren Charakter wie sogar über ihre Biographie gibt. Diese abschätzige Charakterisierung der Frau wird gemeinhin einem Erzähler zugeordnet, der mehr weiß als die Frau und die anderen Figuren der Erzählung. Auch in der folgenden Passage bleibt dieser Erzähler präsent. Als aber die Frau nicht mehr einfach nur (gelangweilt) *sieht*, sondern etwas *entdeckt* zu haben glaubt und ihr Verdacht geweckt ist, wird in die Innenperspektive gewechselt: »Meint er mich? dachte die Frau.« Das unvermittelte Aussprechen ihrer Gedanken geschieht nur ein einziges Mal, ist aber deswegen um so bemerkenswerter und macht deutlich, was eine schriftliche Erzählung ohne Umstände und ohne Aufwand leisten kann: den **glaubwürdigen Einblick in die Gedankenwelt einer Figur**. Deutlich wird bei einer so geführten Lektüre der Kurzgeschichte, daß dieser unverstellte Einblick in Innensicht ein Zentrum der kleinen Erzählung ist: Sein formales Ausbrechen signalisiert gleichzeitig die Einsamkeit bzw. die eigentlichen Wünsche und Sehnsüchte dieser Voyeurin: Sie wünscht sich, gemeint zu sein.

Im Film sehen wir zu **Beginn** – während der Vorspann mit den Credits läuft –, wie vor einem triptichonartigen Fenster drei Rollos langsam und wie von Geisterhand gezogen nach oben gleiten, so daß nach und nach der Blick aus dem Fenster freigegeben wird. Wer steuert das Hochgleiten dieser Rollos? Ist dieser Vorgang als Hinweis auf einen Erzähler zu verstehen? Hat Alfred Hitchcock etwas damit zu tun, dessen Name auf der Leinwand zu lesen ist, wenn alle Rollos oben sind und gleichzeitig das Hinterhofpanorama zu sehen ist, das wir dann während des Films ausspionieren werden? Auch die ersten Bilder im Film geben Anlaß zu der Frage nach einer Erzählerinstanz. Während die weitaus meisten Teile des Films unmittelbar präsentiert scheinen, und zwar zumeist aus Jeffs Perspektive, gleitet die Kamera zu Beginn in die Wohnungen der gegenüberliegenden Häuserfront und zeigt Einrichtungen wie Bewohner. Es sind jene Nachbarn, die Jeff während des Films beobachten wird. Aber Jeff wird in dieser Anfangssequenz nicht *beobachtend*, sondern er wird *schlafend* in die erzählte Filmwelt eingeführt. Wir sind es, die zunächst die Nachbarn und dann auch Jeff ausspionieren, weil uns die Einrichtungsgegenstände seines Zimmers viel über ihn verraten (Beruf, Beziehungen, sozialer Stand etc.).

Wir sind also die ersten, die sehen, was Jeff später sehen wird bzw. die ihn sehen, und wir können uns erneut fragen, *wer es eigentlich ist*, der uns diese Bilder zeigt. Erst ab der nächsten Einstellung, wenn Jeff mit seiner Sehertätigkeit beginnt, zunächst wie zufällig während eines Telephongesprächs, dann aber immer gezielter und organisierter, vergessen wir eine solche Frage, weil Jeff als agierendes Subjekt die Bilder zu legitimieren scheint. Außerdem übernehmen wir Jeffs (subjektive) Perspektive, wenn im Schuß-Gegenschuß-Verfahren Blicke in die gegenüberliegenden Fenster mit Groß- und Nahaufnahmen von Jeff abwechseln. Wir glauben zu sehen, was Jeff bei einigen Bildern denkt, aber letztlich sind wir es, die diese Bilder und Jeffs Miene unablässig deuten und Amüsement, Mitleid, Beschämung, Neid, Anteilnahme, erotisches Interesse in ihr erkennen.

»›Meint er mich?‹ dachte die Frau«. Es ist dieser Satz, der deutlich macht, was der Film (eigentlich) nicht kann, aber (gekonnt) dann doch zu leisten versucht: nicht wortwörtlich, weil ihm die ›Verben des Sagens und Meinens‹ nicht zur Verfügung stehen, aber doch mit Hilfe der **Nahaufnahmen so, daß wir glauben zu wissen, was Jeff denkt** (aber wir sind es, die es denken). Uns fehlt die Sicherheit des ›Meint er mich?‹, aber wir merken es nicht. Der innenperspektivierte Satz gewinnt an Bedeutung, wenn Aichingers

Erzählung mit Hitchcocks Filmbildern in Verbindung gebracht werden. Es reichen einige Szenen aus Hitchcocks Film, um diesen Unterschied in der schriftlichen und filmischen Fiktion deutlich werden zu lassen. Es reichen auch einige Szenen, um den starken Illusionscharakter des Films anschaulich werden zu lassen: Die realistische Nachgestaltung der New Yorker Hinterhofwelt trägt dazu ebenso bei wie auch die diegetische Tonspur, die nur Musik und Geräusche der erzählten Welt enthält und auf jede zusätzliche musikalische Untermalung verzichtet. Während im Text Kommentierungen in die Schilderung der Figur und der Ereignisse einfließen, die die Frage nach einer erzählenden (auktorialen) Instanz aufkommen lassen, bekommen wir im Film die Bilder des Hinterhofs im Greenwich Village im Hochsommer so unvermittelt geboten, das sich diese Frage während des Films nicht mehr aufdrängt.

Neben diesen formalen Parallelen und Unterschieden lassen sich im übrigen auch die **Deutungen** der beiden Werke vergleichen: Wenn für Hitchcocks Film gesagt wird, daß es nur scheinbar um das ausspionierte Hinterhofpanorama und eigentlich um die Schwierigkeit der Beziehungen zwischen Männern und Frauen geht, so treffen schließlich auch im *Fenster-Theater* Frau und Mann aufeinander – und verstehen einander nicht. Das fragende ›Meint er mich?‹, dessen besonderer Stellenwert in der Erzählung aus formaler Sicht deutlich geworden ist, kann umgedeutet werden in ein – sehnsuchtsvolles – ›Er meint *mich*!‹ Und am Ende der Erzählung steht eine Vater-Mutter-Kind-Konstellation, die aus mehreren Gründen nicht zusammenkommt: das Kind (unerreichbar) im Haus gegenüber, der alte Mann mit dem Rücken zur Frau, »die über ihn hinweg in ihr eigenes finsteres Fenster« sieht. Am Ende des Films trägt Jeffs Freundin Lisa zwar eine Kleidung, die sie für Abenteuerreisen gerüstet erscheinen läßt, liest aber gleichwohl lieber ein Modemagazin – ein Signal dafür, daß Verständigungsprobleme auch weiterhin garantiert sind.

Marie Luise Kaschnitz und François Truffaut

Ein weiteres Beispiel bietet sich mit Marie-Luise Kaschnitz' ebenfalls schulkanonischer Kurzgeschichte **Popp und Mingel** (1960) und François Truffauts Film SIE KÜSSTEN UND SIE SCHLUGEN IHN (LES QUATRE CENTS COUPS (1959). In beiden Werken geht es um das lieblose Aufwachsen von Kindern, die sich auf der Grenze zwischen Kindsein und Jugendlich-Werden befinden. Beide Werke erzählen von **Initiationsprozessen**, die die männlichen Protagonisten erleben und erleiden, und in beiden Werken reagieren die Jungen auf diese unfreundlichen häuslichen Verhältnisse mit Gewaltaktionen bzw. Straftaten. Es paßt hingegen zu dem introvertierten namenlos bleibenden Helden in Kaschnitz' Erzählung, daß er sich in den Innenraum zurückzieht und sich in der häuslichen Wohnung eine Gegenwelt schafft. Die Möglichkeiten der schriftlichen Ich-Erzählung, das Innere auszuloten, stehen der Möglichkeit des Films gegenüber, von einer lebendig und vital gezeigten Außenwelt Rückschlüsse auf die inneren Prozesse ziehen zu können. Denn Antoine lebt und agiert in Paris und benutzt diesen Stadtraum, um ihn der häuslichen Enge entgegenzusetzen. Da der Film an Originalschauplätzen gedreht ist, ist die Stadt in SIE KÜSSTEN UND SIE SCHLUGEN IHN sehr präsent; sie spielt quasi mit. Wir bekommen also zwei Versionen des kindlichen Unglücklichseins geliefert wie auch zwei Versionen des Versuches, mit diesem Unglücklichsein fertig zu werden.

Ein anderer formaler Unterschied gewinnt eine besondere Bedeutung: In der schriftlichen Fiktion haben wir eine Ich-Erzählung, die sich auf die Perspektive des namenlos bleibenden Helden beschränkt und uns viel über seine Phantasien, Wünsche und Enttäuschungen mitteilt; im Film sehen wir Antoine nur von außen, und da er sich nicht um einen expressiven Schauspielstil bemüht (den Truffaut sowieso nicht bevorzugt), ist es nicht immer einfach, sich in seine Gedanken- und Gefühlswelt hineinzuversetzen. Seine Ängste und Enttäuschungen zeigen sich eher in seinen Taten; wenn wir nur sein Gesicht sehen, bedarf sein Innenleben in intensiverer Weise der Rekonstruktion durch den Zuschauer. Das ändert sich in der letzten Einstellung, mit dem letzten Bild des Films.

Während es für das erste Literatur-Film-Arrangement ergiebig war, die Anfänge zu vergleichen, verdienen in diesem Fall die **Enden** der beiden Werke eine besondere Beachtung. Das Ende von SIE KÜSSSEN UND SIE SCHLUGEN IHN ist berühmt: Antoine schaut – für den Zuschauer sehr überraschend – unmittelbar in die Kamera und damit auch unmittelbar in die Augen der Zuschauer, und dieses Bild gefriert dann zu einem Standbild. Schon der »Blick in die Kamera« nimmt dem Dispositiv Film »die Unschuld« (Metz 1997, 31); das Anhalten des Bildes verdoppelt diesen Effekt noch (man könnte auch wie beim Anfang des Filmes von Hitchcock fragen, *wer* hier eigentlich das Bild anhält; in Truffauts Film gibt es also zum Ende einen Hinweis auf einen Erzähler, bei Hitchcock zu Beginn). Aus der Filmfigur Antoine wird ein Bild, das mit dem Film zu tun hat, aber aus diesem quasi heraustritt und sich noch enger mit dem Zuschauer verbindet als übliche Schlußeinstellungen. Auch wenn es nicht einfach ist, diesen letzten Blick Antoines zu deuten: Erschrecken, Erstaunen, Sorge, Freude, Hoffnung – so rückt der kindliche Held dem Rezipienten doch in diesem Moment unvergleichlich und nachhaltig nahe und weil danach das schmucklose Wort ›Ende‹ erscheint, geht der Zuschauer mit Antoines Blick und seinen Überlegungen nach Hause.

Im Unterschied dazu ist das Ende der ansonsten ausschließlich subjektiv erzählten Geschichte von *Popp und Mingel* in eine distanzierte Form gerückt. Während alle Ereignisse und Überlegungen in der ersten Person Singular erzählt sind, flüchtet der kindlich-jugendliche Ich-Erzähler im letzten Satz ins unpersönliche ›man‹ und schildert sowohl die trostlose Situation nach der Krise wie auch die Erkenntnis, »daß man kein Kind mehr ist« so, als ginge es nur noch am Rande um ihn und sein Schicksal. Während der Ich-Erzähler von *Popp und Mingel* uns während der Erzählung an seinem Inneren teilhaben läßt, dreht er uns am Ende den Rücken zu; und während wir Antoines Inneres während des Films selbst ausloten müssen, schaut er uns am Ende – mahnend, auffordernd, herausfordern – direkt an.

Sergej Eisenstein und Alfred Döblin

Insbesondere das Montageverfahren wird immer wieder genannt, wenn es um den Rezipienten bzw. die notwendigen Aktivitäten des Zuschauers geht. Während der Begriff des Erzählers von der Literatur für den Film übernommen wurde, ist es für den Begriff der Montage umgekehrt; er wurde vom Film auf die Literatur übertragen. Es ist sicherlich nicht zufällig, daß dieses formale Gestaltungsprinzip parallel zur Entwicklung des Stummfilms in den 1920er Jahren (welt)literarische Gestalt gewinnt, und zwar mit drei **Großstadtromanen**, von denen der eine in Dublin, der andere in New York und der dritte in Berlin ›spielt‹: *Ulysses* von James Joyce (1922), *Manhattan Transfer* von John Dos Passos (1925) und **Berlin Alexanderplatz von Alfred Döblin** (1929). Auch für Döblins Roman wurde schon früh festgestellt, daß Montage das »›Stilprinzip dieses Buches‹« ist: »Die Montage sprengt den Roman, sprengt ihn im Aufbau wie auch stilistisch, und eröffnet neue, sehr epische Möglichkeiten. Im Formalen vor allem‹« (Walter Benjamin; zitiert nach Paech 1997, 145). Im Mittelpunkt dieses Romans steht zwar die Figur des gerade aus dem Gefängnis entlassenen Franz Biberkopf, aber diese wird so lange »›dekonstruiert‹«, »bis die Fokussierung auf einen ›Helden‹ in der großstädtischen Umgebung schließlich unmöglich wird« (ebd.). Eine dominante präsentische Erzählweise, überraschende Zeitsprünge in die Geschichte und die

Zukunft, Demontage mythischer Figuren, Zitate aus Tageszeitungen und Schlagern, Musicals, Kirchenliedern, die unvermittelte Wiedergabe unterschiedlicher Sprachen und Dialekte, die Wiedergabe verschiedener Lebensläufe und -schicksale sowie unablässige und schnelle Perspektiv- und Ortswechsel stoßen oft übergangslos, manchmal sogar innerhalb eines Satzes aufeinander und kennzeichnen diesen ersten deutschen Großstadtroman. Die Stadt diktiert die Form, die Stadt agiert mit und hat ihren Anteil am scheinbaren ›Erzählchaos‹ und am Leben der Figuren. Der Roman wirkt schnell, laut, aggressiv, hektisch und ungeduldig.

In Beziehung gesetzt werden soll dieser Roman mit einem filmischen Beispiel der frühen Geschichte der Montageverfahren, und zwar mit PANZERKREUZER POTEMKIN **von Sergej Eisenstein**, einem Film, der – kurz vor Döblins Roman – 1925 in Rußland erstmals aufgeführt wurde. Der Film erzählt von einem Aufstand, von der Niederschlagung desselben und von einem optimistischen Ende, das Zukunft für revolutionäre Bewegungen verheißt. Eisenstein feilt für seinen politischen Film an einer wirkungsvollen Oppositionsmontage, in der entgegengesetzte Bewegungen und nicht zusammengehörende Teile in sekundenkurzen Einstellungen sich durch die Wahrnehmung des Zuschauers zu einem Ganzen verbinden. »Alle möglichen Aspekte der Montage kommen da in einer großen Neuschöpfung [...] zusammen [...]: neue Konzeption der Großaufnahme, neue Konzeption der Akzelerationsmontage, Vertikalmontage, Attraktionsmontage, Intellektual- oder Bewußtseinsmontage [...]« (Deleuze 1989, 59). So sehen wir in der berühmten Treppenszene, in der Soldaten rücksichtslos auf die Zivilbevölkerung schießen, einen ständigen Wechsel zwischen Aufwärts- und Abwärtsbewegungen, zwischen ungeordnet, hastig flüchtenden Massen und ›ordentlich‹ im Gleichschritt sich bewegenden Soldatenbeinen, zwischen Totaleinstellungen, Groß- und nicht zuletzt Detailaufnahmen, zwischen pathetischen Anspielungen an mythische Konstellationen (Mutter mit dem toten Sohn auf dem Arm) und der nur metonymischen Andeutung des kindlichen Sterbens (der die Treppe hinabrollende Kinderwagen), zwischen Gewehren, Gürtelschnallen und Kinderwagenrädern, zwischen Stufen, Stiefeln und aufgerissenen Mündern. Die Treppenszene dauert nur ca. sechs Minuten, enthält aber fast 150 Einstellungen, von denen viele nur wenige Sekunden dauern und ist teilweise so dekomponiert, daß dem Zuschauer eine logische räumliche Orientierung erschwert wird (vgl. Stiegler 1999, 284–288)

»In der **Montage der Einstellungen werden diese Bildkompositionen kontrastiv** eingesetzt. [...] In der Auseinandersetzung mit der perspektivischen Vielfalt der Bilder wird ihre Verknüpfung geleistet« (ebd., 288). Die Polyperspektivität der Treppenszene setzt einen Erkenntnisprozeß in Gang, weil der Zuschauer mal die Position der Soldaten, mal die der Opfer und dann wieder die eines von außen auf die Szene Schauenden einnimmt. Dabei wirkt Eisensteins auf Pathos setzende Konzeption auch heute noch: Pathos nennt Eisenstein eine Reaktion, die entsteht, wenn Entscheidendes und Wichtiges bildnerisch *nicht* dargestellt sei, dieses Wesentliche aber aus der Bildkomposition als unbedingt dazu gehörender Teil im Kopf des Betrachters entsteht. Auf diese Weise wird die Aufmerksamkeit der Betrachter viel stärker beansprucht, als wenn das entsprechende Detail im Bild zu sehen ist. Nicht zuletzt deswegen wird der Kinderwagen so gut erinnert, auch wenn wir das Kind, das wir in dem Wagen vermuten, nie zu sehen bekommen.

Wie in der Treppenszene erfordern auch in Döblins Roman die **raschen Perspektivwechsel eine unablässige Leseraktivität** und -deutung, allerdings nicht um große gesellschaftliche Umwälzungen zu erfassen, sondern um die **Katastrophen kleiner Leute** im großstädtischen Getriebe zu rekonstruieren. Dabei geht es nicht um Deutungen der beiden Werke – obwohl beiden ein didaktischer Impuls nicht abzusprechen ist –, sondern darum, *Bauprinzipien* herauszuarbeiten. So läßt sich mit der Treppenszene aus Eisensteins Film im wahrsten Sinne des Wortes veranschaulichen, wie Döblin seine sprachlich geschaffenen Passagen montiert, um das aggressive »Chaos der Stadt« einzufangen (Zielinski 1980, 131).

Eine vergleichbare Form der Desorientierung findet auch in *Alexanderplatz* statt, wenn z. B. Hühnerlaute, Menelaos, Telemach, Helena, Brathühner, Brehms Tierleben, Indien und ein genauestens vermessener Schlachthof im Nordosten Berlins auf einer Seite zusammentreffen oder wenn ein Bild des Alexanderplatzes mit seiner Geräuschkulisse, seinen Bauarbeiten sowie einer Aufzählung der unterschiedlichen Geschäfte, die um ihn herum angesiedelt sind, unterbrochen wird von Werbungen für Parteien, Buchausgaben der deutschen Klassiker, Getränke für Schwangere, Lebensversicherungen, Möbel und ergänzt wird um unvermittelte Einblicke in die Lebensgeschichten einiger Mieter, die in den umliegenden Wohnungen leben (ebd., 105 ff). Ein leseraktivierendes Verfahren wird in solchen Passagen betrieben, weil ständig an der Konstruktion eines Zusammenhangs gearbeitet werden muß. Der Leser von *Berlin Alexanderplatz* wird in die alltäglichen Gewaltverhältnisse des aufkeimenden großstädtischen Lebens verwickelt, weil unterschiedliche Stile, Sprachen, Figuren, Mythen, Zeiten so unvermittelt aufeinanderprallen wie die schießenden Soldaten auf die Menschen der Hafentreppe von Odessa.

Schlußbemerkung

»Der Zuschauer bleibt im Film und im Kino wie die Kamera, die den Film aufgenommen hat, immer außen vor. [...] Die Kamera *zeigt* eine Welt, die ihr ebenso *äußerlich* wie dem Betrachter des Films ist, und dennoch ist es eine Welt, die etwas meint und uns etwas *mitteilt* und deren Mitteilung ihre *Anerkennung* voraussetzt« (Koch 2003, 169–170; Hervorh. E.K.P.). Wie dieses **Zeigen und Mitteilen** funktioniert und wie diese **Äußerlichkeit so überwunden** werden kann, damit diese Anerkennung stattfinden kann – das sollte sowohl aus theoretischer Perspektive als auch mit Bezugnahme auf drei Literatur-Film-Beispiele deutlich gemacht werden. Dabei beschränkten sich die Beispiele auf Werke, die im selben Zeitraum erschienen sind, nicht aus prinzipiellen Gründen, sondern um deutlich zu machen, welche inhaltlichen und formalen Parallelen bzw. Unterschiede zwischen den schriftlichen und filmischen Erzählkünste einer Zeit (unbewußt) bestehen. (Daß auch Werke produktiv miteinander in Kontakt gebracht werden können, zwischen deren Entstehungszeiten große Abstände liegen, wurde andernorts gezeigt: vgl. dazu Paefgen/Reichelt 2003; Paefgen 2006). Daß in allen Beispielen filmklassische Werke gewählt wurden, ist nicht zufällig, bietet sich doch auf diese Weise die Chance, neben den literaturbezogenen Erkenntnissen eine kleine Einführung in die Filmliteratur zu leisten. Daß Erweiterungen auf populäre Filme des Unterhaltungskinos möglich sind, konnte schon am Beispiel von Schiller Drama *Jungfrau von Orleans* und Luc Bessons Films JOAN OF ARC (1999) gezeigt werden (Paefgen im Erscheinen). Auch wenn vergleichbare Literatur-Film-Kombinationen immer nur einen Teil des Literaturunterrichts ausmachen können, so steckt in diesen Arrangements doch ein literaturnahes Lernpotential, das – ist die Aufmerksamkeit erst mal geweckt – durch weitere Filme und weitere literarische Texte ergänzt werden kann.

IV. Bibliographie

1. Arbeitsmittel

Handbücher

Abraham, Ulf/Kepser, Matthis (Hgg.): *Literaturdidaktik Deutsch. Eine Einführung.* Berlin 2005.

Baurmann, Jürgen/Hoppe, Otfried (Hgg.): *Handbuch für Deutschlehrer.* Stuttgart u.a. 1984.

Bogdal, Klaus-Michael/Korte, Hermann (Hgg.): *Grundzüge der Literaturdidaktik.* München 2002.

Boueke, Dietrich (Hg.): *Deutschunterricht in der Diskussion. Forschungsberichte.* Paderborn 1974.

ders. (Hg.): *Deutschunterricht in der Diskussion. Forschungsberichte.* 2. erw. u. bearb. Aufl. 2 Bde. Paderborn 1979.

Braun, Peter/Krallmann, Dieter (Hgg.): *Handbuch Deutschunterricht. Bd. 1: Sprachdidaktik. Bd. 2: Literaturdidaktik.* Düsseldorf 1983.

Essen, Erika: *Methodik des Deutschunterrichts.* Heidelberg. 3. verb. Aufl. 1962; 7. Aufl. 1968; 9. verb. Aufl. 1972. [1. Aufl. 1956]

Franzmann, Bodo/Hasemann, Klaus/Löffler, Dietrich/Schön, Erich (Hgg.): *Handbuch Lesen.* München 1999.

Fritzsche, Jürgen: *Zur Didaktik und Methodik des Deutschunterrichts.* 3 Bde. Bd. 1: *Grundlagen.* Bd. 2: *Schriftliches Arbeiten.* Bd. 3: *Umgang mit Literatur.* Stuttgart u.a. 1994

Grünewald, Dietrich/Kaminiski, Winfred (Hgg.): *Kinder- und Jugendmedien. Ein Handbuch für die Praxis.* Weinheim 1984.

Helmers, Hermann: *Didaktik der deutschen Sprache. Einführung in die Theorie der muttersprachlichen und literarischen Bildung.* Stuttgart 1966. [8. bearb. u. erw. Aufl. 1975]

Hopster, Norbert (Hg.): *Handbuch ›Deutsch‹. Sekundarstufe I.* Paderborn u.a. 1984 a.

Kämper-van den Boogaart, Michael (Hg.): *Deutsch-Didaktik. Leitfaden für die Sekundarstufe I und II.* 2. korrig. u. erw. Aufl. Berlin 2004. [1. Aufl. 2003]

Kreft, Jürgen: *Grundprobleme der Literaturdidaktik. Eine Fachdidaktik im Konzept sozialer und individueller Entwicklung und Geschichte.* 2. Aufl. Heidelberg 1982. [1. Aufl. 1977]

Lange, Günter/Neumann, Karl/Ziesenis, Werner: *Taschenbuch des Deutschunterrichts.* Bd. 1: *Grundlagen, Sprachdidaktik, Mediendidaktik.* Bd. 2: *Literaturdidaktik: Klassische Form, Trivialliteratur, Gebrauchstexte.* 6. vollst. überarb. u. erw. Aufl. Baltmannsweiler 1998.

Lange, Günter/Weinhold, Swantje (Hgg.): *Grundlagen der Deutschdidaktik. Sprachdidaktik - Mediendidaktik – Literaturdidaktik.* Baltmannsweiler 2005.

Schober, Otto: *Studienbuch Literaturdidaktik. Neuere Konzeptionen für den schulischen Umgang mit Texten. Analyse und Materialien.* Kronberg/Ts 1977.

Ulshöfer, Robert: *Methodik des Deutschunterrichts.* Stuttgart. [1. Aufl. 1952]

3. Bd. Mittelstufe II. 2. verb. Aufl. (o.J.)

1. Bd. Unterstufe 1. Aufl. (o.J.)

2. Bd. Mittelstufe I. 6. neubearb. Aufl. (1966)

3. Bd. Mittelstufe II. 4. verb. Aufl. (1966)

3. Bd. Mittelstufe II. 5. durchges. Aufl. (1968)

2. Bd. Mittelstufe I. 8. neubearb. Aufl. (1970)

2. Bd. Mittelstufe I. 9. Aufl. (1972)

3. Bd. Mittelstufe II. Neufassung 1974.

Weber, Albrecht: *Grundlagen der Literaturdidaktik.* München 1975.

Lesebücher

Glotz, Peter/Langenbucher, Wolfgang: *Versäumte Lektionen.* Gütersloh 1965.

Standorte. Umgang mit Texten im Deutschunterricht der Oberstufe. Von Eva-Maria Kabisch. Stuttgart u.a. 1991.

Texte, Themen und Strukturen. Grundband Deutsch für die Oberstufe. Heinrich Biermann/Bernd Schurf (Hgg.) Düsseldorf 1990.

Wernicke, Uta: *Sprachgestalten. Bd. 1. Lese- und Schreibweisen: Sprachliches Handeln in Theorie und Praxis. Bd. 2. Lese- und Schreibweisen: Umgang mit literarischen Texten.* Hamburg 1983.

Zeitschriften

Deutschunterricht. Magazin für Deutschlehrer aller Schulformen. Heft 1 (1948)

Der Deutschunterricht, Beiträge zu seiner Praxis und wissenschaftlichen Grundlegung. Heft 1 (1948/49)

– 32 (1980) H. 5 [Wie wird man ein Leser? Schwierigkeiten in der literarischen Sozialisation]

– 33 (1981) H. 4 [Literatur und Film]

– 34 (1982) H. 6 [Interpretation und ihre Schwierigkeiten in der Schule]

– 36 (1984) H. 2 [Lesen oder Interpretieren?]

– 45 (1993) H. 4 [Literaturunterricht heute]

– 47 (1995) H. 6 [Neue Lesarten. Texte im Literaturunterricht]

– 48 (1996) H. 3 [Lektüre-Praxis, Lektüre-Vielfalt]

– 49 (1997) H. 3 [Medienaneignung]

Diskussion Deutsch. Zeitschrift für Deutschlehrer aller Schulformen in Ausbildung und Praxis. Heft 1 (1970) bis Heft 144 (1995).

- 4 (1973) H. 14 [Medien]
- 9 (1978) H. 42 [Massenmedien]
- 12 (1981) H. 61 [Medien]
- 14 (1982) H. 64 [Kanon]
- 16 (1985) H. 84 [Kreativität]
- 18 (1987) H. 95 [Lesen und sehen]
- 21 (1990/91) H. 116 [Leid(t)motiv Postmoderne]
- 25 (1994) H. 140 [Medienpädagogik]

Mitteilungen des deutschen Germanistenverbandes.
- 34 (1987) H. 3, S. 1–47 [Richtlinien und Lehrpläne für den Deutsch-unterricht]
- 34 (1987) H. 4, S. 1–19 [Richtlinien und Lehrpläne für den Deutsch-unterricht]
- 43 (1996) H. 3 [Literaturkanon in Schule und Hochschule]
- 44 (1997) März [Medienwissenschaft und Medienerziehung]

Praxis Deutsch. Zeitschrift für den Deutschunterricht. Heft 1 (1973)
- 4 (1977) H. 25 [Fernsehen]
- 10 (1983) H. 57 [Verfilmte Literatur – literarischer Film]
- 14 (1987) H. 81 [Interpretieren]
- 16 (1989) H. 98 [Textanalyse]
- 20 (1993) H. 113 [Kreatives Schreiben]
- 21 (1994) H. 123 [Handlungs- und produktionsorientierter Literatur-unterricht]
- 22 (1995) H. 133 [Christa Wolf]

ide (Informationen zur Deutschdidaktik)
27 (2003) H. 4 [Film]

Siglen

LiLi	Zeitschrift für Literaturwissenschaft und Linguistik
DD	Diskussion Deutsch
DiDe	Didaktik Deutsch
DUB	Deutschunterricht
DU	Der Deutschunterricht
DVjs	Deutsche Vierteljahrsschrift für Literaturwissenschaft und Gei-stesgeschichte
ide	Informationen zur Deutschdidaktik
PD	Praxis Deutsch
WW	Wirkendes Wort

2. Sekundärliteratur

Abels, Kurt: *Zur Geschichte des Deutschunterrichts im Vormärz. Robert Heinrich Hiecke (1805–1861) – Leben, Werk, Wirkung.* Köln u.a. 1986.

Abraham, Ulf: *Lesarten – Schreibarten. Formen der Wiedergabe und Besprechung literarischer Texte.* Stuttgart u.a. 1994.

ders.: »Drei Trends – Ein Kommentar«. In: *DiDe* 11 (2005) H. 19, S. 8–10.

ders.: »Lese- und Schreibstrategien im themazentrierten Deutschunterricht. Zu einer Didaktik selbstgesteuerten und zielbewussten Umgangs mit Texten«. In: Abraham u.a. (Hgg.): *Deutschdidaktik und Deutschunterricht nach PISA* (2003) S. 204–219.

ders./Bremerich-Vos, Albert/Frederking, Volker/Wieler, Petra (Hgg.): *Deutschdidaktik und Deutschunterricht nach PISA.* Freiburg 2003.

ders./Kupfer-Schreiner, Claudia/Maiwald, Klaus (Hgg.): *Schreibförderung und Schreiberziehung. Eine Einführung für Schule und Hochschule.* Donauwörth 2005.

Ader, Dorothea/Kress, Axel/Riemen, Alfred: *Literatur im Unterricht – linguistisch.* München 1975.

Altenhofer, Norbert/Bohn, Volker/Kimpel, Dieter/Procher, Otmar/ Servatius, Gerd: *Die Hessischen Rahmenrichtlinien für das Fach Deutsch in der wissenschaftlichen Diskussion. Zur Systematik des Sprach- und Literaturunterrichts.* Kronberg/Ts 1974.

Anz, Thomas: *Literatur und Lust. Glück und Unglück beim Lesen.* München 1998.

Arndt, Dieter: »Zur Frage der Ästhetik«. In: Grünewald/Kaminski (Hgg.): *Kinder- und Jugendmedien* (1984) S. 29–41.

Artelt, Cordula/Stanat, Petra/Schneider, Wolfgang/Schiefele, Ulrike: »Lesekompetenz: Testkonzeption und Ergebnisse«. In: Baumert, Jürgen u.a. (Hgg.): *PISA 2000. Basiskompetenzen von Schülerinnen und Schülern im internationalen Vergleich.* Opladen 2001. S. 69–140.

Assmann, Aleida: »Kanonforschung als Provokation der Literaturwissenschaft«. In: Heydebrand, Renate von (Hg.): *Kanon – Macht – Kultur. Theoretische, historische und soziale Aspekte ästhetischer Kanonbildung.* Stuttgart u.a. 1998. S. 47–59.

Aust, Hugo: *Lesen. Überlegungen zum sprachlichen Verstehen.* Tübingen 1983.

Bamberger, Richard: *Jugendlektüre. Jugendschriftenkunde, Leseunterricht, Literaturerziehung.* 2. Aufl. Wien 1965. [1. Aufl. 1955]

Balázs, Béla: *Der sichtbare Mensch oder Die Kultur des Films.* Frankfurt/M 2001. [1. Aufl. 1924]

ders.: *Der Geist des Films.* Frankfurt/M 2001 a. [1. Aufl. 1930]

Bark, Joachim: »Und dann und wann ein weißer Elefant. Literarische Kanonbildung im Für und Wider«. In: *DUB* 46 (1993) H.1, S. 10–18.

ders.: »Kanongerede. Eine Bestandsaufnahme in polemischer Absicht«. In: *Mitteilungen des deutschen Germanistenverbandes* 43 (1996) H. 3, S. 3–8.

Barthes, Roland: *Leçon/Lektion. Französisch und Deutsch. Antrittsvorlesung im Collège de France.* Übersetzung von Helmut Scheffel. Frankfurt/M 1980. [1. frz. Aufl. 1978]

ders.: *S/Z.* Frankfurt/M 1987. [1. frz. Aufl. 1970]

ders.: *Die Lust am Text.* Frankfurt/M 1990 a. [1. frz. Aufl. 1973]

ders.: »Rhetorik des Bildes«. In: Ders.: *Der entgegenkommende und der stumpfe Sinn. Kritische Essays III.* Frankfurt/M 1990 b. S. 28–46.

Bauer, Johannes: *Lehrerbegleitheft zu Schwarz auf Weiß. Sekundarstufe.* Hannover 1973.

ders.: »Lernzielorientierung im Lesebuch«. In: Payrhuber, Franz-Josef/Weber, Albrecht (Hgg.): *Literaturunterricht heute – warum und wie? Eine Zwischenbilanz.* Freiburg 1978. S. 35–66.

Bauer, Karl W.: »Mediatisierung der Gesellschaft und Perspektiven schulischer Medienpädagogik«. In: *DD* 25 (1994) H. 140, S. 365–373.

Baumgärtner, Alfred C. (Hg.): *Jugendliteratur im Unterricht. 14 Unterrichtsvorbereitungen.* Weinheim 1972.

ders. (Hg.): *Zurück zum Literatur-Unterricht? Literaturdidaktische Kontroversen.* Braunschweig 1977.

Baurmann, Jürgen: *Textrezeption und Schule. Grundlagen – Befunde – Unterrichtsmodelle. Mit Unterrichtsmodellen von Rosemarie Gajda, Kurt Klimerple, Hans Schwitzke.* Stuttgart u.a. 1980.

ders./Müller, Astrid: »Lesen beobachten und fördern«. In: *PD* 32 (2005) H. 194, S. 6–13.

Becker-Mrotzek, Michael: »Nicht standardisieren, sondern sprachlich befähigen«. In: *DiDe* 11 (2005) H. 19, S. 11–13.

Beetz, Manfred/Antos, Gerd: »Die nachgespielte Partie. Vorschläge zu einer Theorie der literarischen Produktion«. In: Finke, Peter/Schmidt, Siegfried J. (Hgg.): *Analytische Literaturwissenschaft.* Braunschweig u.a. 1984. S. 90–141.

Behnken, Imbke/Messner, Rudolf/Rosebrock, Cornelia/Zinnecker, Jürgen: *Lesen und Schreiben aus Leidenschaft. Jugendkulturelle Inszenierungen von Schriftkultur.* Weinheim u.a. 1997.

Behrendt, Martin/Foldenauer, Karl: *Werkbuch Lyrik.* Braunschweig 1979.

Beisbart, Ortwin: *Ganzheitliche Bildung und muttersprachlicher Unterricht in der Geschichte der höheren Schule. Untersuchungen zu Fundierung und Praxis von Deutschunterricht zwischen 1750 und 1850.* Frankfurt/M u.a. 1989.

Beisbart, Ortwin/Eisenbeiß, Ulrich/Koß, Gerhard/Marenbach, Dieter (Hgg.): *Leseförderung und Leseerziehung. Theorie und Praxis des Umgangs mit Büchern für junge Leser.* Donauwörth 1993.

Belgrad, Jürgen/Fingerhut, Karlheinz (Hgg.): *Textnahes Lesen. Annäherungen an Literatur im Unterricht.* Baltmannsweiler 1998.

ders.: »Lesekompetenzschwächen: Versäumnisse des Deutschunterrichts«. In: Kämper-van den Boogaart, Michael (Hg.): *Deutschunterricht nach der PISA-Studie* (2004) S. 37–58.

Berger, Norbert: *Stundenblätter. Balladen. Unterrichtsmodelle für die Klassen 5–11. 60 Seiten Beilage.* 2. Aufl. Stuttgart 1991.

Bertschi-Kaufmann, Andrea: *Lesen und Schreiben in einer Medienumgebung. Die literalen Aktivitäten von Primarschulkindern.* Aarau 2000.

Bichsel, Peter: »Eigenartige Leute – Leser zum Beispiel«. In: *DU* 40 (1988) H. 4, S. 5–8.

Bildungsstandards, Zur Entwicklung von. Eine Expertise. Vorstellt von Edelgard Bulmahn, Karin Wolff, Eckhard Klieme am 18.2.2003 in Berlin.

Binder, Alwin/Richartz, Heinrich: *Lyrikanalyse. Anleitung und Demonstration an Gedichten von Benjamin Schmolck, Frank Wedekind und Günter Eich.* Frankfurt/M 1984.

Blumensath, Heinz: »Ein Text und seine Inszenierung«. In: *PD* 19 (1992) H. 115, S. 27–29.

ders./Lohr, Stephan: »Verfilmte Literatur – literarischer Film«. In: *PD* 10 (1983) H. 57, S. 10–19.

ders./Voigt, Gerhard: »Bilder. Eine methodische Hilfe im Literaturunterricht«. In: *PD* 15 (1988) H. 87, S. 12–19.

Boehncke, Heiner/Humburg, Jürgen: *Schreiben kann jeder. Handbuch zur Schreibpraxis für Vorschule, Schule, Universität, Beruf und Freizeit.* Reinbek 1980.

Bogdal, Klaus-Michael: »Lesealltag in der Schule. Beobachtungen, Überlegungen, Korrekturen«. In: *DD* 16 (1985) H. 85, S. 459–467.

ders.: »Postmoderne, die neue Gründerzeit«. In: *PD* 20 (1993 a) H. 121, S. 7–10.

ders.: »›Mein ganz persönlicher Duft‹. ›Das Parfum‹, die Didaktik und der Deutschunterricht«. In: *DD* 24 (1993 b) H. 130, S. 124–133.

ders./Kammler, Clemens (Hg.): *(K)ein Kanon – 30 Schulklassiker neu gelesen.* München 2000.

Bonfadelli, Heinz/Fritz, Angela/Köcher, Renate: *Lesesozialisation. Bd. 2. Leseerfahrungen und Lesekarrieren.* Mit einer Synopse von Ulrich Saxer. Gütersloh 1993.

Bordwell, David: *Narration in the Fiction Film.* Wisconsin 1985.

ders.: »Kognition und Verstehen. Sehen und Vergessen in ›Mildred Pierce‹. In: *Montage* 1 (1992) H. 1, S. 5–24.

Boueke, Dietrich (Hg.): *Der Literaturunterricht.* Weinheim u.a. 1971.

ders./Hopster, Norbert (Hgg.): *Schreiben – Schreiben lernen. Rolf Sanner zum 65. Geburtstag.* Tübingen 1985.

ders./Schülein, Frieder: »›Personales Schreiben‹. Bemerkungen zur neueren Entwicklung der Aufsatzdidaktik«. In: Boueke/ Hopster (Hgg.): *Schreiben – Schreiben lernen* (1985) S. 277–301.

Brackert, Helmut: »Literarischer Kanon und Kanon-Revision«. In: Brackert, Helmut/Raitz, Walter: *Reform des Literaturunterrichts. Eine Zwischenbilanz.* Frankfurt/M 1974. S. 134–164.

Bremerich-Vos, Albert (Hg.): *Handlungsfeld Deutschunterricht im Kontext. Festschrift für Hubert Ivo.* Frankfurt/M 1993.

ders.: »›Welt ergreifen und mit sich verbinden‹ – Didaktische Anmerkungen zu sprachlicher und literarischer ›Bildung‹ und ›Ausbildung‹«. In: Jäger, Ludwig (Hg.): *Disziplinäre Identität und kulturelle Leistung. Vorträge des deutschen Germanistentages 1994.* Weinheim 1995. S. 229–247.

ders./Wieler, Petra: »Zur Einführung«. In: Abraham u.a. (Hgg.): *Deutschdidaktik und Deutschunterricht nach PISA* (2003) S. 13–25.

Bremer Kollektiv: *Grundriß einer Didaktik und Methodik des Deutschunterrichts in Sekundarstufe I und II*. Stuttgart 1974.

Brenner, Gerd: *Kreatives Schreiben. Ein Leitfaden für die Praxis. Mit Texten Jugendlicher*. Frankfurt/M 1990.

Buchner, Christina: *Schreibvergnügen. Anregungen und Materialien für das 1. und 2. Schuljahr*. 2. Aufl. München 1990.

Buck, Günther: »Literarischer Kanon und Geschichtlichkeit. (Zur Logik des literarischen Paradigmenwandels)«. In: *DVjs* 57 (1983) H. 3, S. 351–365.

Busse, Günter: *Training Gedichtinterpretation. Oberstufe*. 7. Aufl. Stuttgart 1985. [1. Aufl. 1977]

Bürger, Christa: »›Offene Textsequenz‹ oder Ideologiekritik«. In: *DD* 7 (1976) H. 30, S. 333–351.

Casanova, Pascale: »Literatur als eine Welt«. In: *Lettre International* (2005) H. 69, S. 86–91.

Chabrol, Claude: *Wie man einen Film macht*. Berlin 2004. [1. frz. Aufl. 1991]

Chatman, Seymour: *Coming to Terms. The Rhetorik of Narrative in Fiction and Film*. Cornell 1990.

Christ Hannelore/Holzschuh, Horst/Merkelbach, Valentin/Raitz, Walter/Stückrath, Jörn (Hgg.): *Hessische Rahmenrichtlinien Deutsch. Analyse und Dokumentation eines bildungspolitischen Konflikts*. Düsseldorf 1974.

dies./Fischer, Eva/Fuchs, Claudia/Merkelbach, Valentin/Reuschling, Gisela: *›Ja aber es kann doch sein...‹. In der Schule literarische Gespräche führen*. Frankfurt/M u.a. 1995.

Conrady, Peter (Hg.): *Literatur-Erwerb. Kinder lesen Texte und Bilder*. Frankfurt/M 1989.

Dahrendorf, Malte: *Literaturdidaktik im Umbruch. Aufsätze zur Literaturdidaktik, Trivialliteratur, Jugendliteratur*. Düsseldorf 1975.

ders.: »›Hinauflesen‹ versus ›Bedürfnisbefriedigung‹. Historische Dimension und aktuelle Bedeutung eines didaktischen Konflikts«. In: Baumgärtner (Hg.): *Zurück zum Literatur-Unterricht?* (1977) S. 24–38.

ders.: *Kinder- und Jugendliteratur im bürgerlichen Zeitalter. Beiträge zu ihrer Geschichte, Kritik und Didaktik*. Königsstein/Ts 1980.

Daubert, Hannelore: *Peter Härtling im Unterricht. Klassen 3–6. Mit einem Vorwort von Peter Härtling*. Weinheim 1996.

Dehn, Mechthild: *Texte und Kontexte. Schreiben als kulturelle Tätigkeit in der Grundschule*. Berlin 1999.

dies./Hoffmann, Thomas/Lüth, Oliver/Peters, Maria (Hgg.): *Zwischen Text und Bild. Schreiben und Gestalten mit neuen Medien*. Freiburg i. B. 2004.

Deleuze, Gilles: *Das Bewegungs-Bild. Kino 1*. Frankfurt/M 1989. [1. frz. Aufl. 1983]

Doderer, Klaus: *Klassische Kinder- und Jugendbücher. Kritische Betrachtungen.* Weinheim u.a. 1969.

Dolle-Weinkauff, Bernd/Ewers, Hans-Heino (Hgg.): *Theorien der Jugendlektüre. Beiträge zur Kinder- und Jugendliteraturkritik seit Heinrich Wolgast.* Weinheim u.a. 1996.

Eagleton, Terry: *Einführung in die Literaturtheorie.* 2. Aufl. Stuttgart u.a. 1992. [4. Aufl. 1997]

Eggert, Hartmut/Berg, Hans Christoph/Rutschky, Michael: *Schüler im Literaturunterricht. Ein Erfahrungsbericht.* Köln 1975 a.

dies.: »Die im Text versteckten Schüler. Probleme einer Rezeptionsforschung in praktischer Absicht«. In: Grimm (Hg.): *Literatur und Leser* (1975 b) S. 272–294.

Eggert, Hartmut/Rutschky, Michael: »Rezeptionsforschung und Literaturdidaktik. Zu ihrem wechselseitigen Verhältnis«. In: *DU* 29 (1977) H. 2, S. 13–25.

dies. (Hgg.): *Literarisches Rollenspiel in der Schule.* Heidelberg 1978.

Eggert, Hartmut/Garbe, Christine: *Literarische Sozialisation.* Stuttgart/ Weimar 1995. [2. Aufl. 2003.]

Ehbauer, Horst/Schober, Otto: »Das Verhältnis von Text und Bild als Gegenstand des Deutschunterrichts«. In: Baurmann/Hoppe (Hgg.): *Handbuch für Deutschlehrer* (1984) S. 441–469.

Ehlert, Klaus/Hoffacker, Helmut/Ide, Heinz: »Thesen über Erziehung zu kritischem Lesen«. In: *DD* 2 (1971) H. 4, S. 101–107.

Eicher, Thomas (Hg.): *Zwischen Leseanimation und literarischer Sozialisation. Konzepte der Lese(r)förderung.* In Zusammenarbeit mit Peter Conrady und Gerhard Rademacher. Oberhausen 1997.

Enzensberger, Hans Magnus: »Bescheidener Schutz zum Vorschlag der Jugend vor den Erzeugnissen der Poesie«. In: ders., *Mittelmaß und Wahn. Gesammelte Zerstreuungen.* Frankfurt/M 1988. S. 23–41. [1. Aufl. 1976]

Erdbrügge, Wolfgang: »Symptomatische Bemerkungen zur Postmoderne, Botho Strauß und einem Drama in Jahrgangsstufe 12«. In: *DU* 47 (1995) H. 6, S. 31–39.

Erlinger, Hans Dieter: »Deutschunterricht in Schulprogrammen des 19. Jahrhunderts«. In: Erlinger/Knobloch (Hgg.): *Muttersprachlicher Unterricht im 19. Jahrhundert* (1991) S. 237–256.

Erlinger, Hans Dieter/Knobloch, Clemens (Hgg.): *Muttersprachlicher Unterricht im 19. Jahrhundert. Untersuchungen zu seiner Genese und Institutionalisierung.* Tübingen 1991.

Ernst, Synes: *Deutschunterricht und Ideologie. Kritische Untersuchung der ›Zeitschrift für den deutschen Unterricht‹ als Beitrag zur Geschichte des Deutschunterrichts im Kaiserreich (1887–1911).* Bern u.a. 1977.

Eschenauer, Barbara: »Deutschunterricht – ein Kernfach für Medienpädagogik in der Schule?« In: *DD* 25 (1994) H. 140, S. 374–379.

Ewers, Hans-Heino: »Vorüberlegungen zu einer Theorie der Kinderliteratur. Ein Diskussionsbeitrag«. In: Conrady (Hg.): *Literatur-Erwerb* (1989) S. 61–69.

ders.: »Themen-, Formen- und Funktionswandel der westdeutschen Kinderliteratur seit Ende der 60er, Anfang der 70er Jahre«. In: *ZfG* N.F. 5 (1995) H. 2, S.257–278.

ders.: »Kinder- und Jugendliteratur im Modernisierungsprozeß. Skizzierung eines Projekts«. In: Wild (Hg.): *Gesellschaftliche Modernisierung und Kinder- und Jugendliteratur* (1997) S. 30–56.

ders.: *Literatur für Kinder und Jugendliche. Eine Einführung.* München 2000.

Ewers, Hans-Heino/Lypp, Maria/Nassen, Ulrich (Hgg.): *Kinderliteratur und Moderne. Ästhetische Herausforderungen für die Kinderliteratur im 20. Jahrhundert.* Weinheim u.a. 1990.

Fehr, Wolfgang: »Filmästhetik und Bildrhetorik im Erfolgskino: James Cameron ›Titanic‹ (USA 1997)«. In: *DU* 53 (2001) H. 4, S. 79–84.

Fingerhut, Karlheinz: »Über das In-Gebrauch-Nehmen historischer Literatur in der Schule. Anmerkungen zu historischem und kritischem Verstehen als Lernzielen der ideologiekritischen Literaturdidaktik«. In: Hoppe, Otfried (Hg.): *Kritik und Didaktik des literarischen Verstehens.* Kronberg/Ts 1976. S. 207–266.

ders.: *Umerzählen. Ein Lesebuch mit Anregungen für eigene Schreibversuche in der Sekundarstufe II.* Frankfurt/M u.a. 1982.

ders.: »Der subjektive Faktor im neuen Literaturunterricht. Einige Überlegungen zum Wertewandel in der Literaturdidaktik«. In: *DD* 16 (1985) H. 84, S. 349–359.

ders.: »Kann ›Handlungsorientierung‹ ein Paradigma der Literaturdidaktik sein?« In: *DD* 18 (1987/88) H. 98, S. 581–600.

ders.: »Die folgenlose Literatur und der pädagogische Wahn. Deutschdidaktik, Literaturunterricht und die Gegenwartsliteratur«. In: Norbert Oellers (Hg.): *Germanistik und Deutschunterricht im Zeitalter der Technologie. Selbstbestimmung und Anpassung. Vorträge d. Berliner Germanistentages 1987. Bd. 3. Literatur und Literaturunterricht in der Moderne.* Tübingen 1988. S. 3–19.

ders: »Umarbeiten – Überarbeiten – Ergänzen. Von der Phantasiearbeit im produktiven Literaturunterricht«. In: Kruse, Joseph/Salmen, Monika/Roth, Klaus-Hinrich (Hgg.): *Literatur. Verständnis und Vermittlung. Eine Anthologie zum 65. Geburtstag von Wilhelm Gössmann.* Düsseldorf 1991. S. 350–371.

ders.: »Textstruktur, Interpretationen und produktive Aneignungen. Untersuchungen an Kafkatexten und deren Lektüren«. In: *DU* 45 (1993 a) H. 4, S. 26–47.

ders.: »Die unendliche Suche nach der Bedeutung: Franz Kafka in der Schule«. In: *PD* 20 (1993 b) H. 120, S. 13–21.

ders.: »»Auf den Flügeln der Reflexion in der Mitte schweben‹ – Desillusionierung und Dekonstruktion. Heines ironische Brechung der klassisch-romantischen Erlebnislyrik und eine postmoderne ›doppelte‹ Lektüre«. In: *DU* 47 (1995) H. 6, S. 40–55.

ders.: *Kafka für die Schule.* Berlin 1996.

ders.: »Integrierte Unterrichtseinheiten als Kompetenzmodelle«. In: Kämper-van den Boogaart (Hg.): *Deutschunterricht nach der PISA-Studie* (2004) S. 117–141.

ders./Melenk, Hartmut/Waldmann, Günter: »Kritischer und produktiver Umgang mit Literatur«. In: *DD* 12 (1981) H. 58, S. 130–150.

ders./Melenk, Hartmut: »Über den Stellenwert von ›Kreativität‹ im Deutschunterricht«. In: Braun/Krallmann (Hgg.): *Handbuch Deutschunterricht Bd. 2 Literaturdidaktik* (1983) S. 189–202.

Fischer, Eva: »»...also der Mann will glaub ich den Jungen ablenken‹. ›Nachts schlafen die Ratten doch‹ von Wolfgang Borchert in einer 7. Hauptschulklasse«. In: Christ u.a. (Hgg.): *›Ja aber es kann doch sein‹* (1995) S. 178–201.

Fix, Martin: *Textrevisionen in der Schule. Prozessorientierte Schreibdidaktik zwischen Instruktion und Selbststeuerung – empirische Untersuchungen in achten Klassen.* Hohengehren 2000.

Förster, Jürgen: »Subjekt – Sinn – Geschichte. Postmoderne, Literatur und Lektüre«. In: *DU* 43 (1991) H. 4, S. 58–79.

ders.: »Literatur und Lesen im Wandel. Möglichkeiten einer anderen Literaturrezeption in der Schule«. In: *DU* 47 (1995) H. 6, S. 3–8.

ders: »Literatur als Sprache lesen. Sarah Kirsch ›Meine Worte gehorchen mir nicht‹«. In: Belgrad/Fingerhut (Hgg.): *Textnahes Lesen* (1998) S. 54–69.

ders. (Hg.): *Schulklassiker lesen in der Medienkultur.* Stuttgart 2000.

Frank, Horst Joachim: *Dichtung, Sprache, Menschenbildung. Geschichte des Deutschunterrichts von den Anfängen bis 1945.* 2 Bde. München 1976. [1. Aufl. 1973]

Frederking, Volker (Hg.): *Lesen und Symbolverstehen.* München 2004.

ders.: »Lesen und Leseförderung im medialen Wandel. Symmedialer Deutschunterricht nach PISA«. In: ders. (Hg.): *Lesen und Symbolverstehen* (2004 a), S. 37–66.

Freund, Winfried: *Die deutsche Ballade. Theorie, Analysen, Didaktik.* Paderborn 1978.

ders. (Hg.): *Deutsche Novellen.* 2. Aufl. München 1998. [1. Aufl. 1993]

Fricke, Harald/Zymner, Rüdiger: *Einübung in die Literaturwissenschaft: Parodieren geht über Studieren.* Paderborn u.a. 1991. [3. durchges. Aufl. 1996]

Fritzsche, Jürgen: *Schreibwerkstatt. Geschichten und Gedichte: Schreibaufgaben, -übungen, -spiele.* Stuttgart 1989.

Fröchling, Jürgen: *Expressives Schreiben. Untersuchungen des Schreibprozesses und seiner Funktion als Grundlage für eine Laienschreibdidaktik.* Frankfurt/M 1987.

Frommer, Harald: »Statt einer Einführung: Zehn Thesen zum Literaturunterricht«. In: *DU* 33 (1981 a) H. 2, S. 5–9.

ders.: »Verzögertes Lesen. Über Möglichkeiten, in die Erstrezeption von Schullektüren einzugreifen«. In: *DU* 33 (1981 b) H. 2, S. 10–27.

ders.: »Lernziel: Leserrolle. Ein Annäherungsversuch an Schillers Königin Elisabeth in Klasse 10«. In: *DU* 33 (1981 c) H. 2, S. 60–80.

ders.: *Lesen im Unterricht. Von der Konkretisation zur Interpretation. Sek. I und II.* Hannover 1988 a.

ders.: »Langsam lesen lernen!« Ein Plädoyer für die gelegentliche Langzeit-Lektüre«. In: *DU* 40 (1988 b) H. 4, S. 21–44.

ders.: *Lesen und Inszenieren. Produktiver Umgang mit dem Drama auf der Sekundarstufe.* Stuttgart u.a. 1995.

Fuhrmann, Helmut: »Zehn Thesen zum Kanon-Problem und ein Kanon-Vorschlag«. In: *DD* 14 (1983) H. 71, S. 327–335.

ders.: »*Die Furie des Verschwindens*«. *Literaturunterricht und Literaturtradition.* Würzburg 1993.

Gans, Rüdiger: »Erfahrungen mit dem Deutschunterricht. Eine Analyse autobiographischer Zeugnisse im Zusammenhang mit der Geschichte des Bildungsbürgertums im 19. Jahrhundert«. In: Erlinger/Knobloch (Hgg.): *Muttersprachlicher Unterricht im 19. Jahrhundert* (1991) S. 9–60.

Gansberg, Fritz: *Der freie Aufsatz. Seine Grundlagen und seine Möglichkeiten. Ein fröhliches Lehr- und Lesebuch.* Leipzig 1914.

Gast, Wolfgang: »Fernsehliteratur in der Schule. Didaktische Untersuchungen zu Grimmelshausen/ZDF: ›Der abenteuerliche Simplizissimus‹ (mit einer Projektskizze für Jahrgangsstufe 9/10)«. In: *DD* 8 (1977) H. 38, S. 568–606.

ders.: »Plädoyer für eine integrierte Literatur- und Medienerziehung«. In: *DU* 31 (1979) H. 3, S. 82–100.

ders.: »Deutschunterricht und mediale Bildung«. In: Jäger, Ludwig (Hg.): *Germanistik: Disziplinäre Identität und kulturelle Leistung. Vorträge des deutschen Germanistentages 1994.* Frankfurt/M 1995. S. 274–284.

ders.: *Film und Literatur. Analysen, Materialien, Unterrichtsvorschläge. Grundbuch. Einführung in Begriffe und Methoden der Filmanalyse.* Frankfurt/M 1993.

ders.: »Filmanalyse«. In: *PD* 23 (1996) H. 140, S. 14–25.

ders./Vollmers, Burkhard: »Fontane, Plenzdorf, Goethe – sehen oder lesen? Literaturverfilmungen sind besser als ihr Ruf«. In: *DD* 12 (1981) H. 61, S. 432–457.

Gatti, Hans: *Schüler machen Gedichte. Ein Praxisbericht mit vielen Anregungen und Beispielen.* Freiburg 1979.

Geißler, Rolf: »Für eine literarische Verfrühung«. In: *PR* 16 (1962) H. 11, S. 793–800.

ders. (Hg.): *Möglichkeiten des modernen deutschen Romans.* Frankfurt/M 1962.

ders.: *Prolegomena zu einer Theorie der Literaturdidaktik. Bestandsaufnahme – Kritik – Neuansatz.* Hannover u.a. 1970.

ders.: »Das Drama im Unterricht«. In: Wolfrum, Erich (Hg.): *Taschenbuch des Deutschunterrichts. Grundfragen und Praxis der Sprach- und Literaturpädagogik.* Esslingen 1972. S. 362–376.

ders.: »Mannix – oder Freitag-Abend bürgerlich. Untersuchungen zum Film ›Einer soll sterben‹ (ARD, 7.1.1972, 21.30 Uhr) aus der Fernsehserie ›Mannix‹«. In: *DD* 4 (1973) H. 13, S. 254–267.

ders.: *Arbeit am literarischen Kanon. Perspektiven der Bürgerlichkeit.* Paderborn u.a. 1982.

ders./Hasubek, Peter: *Der Roman im Unterricht. (5.–9. Schuljahr). Didaktische Erörterungen und Interpretationshilfen.* Frankfurt/M u.a. 1968.

Genette, Gérard: *Die Erzählung.* München 1994.

Germanistik – eine deutsche Wissenschaft. Beiträge von Eberhard Lämmert, Walther Killy, Karl Otto Conrady und Peter v. Polenz. Frankfurt/M 1967.

Gerth, Klaus: »Gedanken zu einem neuen Lesebuch«. In: Helmers (Hg.): *Die Diskussion um das deutsche Lesebuch* (1969) S. 165–179.

ders.: »Lyrische Texte«. In: *PD* 2 (1975) H. 11, S. 13–16.

ders.: »Fabeln und Witze«. In: *PD* 11 (1984) S. 14–34.

Göbel, Klaus (Hg.): *Das Drama in der Sekundarstufe.* Kronberg 1977.

ders.: »Drama und Theatralität. Zur Geschichte eines Versäumnisses in der Literaturdidaktik«. In: Göbel (Hg.): *Drama im Deutschunterricht* (1977 a) S. 1–21.

Gräbe, Ronald: »Fernsehkonflikte. Medienerziehung im Deutschunterricht – eine Unterrichtsreihe«. In: *DD* 12 (1981) H. 61, S. 417–431.

Grenz, Dagmar: *Mädchenliteratur. Von den moralisch-belehrenden Schriften im 18. Jahrhundert bis zur Herausbildung der Backfischliteratur im 19. Jahrhundert.* Stuttgart 1981.

dies.: »Aus der Geschichte lernen«. In: *WW* 33 (1983) H. 4, S. 240–258.

dies. (Hg.): *Kinderliteratur – Literatur auch für Erwachsene? Zum Verhältnis von Kinderliteratur und Erwachsenenliteratur.* München 1990.

Griem, Julika/Voigts-Virchow, Eckart: »Filmnarratologie: Grundlagen, Tendenzen und Beispielanalysen«. In: Nünning, Ansgar u. Vera (Hgg.): *Erzähltheorie transgenerisch, intermedial, interdisziplinär.* Trier 2002. S. 155–184.

Grimm, Gunter (Hg.): *Literatur und Leser. Theorien und Modelle zur Rezeption literarischer Werke.* Stuttgart 1975.

Groeben, Norbert: »Zur konzeptuellen Struktur des Konstrukts ›Lesekompetenz‹«. In: Groeben/Hurrelmann (Hgg.): *Lesekompetenz* (2002) S. 11–24.

ders.: »Anforderungen an die theoretische Konzeptionalisierung von *Medienkompetenz*«. In: Groeben/Hurrelmann (Hgg.): *Medienkompetenz* (2002 a) S. 11–24.

ders.: »Einleitung: Funktionen des Lesens – Normen der Gesellschaft«. In: Groeben/Hurrelmann (Hgg.): *Lesesozialisation in der Mediengesellschaft* (2004) S. 11–35.

ders./Hurrelmann, Bettina (Hgg.): *Lesekompetenz. Bedingungen, Dimensionen, Funktionen.* Weinheim, München 2002.

ders./Hurrelmann, Bettina (Hgg.): *Medienkompetenz. Voraussetzungen, Dimensionen, Funktionen.* Weinheim, München 2002 a.

ders./Hurrelmann, Bettina (Hg.): *Lesesozialisation in der Mediengesellschaft.* Weinheim, München 2004.

Groß, Sabine: *Lese-Zeichen. Kognition, Medium und Materialität im Leseprozeß.* Darmstadt 1994.

Grünewald, Dietrich: »Zur Bildwahrnehmung bei Kindern«. In: Conrady (Hg.): *Literatur-Erwerb* (1989) S. 107–129.

Grzesik, Jürgen: »Was testet der PISA-Test des Lesens?« In: Abraham u.a. (Hgg.): *Deutschdidaktik und Deutschunterricht nach PISA* (2003) S. 135–164.

Haas, Gerhard: *Handlungs- und produktionsorientierter Literaturunterricht in der Sekundarstufe I.* Hannover 1984.

ders.: »Das Elend der didaktisch ausgebeuteten Kinder- und Jugendliteratur«. In: *PD* 15 (1988 a) H. 89, S. 3–5.

ders.: »Wider die alte Eindimensionalität. Die Fortsetzung einer Kontoverse um die Kinder- und Jugendliteratur aus Praxis Deutsch 89 und 90«. In: *PD* 15 (1988 b) H. 92, S. 8–9.

ders.: »Das Hörspiel – die vergessene Gattung«? In: *PD* 18 (1991) H. 109, S. 13–19.

ders.: *Handlungs- und produktionsorientierter Literaturunterricht: Theorie und Praxis eines ›anderen‹ Literaturunterrichts für die Primar- und Sekundarstufe.* Seelze 1997.

ders./Rupp, Gerhard/Waldmann, Günter: »Produktionsorientierter Umgang mit Literatur in der Schule. Abschließende Bemerkungen zur Theoriediskussion und Anregungen für die Praxis (nebst einem geharnischten Brief). ›Geschundene‹ Gedichte? Geschundene Schüler?« In: *PD* 16 (1989) H. 98, S. 6–13.

ders./Menzel, Wolfgang/Spinner, Kaspar H.: »Handlungs- und produktionsorientierter Literaturunterricht«. In: *PD* 21 (1994) H. 123, S. 17–25.

Härle, Gerhard/Steinbrenner, Marcus (Hgg.): *Kein endgültiges Wort. Die Wiederentdeckung des Gesprächs im Literaturunterricht.* Baltmannsweiler 2004.

Halbey, Hans Adolf: *Bilderbuch: Literatur. Neun Kapitel über eine unterschätzte Literaturgattung.* Weinheim 1997.

Hamburger, Käte: *Die Logik der Dichtung.* Ungekürzte Aufl. nach der 3. Aufl. Frankfurt/Main: 1980. [1. Aufl. 1957]

Hartmann, Britta/Wulff, Hans J.: »Vom Spezifischen des Films. Neoformalismus – Kognitivismus – Historische Poetik«. In: *Montage 4* (1995) H. 1, S. 5–22.

Hassenstein, Friedrich: *Die deutsche Ballade. Grundlagen und Beispiele (Sekundarstufe I).* Hannover 1986.

Haueis, Eduard: »Masenmedien im Deutschunterricht«. In: Boueke (Hg.): *Deutschunterricht in der Diskussion* (1974) S. 194–215.

ders.: »Massenmedien im Deutschunterricht«. In: Boueke (Hg.): *Deutschunterricht in der Diskussion* Bd. 2. (1979) S. 11–27.

Havenstein, Martin: *Die Dichtung in der Schule.* Frankfurt/M 1925.

Hegele, Wolfgang: *Literaturunterricht und literarisches Leben in Deutschland (1850–1990). Historische Darstellung – systematische Erklärung.* Würzburg 1996.

Hein, Jürgen: »Literaturdidaktik als Rezeptionsforschung«. In: Herbert Hömig/Josef Thymister (Hgg.): *Wissenschaft in Hochschule und Schule.*

Studien und Beiträge zu Grundfragen und Gestaltungsproblemen. Köln 1972. S. 61–74.

ders.: »Dramatische Formen«. In: Boueke (Hg.): *Deutschunterricht in der Diskussion* (1979) S. 197–223.

ders.: »Kanon-Diskussion in Literaturdidaktik und Öffentlichkeit. Eine Bestandsaufnahme«. In: Kochan (Hg.): *Literaturdidaktik – Lektürekanon – Literaturunterricht* (1990) S. 311–346.

ders./Koch, Helmut H./Liebs, Elke (Hgg.): *Das ICH als Schrift. Über privates und öffentliches Schreiben heute.* Baltmannsweiler 1984.

Helmers, Hermann (Hg.): *Die Diskussion um das deutsche Lesebuch.* Darmstadt 1969.

Henze, Walter: *Dramen lesen – Dramen spielen. Dramentexte in der Sekundarstufe I.* Hannover 1987.

Herder, Johann Gottfried: »Von der Ausbildung der Rede und Sprache in Kindern und Jünglingen« (1796) *Sämtliche Werke.* Bernhard Suphan (Hg.). Hildesheim 1968, Bd. 30, S. 217–227.

Herrlitz, Hans-Georg: *Der Lektüre-Kanon im Deutschunterricht des Gymnasiums. Ein Beitrag zur Geschichte der muttersprachlichen Schulliteratur.* Heidelberg 1964.

ders.: »Lektüre-Kanon und literarische Wertung. Bemerkung zu einer didaktischen Leitvorstellung und deren wissenschaftlicher Begründung«. In: Müller-Michaels, Harro (Hg.): *Literarische Bildung und Erziehung.* Darmstadt 1976. S. 243–261. [erstmals 1967]

Herrmann, Manfred: *Gedichte interpretieren. Brecht, Benn, Kaschnitz, Celan, Lettau. Modelle, Anregungen, Aufgaben.* 2. erw. Aufl. Paderborn 1980. [1. Aufl. 1978]

Heuermann, Hartmut/Hühn, Peter/Röttger, Brigitte (Hgg.): *Literarische Rezeption. Beiträge zur Theorie des Text-Leser-Verhältnisses und seiner empirischen Erforschung.* Paderborn u.a. 1975.

Heydebrand, Renate von: »Probleme des ›Kanons‹ – Probleme der Kultur- und Bildungspolitik«. In: Johannes Janota (Hg.): *Germanistik, Deutschunterricht und Kulturpolitik. Vorträge des Augsburger Germanistentages 1991. Bd. 4.* Tübingen 1993. S. 3–22.

Hickethier, Knut: »Filmsprache und Filmanalyse. Zu den Kategorien der filmischen Produktanalyse«. In: *DU* 33 (1981) H. 4, S. 6–27.

ders.: »Begriffe der Film- und Fernsehanalyse«. In: *PD* 10 (1983) H. 57, S. 20–23.

ders.: *Film- und Fernsehanalyse.* 3. überarb. Aufl. Stuttgart u.a. 2001.

ders.: »Drei Möglichkeiten zum Leben: ›Lola rennt‹«. In: *DUB* 44 (2002) H. 6, S. 13–17.

ders.: *Einführung in die Medienwissenschaft.* Stuttgart/Weimar 2003.

Hiecke, Robert Heinrich: *Der deutsche Unterricht auf deutschen Gymnasien. Ein pädagogischer Versuch.* Leipzig 1842.

Hildebrand, Jens: *Film: Ratgeber für Lehrer.* Köln 2001.

Hildebrandt, Klaus: »Literaturunterricht des Bremer Kollektivs – Fazit und Ausblick«. In: Stein (Hg.): *Wieviel Literatur brauchen Schüler?* (1980) S. 94–114.

Hillmann, Heinz: »Rezeption – empirisch«. In: Heuermann/Hühn/Rött-
ger (Hgg.): *Literarische Rezeption* (1975) S. 113–130.

Holighaus, Alfred (Hg.): *Der Filmkanon. 35 Filme, die Sie kennen müssen.*
Berlin 2005.

Holle, Karl: »Prävention von Leseschwierigkeiten oder wieso das Lesen-
lernen nicht nur ein grundschuldidaktisches Problem ist«. In: Kämper-
van den Boogaart (Hg.): *Deutschunterricht nach der PISA-Studie* (2004)
S. 13–35.

Hopster, Norbert: »Vorüberlegungen zum Umgang mit literarischen Texten im Deutschunterricht«. In: ders. (Hg.): *Handbuch ›Deutsch‹* (1984
b) S. 77–97.

Hopster, Norbert/Nassen, Ulrich: *Literatur und Erziehung im Nationalsozialismus. Deutschunterricht als Körperkultur.* Paderborn u.a. 1983.

Hummelsberger, Siegfried: »›Sachtexte-Leser‹ oder ›Sach-Bearbeiter‹. Wie
sachdienlich ist die Rede von Sachtexten in eigener Sache?« In: Abraham u.a. (Hgg.): *Deutschdidaktik und Deutschunterricht nach PISA*
(2003) S. 330–346.

Hurrelmann, Bettina: *Kinderliteratur im sozialen Kontext. Eine Rezepti-
onsanalyse am Beispiel schulischer Literaturverarbeitung.* Weinheim u.a.
1982.

dies.: »Kreatives Schreiben in der Primarstufe«. In: Braun/Krallmann
(Hgg.): *Handbuch Deutschunterricht. Bd. 1* (1983) S. 191–200.

dies.: »Textverstehen im Gesprächsprozeß. Zur Empirie und Hermeneutik
von Gesprächen über die ›Geschlechtertausch‹-Erzählungen«. In: dies./
Kublitz, Maria/Röttger, Brigitte (Hg.): *Man müßte ein Mann sein...?
Interpretationen und Kontroversen zu Geschlechtertausch-Geschichten in
der Frauenliteratur.* Düsseldorf 1987. S. 57–82.

dies.: »Wider die neue Eindimensionalität. Zu G. Haas: ›Das Elend der
didaktisch ausgebeuteten Kinder- und Jugendliteratur‹«. In: *PD* 15
(1988) H. 90, S. 2–3.

dies.: »Abschließender Versuch der Störung eines Rituals«. In: *PD* 16
(1989) H. 94, S. 14.

dies.: »Leseförderung«. In: *PD* 21 (1994) H. 127, S. 17–26.

dies.: »Prototypische Merkmale der Lesekompetenz«. In: Groeben/Hurrel-
mann (Hgg.): *Lesekompetenz* (2002) S. 275–286.

dies.: »Leseleistung – Lesekompetenz. Folgerungen aus PISA, mit einem
Plädoyer für ein didaktisches Konzept des Lesens als kulturelle Praxis«.
In: *Texte lesen – Texte verstehen. PD Sonderheft* (2003) S. 10–21. [erst-
mals 2002]

dies./Hammer, Michael/Niess, Ferdinand: *Lesesozialisation. Bd. 1. Leseklima in der Familie.* Unter Mitarbeit von Susanne Epping und Irene
Oferinger. Gütersloh 1993.

Hurst, Matthias: *Erzählsituationen in Literatur und Film. Ein Modell zur
vergleichenden Analyse von literarischen Texten und filmischen Adaptionen.*
Tübingen 1996.

Hussong, Martin: *Zur Theorie und Praxis des kritischen Lesens. Über die
Möglichkeit einer Veränderung der Lesehaltung.* Düsseldorf 1973.

Ide, Heinz (Hg.): *Bestandsaufnahme Deutschunterricht. Ein Fach in der Krise.* Stuttgart 1970.

Ingendahl, Werner: *Szenische Spiele im Deutschunterricht.* Mit Beiträgen von Wilfried Noetzel u. Christa M. Koch. Düsseldorf 1981.

ders.: *Umgangsformen. Produktive Methoden zum Erschließen poetischer Literatur.* Frankfurt/M 1991.

Ivo, Hubert: *Kritischer Deutschunterricht.* Frankfurt/M u.a. 1969.

ders.: *Muttersprache – Identität – Nation. Sprachliche Bildung im Spannungsfeld zwischen einheimisch und fremd.* Opladen 1994.

Jäger, Georg: »Der Deutschunterricht auf Gymnasien 1780–1850«. In: *DVjs* 47 (1973) H. 1, S. 120–147.

Jensen, Uwe: »Handlungsorientierung – eine Spiegelung der Reformpädagogik? Überlegungen zu Leitgedanken des gegenwärtigen Literaturunterrichts«. In: *DUB* 50 (1997) H. 5, S. 256–265.

Jensen, Adolf/Lamzus, Wilhelm: *Unser Schulaufsatz ein verkappter Schundliterat. Ein Versuch zur Neugründung des deutschen Schulaufsatzes für Volksschule und Gymnasium.* Hamburg 1910.

Jonas, Hartmut: »Alte Probleme – neu interpretiert«. In: *DiDe* 11 (2005) H. 19, S. 17–19.

ders./Josting, Petra (Hgg.): *Medien-Deutschunterricht-Ästhetik.* München 2004.

Kämper-van den Boogart, Michael: »Mit Bourdieu durch die Literaturdidaktik spaziert«. In: *Didaktik Deutsch* (1996) H. 1, S. 30–52.

ders.: *Schönes schweres Lesen. Legitimität literarischer Lektüre aus kultursoziologischer Sicht.* Wiesbaden 1997 a.

ders.: »Comme un roman – Wie das Leben? Anmerkungen zu Daniel Pennac und dem Geschenk des Lesens«. In: Garbe, Christine/Rosebrock, Cornelia/Schön, Erich (Hgg.): *Lesen im Wandel. Probleme der literarischen Sozialisation heute.* Lüneburg 1997 b. S. 197–205.

ders.: »›Ach, unterhalte mich doch ein bißchen...‹ Eine Variante zum Thema ›Postmoderner Lesespaß und die Schule‹«. In: ders. (Hg.): *Das Literatursystem der Gegenwart und die Gegenwart der Schule. Festschrift für Werner Schlotthaus zur Emeritierung.* Baltmannsweiler 1997 c. S. 63–83.

ders. (Hg.): *Deutschunterricht nach der PISA-Studie. Reaktionen der Deutschdidaktik.* Frankfurt/M. u.a. 2004 a.

ders.: »PISA und die Interpretationsrituale des Deutschunterrichts«. In: ders. (Hg.): *Deutschunterricht nach der PISA-Studie* (2004 b), S. 59–81.

ders.: »Bildungsstandards für den Deutschunterricht«. In: ders. (Hg.): *Deutsch-Didaktik* (2004 c), S. 288–302.

Kammler, Clemens: »Was kommt nach Dürrenmatt und Frisch? Plädoyer für einen anderen Umgang mit Gegenwartsliteratur in der Schule«. In: *DD* 26 (1995 a) H. 142, S. 127–135.

ders.: »Ein Ereignis im Auschwitz-Diskurs. Ruth Klügers Autobiographie

›weiter leben. Eine Jugend‹ im Unterricht«. In: *DU* 47 (1995 b) H. 6, S. 19–30.

ders.:»Lieber Monsieur Süskind, danke!‹ Oder: Kann Schule die Lust am Lesen fördern«? In: *DU* 48 (1996) H. 3, S. 5–10.

ders.: *Neue Literaturtheorien und Unterrichtspraxis: Positionen und Modelle.* Baltmannsweiler 2000.

ders.: »Anmerkungen zum Stellenwert des Literaturunterrichts nach PISA«. In: Kämper-van den Boogaart (Hg.): *Deutschunterricht nach der PISA-Studie* (2004) S. 235–244.

Karg, Ina:»…the ability to read between the lines‹ (OECD 2002, S. 11). Einige Anmerkungen zum Leseverstehen in der PISA-Studie«. In: Abraham u.a. (Hgg.): *Deutschdidaktik und Deutschunterricht nach PISA* (2003) S. 106–120.

dies.: *Mythos PISA. Vermeintliche Vergleichbarkeit und die Wirklichkeit eines Vergleichs.* Göttingen 2005.

Karst, Theodor (Hg.): *Kinder- und Jugendlektüre im Unterricht.* Bd. 2. Sekundarstufe. Bad Heilbrunn/Obb. 1979.

Kepser, Matthis:»Auf den Spuren eines Zeit-Spiel-Films. Anregungen zu *Lola rennt*«. In: *PD* (2002) H. 175, S. 44–50.

ders./Nickel-Bacon, Irmgard (Hgg.): *Medienkritik im Deutschunterricht.* Baltmannsweiler 2004.

Kern, Peter Christoph:»Film«. In: Bogdal/Korte (Hgg.): *Grundzüge der Literaturdidaktik* (2002) S. 217–230.

Kleinschmidt, Gerd: *Theorie und Praxis des Lesens in der Grund- und Hauptschule.* 2. erw. Aufl. Frankfurt/M 1971. [1. Aufl. 1968]

Kliewer, Heinz-Jürgen: *Formen und Elmente der Lyrik. Ein Curriculum für die Primarstufe.* Hohengehren 1974.

ders.: »Positionen der Didaktik der Kinder- und Jugendliteratur«. In: Dolle-Weinkauff/Ewers (Hgg.): *Theorien der Jugendlektüre* (1996) S. 317–334.

Klose, Werner: *Didaktik des Hörspiels.* Stuttgart 1974.

Knobloch, Jörg: *Lehrpläne und Literaturunterricht an Hauptschulen. Fallstudie über den bayrischen Lehrplan ›Lesen‹.* Weinheim 1998.

Koch, Gertrud:»Filmische Welten – Zur Welthaltigkeit filmischer Projektionen«. In: Küpper, Joachim/Menke, Christoph (Hg.): *Dimensionen ästhetischer Erfahrung.* Frankfurt/M 2003. S. 162–175.

Kochan, Detlef C. (Hg.): *Literaturdidaktik – Lektürekanon – Literaturunterricht.* Amsterdam u.a. 1990.

Köppert, Christiane:»›Ich hab auf dich gewartet, 'ne halbe Ewigkeit:‹ Filmzeit, verfilmte Zeit: Eine Skizze zum Dechiffrierangebot in der Ausgangsstory von ›Lola rennt‹«. In: dies./Metzger (Hgg.): »*Entfaltung innerer Kräfte.« Blickpunkte der Deutschdidaktik. Festschrift für Kaspar H. Spinner anlässlich seines 60. Geburtstags.* Seelze 2001. S. 261–268.

dies./Spinner, Kaspar H.:»Filmdidaktik: Imaginationsorientierte Verfahren zu bewegten Bildern«. In: Deubel, Volker/Kiefer Klaus H. (Hgg.): *MedienBildung im Umbruch Lehren und Lernen im Kontext der Neuen Medien.* Bielefeld 2003. S. 59–74.

Köster, Juliane: »Kompetenzorientierung im Deutschunterricht und die Konsequenzen für die Qualitätssicherung«. In: Kämper-van den Boogaart (Hg.): *Deutschunterricht nach der PISA-Studie* (2004) S. 99–116.

Kopfermann, Thomas: *Produktives Verstehen von Literatur. Ein Kurs auf der Oberstufe.* Stuttgart u.a. 1994.

Kopp, Detlev/Wegmann, Nikolaus: »Das Lesetempo als Bildungsfaktor? Ein Kapitel aus der Geschichte des Topos ›Lesen bildet‹«. In: *DU* 40 (1988) H. 4, S. 45–58.

Kopp, Detlev: »(Deutsche) Philologie und Erziehungssystem«. In: Fohrmann, Jürgen/Voßkamp, Wilhelm (Hgg.): *Wissenschaftsgeschichte der Germanistik im 19. Jahrhundert.* Stuttgart u.a. 1994. S. 669–741.

Korte, Hermann: »Neue Blicke auf den literarischen Pantheon? Paradigmen und Perspektiven der historischen Kanonforschung«. In: *DU* 50 (1998) H. 6, 15–28.

Kremer, Detlef/Wegmann, Nikolaus: »Wiederholungslektüre(n): Fontanes *Effi Briest* – Realismus des wirklichen Lebens oder realistischer Text«. In: *DU* 47 (1995) H. 6, S. 56–75.

Krüger, Anna: *Kinder- und Jugendbücher als Klassenlektüre. Analysen und Schulversuche. Ein Beitrag zur Reform des Leseunterrichts.* 3. Aufl. Weinheim 1973. [1. Aufl. 1963]

Kübler, Hans-Dieter: »Überlegungen zum Stand der Mediendidaktik«. In: *DD* 6 (1975) H. 25, S. 469–477.

Kügler, Hans: *Literatur und Kommunikation. Ein Beitrag zur didaktischen Theorie und methodischen Praxis.* Stuttgart 1971.

ders.: *Literatur und Kommunikation. Poetische und pragmatische Lektüre im Unterricht. Didaktische Theorie und methodische Praxis.* 2. neu bearb. u. erw. Aufl. Stuttgart 1975.

ders.: »Erkundung der Praxis. Literaturdidaktische Trends der 80er Jahre zwischen Handlungsorientierung und Empirie«.
Teil I in: *PD* 15 (1988 a) H. 90, S. 4–9.
Teil II in: *PD* 15 (1988 b) H. 91, S. 9–11.

ders.: »Brief an zwei Leser. Zum produktions- und handlungsorientierten Literaturunterricht«. In: *PD* 16 (1989) H. 94, S. 2–4.

ders.: »Die bevormundete Literatur. Zur Entwicklung und Kritik der Literaturdidaktik«. In: Belgrad, Jürgen/Melenk, Hartmut (Hgg.): *Literarisches Verstehen – literarisches Schreiben. Positionen und Modelle zur Literaturdidaktik.* Baltmannsweiler 1996. S. 10–24.

Kühnemann, Horst: »Bilderlesen – warum nicht«? In: Braun/Krallmann (Hgg.): *Handbuch Deutschunterricht* Bd. 2 (1983 a) S. 203–218.

ders.: »Bilddidaktik im Deutschunterricht«. In: Braun/Krallmann (Hgg.): *Handbuch Deutschunterricht* Bd. 2 (1983 b) S. 219–229.

Larcher, Dietmar: »Leopold lebt literarisch. Statt einer Lektürebiographie«. In: Doppler, Bernhard (Hg.): *Kindheit – Kinderlektüre.* Wien 1984. S. 203–216.

Lehmann, Jakob (Hg.): *Deutsche Novellen von Goethe bis Walser. Interpretationen für den Literaturunterricht.*
Bd. 1: *Von Goethe bis C.F. Meyer.*
Bd. 2: *Von Fontane bis Walser.* Königsstein/Ts. 1980.
ders. (Hg.): *Deutsche Romane von Grimmelshausen bis Walser. Interpretationen für den Literaturunterricht.*
Bd. 1: *Von Grimmelshausen bis J. Roth.*
Bd. 2: *Von A. Seghers bis M. Walser.* 2.Aufl. Königsstein/Ts. 1983. [1. Aufl. 1982]
Lehmann, Rudolf: *Der deutsche Unterricht. Eine Methodik für höhere Lehranstalten.* Berlin 1890.
Leseliste, Die. Kommentierte Empfehlungen. Zusammengestellt von Sabine Griese, Hubert Kerscher, Albert Meier, Claudia Stockinger. Stuttgart 1994.
Lewandowski, Theodor: »Überlegungen zur Theorie und Praxis des Lesens«. In: *WW* 30 (1980) H. 1, S. 54–65.
Licher, Lucia: »Lehre Geschäftigkeit? Überlegungen zur Lehrerbildung aus der Perspektive der Literaturdidaktik«. In: *ZfPäd* 42 (1995) H. 3, S. 341–356.
Link, Jürgen: »Schreiben als Simulieren? Schreiben gegen Simulieren? Über Literaturkonzepte, ihre gesellschaftlichen Funktionen und das Kreative Schreiben«. In: *DD* 21 (1990/91) H. 116, S. 600–612.
Lohmeier, Anke-Marie: *Hermeneutische Theorie des Films.* Tübingen 1996.
Ludwig, Otto/Spinner, Kaspar H.: »Schreiben zu Bildern«. In: *PD* 19 (1992) H. 113, S. 11–16.
Lutz, Rosemarie/Müller, Udo: *Stundenblätter Fabeln. Grund- und Aufbauprogramme für die Klassen 5–10.* 4. Aufl. Stuttgart u.a. 1992. [1. Aufl. 1986]
Lypp, Maria: »Kinderbuch und Literaturwissenschaft: Die Bedeutung Anna Krügers für die Kinderliteraturforschung«. In: Dolle-Weinkauff/Ewers (Hgg.): *Theorien der Jugendlektüre* (1996) S. 179–190.

Maier, Karl Ernst: *Jugendliteratur. Formen, Inhalte, pädagogische Bedeutung.* 9. Aufl. Bad Heilbrunn 1987. [1. Aufl. unter dem Titel *Jugendschrifttum;* 1965]
Maiwald, Klaus: *Literarisierung als Aneignung von Alterität. Theorie und Praxis einer literaturdidaktischen Konzeption zur Leseförderung im Sekundarbereich.* Frankfurt/M. u.a. 1999.
Manguel, Alberto: *Eine Geschichte des Lesens.* Berlin 1998.
Mattenklott, Gundel: *Literarische Geselligkeit – Schreiben in der Schule. Mit Texten von Jugendlichen und Vorschlägen für den Unterricht.* Stuttgart 1979.
dies.: *Zauberkreide. Kinderliteratur seit 1945.* Frankfurt/M 1994. [1. Aufl. 1989]
Matthias, Adolf: *Geschichte des deutschen Unterrichts.* München 1907.
Maurer, Karl: »Formen des Lesens«. In: Poetica 9 (1977) H. 3–4, S. 472–498.

Meckling, Ingeborg: *Kreativitätsübungen im Literaturunterricht der Oberstufe*. 2. Aufl. München 1974. [1. Aufl. 1972]

Meckling, Paula (vormals: Ingeborg): »Kraftsuche – Selbstheilung mit Literatur«. In: *DD* 22 (1991) H. 118, S. 192–208.

Merkelbach, Valentin: »Wie salonfähig ist das Kinder- und Jugendbuch im Deutschunterricht? Anmerkungen zur Didaktik des Romans«. In: *DD* 20 (1989) H. 109, S. 441–455.

ders.: »Sind wir nun doch alle Dichter? Zur Geschichte des Kreativen im Aufsatzunterricht nach 1945«. In: *DUB* 43 (1990) H. 7/8, S. 356–365.

ders.: »Zur Theorie und Didaktik des literarischen Gesprächs«. In: Christ u.a. (Hgg.): ›*Ja aber es kann doch sein...*‹ (1995) S. 12–52.

ders. (Hg.): *Romane im Unterricht. Lektürevorschläge für die Sekundarstufe I*. Baltmannsweiler 1998.

ders. (Hg.): *Romane im Unterricht. Lektürevorschläge für die Primarstufe*. Baltmannsweiler 1999.

Merz-Grötsch, Jasmin: *Schreiben als System*.
Bd. 1: Schreibforschung und Schreibdidaktik. Ein Überblick. 2. Aufl. Freiburg 2005. [1. Aufl. 2000]
Bd. 2: Die Wirklichkeit aus Schülersicht. Eine empirische Analyse. Freiburg 2001.

Methodik. Deutschunterricht Literatur. Ausgearbeitet von einem Autorenkollektiv unter der Leitung von Wilfried Bütow. Berlin 1977.

Metz, Christian: *Die unpersönliche Enunziation oder der Ort des Films*. Münster 1997.

Mieth, Annemarie: *Literatur und Sprache im Deutschunterricht der Reformpädagogik. Eine problemgeschichtliche Untersuchung*. Frankfurt/M u.a. 1994.

Motzkau-Valeton, Wolfgang: *Literaturunterricht in der DDR. Theoretische Grundlagen und didaktische Prinzipien*. Mit einem Vorwort von Heinrich Mohr. Paderborn u.a. 1979.

Müller, Lotte: *Vom Deutschunterricht in der Arbeitsschule*. Leipzig 1921.

Müller-Michaels, Harro: *Dramatische Werke im Deutschunterricht*. 2. Aufl. Stuttgart 1975. [1. Aufl. 1971]

ders. (Hg.): *Literarische Bildung und Erziehung*. Darmstadt 1976.

ders.: *Literatur im Alltag und Unterricht. Ansätze zu einer Rezeptionspragmatik*. Mit einem Beitrag von Barbara Rupp. Kronberg/Ts 1978.

ders.: *Positionen der Deutschdidaktik seit 1949*. Kronberg/Ts. 1980.

ders.: »Wie lächerlich wollen wir denn aussehen?« In: *DD* 13 (1982) H. 68, S. 598–602.

ders.: *Deutschkurse. Modell und Erprobung angewandter Germanistik in der gymnasialen Oberstufe*. Frankfurt/M 1987.

ders.: »Produktive Lektüre. Zum produktionsorientierten und schöpferischen Literaturunterricht«. In: *DUB* 44 (1991) H. 8, S. 584–594.

ders.: »Kanon und Kompetenzen – Über inhaltliche und methodische Bildung im Deutschunterricht«. In: Kämper-van den Boogaart (Hg.): *Deutschunterricht nach der PISA-Studie* (2004) S. 223–234.

Müller-Seidel, Walter: *Probleme der literarischen Wertung. Über die Wissenschaftlichkeit eines unwissenschaftlichen Themas.* Stuttgart 1965.

Nies, Fritz: *Bahn und Bett und Blütenduft. Eine Reise durch die Welt der Lesebilder.* Darmstadt 1991.

Nöstlinger, Christine: »Die Zeit, in der ich aus Büchern etwas gemacht habe«. In: Larcher, Dietmar/Spiess, Christine (Hgg.): *Lesebilder. Geschichten und Gedanken zur literarischen Sozialisation. Lektürebiographien und Leseerfahrungen.* Reinbek 1980. S. 13–6.

Nündel, Ernst/Schlotthaus, Werner: *Angenommen, Agamemnon: wie Lehrer mit Texten umgehen.* München u.a. 1978.

Nürnberg, Hans-Waldemar/Sembritzki, Hans (Hgg.): *Literatur im Deutschunterricht.*
  Bd. 1: *Kleine literarische Formen.* 1985.
  Bd. 2: *Lyrik – Kurzgeschichten.* 1984.
  Bd. 3: *Romane.* 1986. Paderborn u.a.

Nutz, Maximilian: »Schülerzentrierte Literatur-Gespräche – Gespräche über Literatur?« In: *Didaktik Deutsch* 2 (1997) H. 3, S. 86–92.

Ossner, Jakob: »Praktische Wissenschaft«. In: Bremerich-Vos (Hg.): *Handlungsfeld Deutschunterricht* (1993) S. 186–199.

ders.: »Die Wahrheit ist konkret und bedarf achtsamer Formulierungen.« In: *DiDe* 11 (2005) H. 19, S. 20–22.

Otto, Gunter: »Text und Bild – Bild und Text. Gunter Otto analysiert das Heftthema«. In: *Kunst und Unterricht/Praxis Deutsch* (1978) Sonderheft, S. 4–16.

ders.: »Bildanalyse. Über Bilder sprechen lernen«. In: *Kunst und Unterricht* (1983) H. 77, S. 10–19.

Paech, Joachim: »Thema: Literaturverfilmung«. In: *DD* 17 (1986) H. 88, S. 188–193.

ders.: »Film und Fernsehen in der Literaturwissenschaft«. In: *DD* 18 (1987) H. 95, S. 200–208.

ders.: *Literatur und Film.* 2. überarb. Aufl. Stuttgart u.a. 1997. [1. Aufl. 1988]

Paefgen, Elisabeth K.: *Der ›Echtermeyer‹ (1836–1981) – Eine Gedichtanthologie für den Gebrauch in höheren Schulen. Darstellung und Auswertung seiner Geschichte im literatur- und kulturhistorischen Kontext.* Frankfurt/M u.a. 1990.

dies.: »Ästhetische Arbeit im Literaturunterricht. Plädoyer für eine sachliche Didaktik des Lesens und Schreibens«. In: *DU* 45 (1993) H. 4, S. 48–61.

dies.: »Verstehen Leser den Text oder (nur) sich selbst? Diskussion der ›Lebensroman‹-These im rezeptionstheoretischen Kontext«. In: *LfL* 19 (1996 a) H. 2, S. 136–149.

dies.: *Schreiben und Lesen. Ästhetisches Arbeiten und literarisches Lernen.* Opladen 1996 b.

dies.: »Reicher Materialfundus. Hannelore Christ u.a.: ›Ja aber es kann doch sein..‹. In der Schule literarische Gespräche führen.« Frankfurt/M 1995. In: *PD* 23 (1996 c) H. 135, S. 13–15.

dies.: »Kunst oder Wissenschaft. Deutschunterricht in der Literatur«. In: *WW* 47 (1997 a) H. 1, S. 75–93.

dies.: »Literaturtheorie und produktionsorientierter Literaturunterricht. Ein Mißverhältnis?« In: *DUB* 50 (1997 c) H. 5, S. 248–255.

dies.: »Textnahes Lesen. Sechs Thesen aus didaktischer Perspektive«. In: Belgrad/Fingerhut (Hgg.): *Textnahes Lesen* (1998) S. 14–23.

dies.: »Lesen von Literatur als sprachästhetische Basisqualifikation«. In: Witte, Hansjörg u.a. (Hgg.): *Deutschunterricht zwischen Kompetenzerwerb und Persönlichkeitsbildung. Germanistentag des Fachverbands Deutsch im Deutschen Germanistenverband e.V. in Zusammenarbeit mit der Universität Lüneburg vom 26. bis zum 29. September in Lüneburg.* Baltmannsweiler 2000, S. 198–211.

dies.: »Kanondiskussion. Lehramtsstudierende zwischen Literaturstudium und Leselisten«. In: *Mitteilungen des Deutschen Germanistenverbandes* (2003) H. 4, S. 570–579.

dies.: »Textnahes Lesen und Rezeptionsdidaktik«. In: Kämper-van den Boogaart (Hg.): *Deutsch-Didaktik* (2004) S. 191–209.

dies.: »Versteckte Poetik: Literatur im Film. Robert Altmans Film ›Gosford Park‹ und Sophokles‹ Tragödie ›König Ödipus‹«. In: *LiLi* 141 (2006) S. 175–186.

dies.: »Bilder und Dichtung: Thomas Manns ›Buddenbrooks‹ und Friedrich Schillers ›Jungfrau von Orléans‹ im Bild- und Filmkontext«. In: Deutscher Philologenverband (Hg.): *Dokumentation der Tagung ›200 Jahre nach Schillers Tod (50 Jahre nach dem Tod von Thomas Mann) – wo steht der Deutschunterricht?‹ vom 13. bis 15. Oktober 2005 in Weimar* [im Erscheinen].

dies./Geist, Peter (Hg.): *Echtermeyer. Deutsche Geschichte von den Anfängen bis zur Gegenwart.* Berlin 2005.

dies./Reichelt, Ulla: »Seh-Schule und lecture-Kanon. Überlegungen zu einer Film-Literatur-Kanonbildung«. In: *ide* 27 (2003) H. 4, S. 36–44.

Paule, Gabriela: »Sachtexte lesen und schreiben – Fächerverbindungen nutzen«. In: Abraham u.a. (Hgg.): *Deutschdidaktik und Deutschunterricht nach PISA* (2003) S. 347–360.

Pelster, Theodor: *Epische Kleinformen – Methoden der Interpretation.* 9. Aufl. Düsseldorf 1988. [1. Aufl. 1976]

Pennac, Daniel: *Wie ein Roman.* Köln 1994. [1. frz. Aufl. 1992]

Petruschke, Adelheid: *Stundenblätter. Lyrik von der Klassik bis zur Moderne. Sekundarstufe II. 42 Seiten Beilage.* 2. Aufl. Stuttgart 1985. [1. Aufl. 1984]

Pielow, Winfried: »Vom ›glatten‹ zum ›brüchigen‹ Subjekt – oder über die Lehr- und Lernbarkeit literarischen Schreibens«. In: *DD* 19 (1988) H. 102, S. 415–426.

Pilz, Georg/Kaiser, Erich (Hgg.): *Literarische Wertung und Wertungsdidaktik.* Kronberg/Ts. 1976.

Projekt Deutschunterricht. Stuttgart.
1. Bd. *Kritisches Lesen – Märchen, Sage, Fabel – Volksbuch.* Hg. v. Heinz
   Ide. 1971.
5. Bd. *Massenmedien und Trivialliteratur.* Hg. v. Heinz Ide in Verbindung
   mit dem Bremer Kollektiv. 1973.
6. Bd. *Kritischer Literaturunterricht – Dichtung und Politik.* Hg. v. Heinz
   Ide u. Bodo Lecke in Verbindung mit dem Bremer Kollektiv. 1974.
7. Bd. *Literatur der Klassik I. Dramenanalysen.* Hg. v. Heinz Ide u. Bodo
   Lecke in Verbindung mit dem Bremer Kollektiv. 1974.
8. Bd. *Politische Lyrik.* Hg. von Bodo Lecke in Verbindung mit dem Bremer Kollektiv. 1974.
9. Bd. *Literatur der Klassik II – Lyrik/Epik/Ästhetik.* Hg. von Bodo Lecke
   in Verbindung mit dem Bremer Kollekiv. 1975.
Proust, Marcel: »Tage des Lesens«. In: ders.: *Tage des Lesens.* Frankfurt/M
   1985. S. 7–66. [1. frz. Aufl. 1925]

Raitz, Walter/Schütz, Erhard (Hgg.): *Der alte Kanon neu. Zur Revision des
   literarischen Kanons in Wissenschaft und Unterricht.* Opladen 1976.
Renk, Herta-Elisabeth: *Dramatische Texte im Unterricht. Vorschläge,
   Materialien und Kursmodelle für die Sekundarstufe I und II.* Stuttgart
   1978.
Richter, Karin/Hurrelmann, Bettina (Hgg.): *Kinderliteratur im Unterricht.
   Theorien und Modelle zur Kinder- und Jugendliteratur im pädagogisch-
   didaktischen Kontext.* Weinheim u.a. 1998.
Rico, Gabriele L.: *Garantiert schreiben lernen. Sprachliche Kreativität me-
   thodisch entwickeln – ein Intensivkurs auf der Grundlage der modernen
   Gehirnforschung.* Reinbek 1984.
Ritz-Fröhlich, Gertrud: *Das Gespräch im Unterricht. Anleitung, Phasen,
   Verlaufsformen.* 2. Aufl. Bad Heilbrunn 1982. [1. Aufl. 1977]
dies. (Hg.): *Lesen im 2.–4. Schuljahr.* Bad Heilbrunn 1981.
Rodari, Gianni: *Grammatik der Phantasie. Die Kunst, Geschichten zu erfin-
   den.* Leipzig 1992. [1. italien. Aufl. 1973]
Roeder, Peter-Martin: *Zur Geschichte und Kritik des Lesebuchs der höheren
   Schule.* Weinheim 1961.
Rössner, Lutz: *Gespräch, Diskussion und Debatte im Unterricht der Grund-
   und Hauptschule.* Frankfurt/M 1967.
Rosebrock, Cornelia (Hg.): *Lesen im Medienzeitalter. Biographische und hi-
   storische Aspekte literarischer Sozialisation.* Weinheim/München 1995.
dies.: »Kinderliteratur im Kanonisierungsprozeß. Eine Problemskizze«.
   In: Richter/Hurrelmann (Hgg.): *Kinderliteratur im Unterricht* (1998)
   S. 89–108.
Rudloff, Holger: *Produktionsästhetik und Produktionsdidaktik. Kunsttheore-
   tische Voraussetzungen literarischer Produktion.* Opladen 1991.
ders.: »King Kong und Kafka«. In: Kepser/Nickel-Bacon (Hgg.): *Medienkritik* (2004) S. 134–145.
Rumpf, Horst: »Domestizierte Literatur? Über gängige Interpretationsmu-
   ster im Deutschunterricht«. In: *BuE* 21 (1968 a) H. 1, S. 8–22.

ders.: »Kreativer Umgang mit Texten. Über frühe Phasen des Verständnisses im Literaturunterricht«. In: *ZfPäd* 14 (1968 b) H. 3, S. 275–294.

Runge, Gabriele: »Nur keine Experimente! Was und wie häufig lassen Lehrer lesen? – Ergebnisse einer empirischen Untersuchung«. In: *PD* 24 (1997) H. 143, S. 4–10.

Rupp, Gerhard: »›Damit muß man leben‹. Schüler vergleichen Textversionen mit den Originalfassungen der Autoren. Ein rezeptionspragmatisches Unterrichtsmodell zur modernen Lyrik von Wilhelm Lehmann bis Ulla Hahn. In: Hoberg, Rudolf (Hg.): *Texterfahrungen. Franz Hebel zum 60. Geburtstag.* Frankfurt/M 1986. S. 101–114.

ders.: *Kulturelles Handeln mit Texten. Fallstudien aus dem Schulalltag.* Paderborn u.a. 1987.

ders.: »Die Unterrichtswirklichkeit erforschen. Eine Antwort auf H. Küglers ›Erkundung der Praxis – Literaturdidaktische Trends der 80er Jahre zwischen Handlungsorientierung und Empirie‹«. In: *PD* 15 (1988) H. 92, S. 5–7.

ders.: »Literarische Erfahrung und historisches Verstehen durch Schreiben zu und Interpretieren von Texten. Am Beispiel der Erprobung mit Hofmannsthals ›Terzinen‹«. In: *DU* 45 (1993 a) H. 4, S. 62–77.

ders.: »Vorboten kultureller Praxis. Perspektiven selbstbestimmten Umgangs mit lyrischen Texten am Beispiels des Gedichts ›Vorboten‹ von Hans Jürgen Heise«. In: *DD* 24 (1993 b) H. 129, S. 74–87.

ders.: »Empirisches Beispiel: Interpretieren im Literaturunterricht«. In: Groeben/Hurrelmann (Hgg.): *Lesekompetenz* (2002) S. 106–122.

Rutschky, Katharina: »Kinder als Leser. Über Versuche, ihrer habhaft zu werden«. In: Peter Härtling (Hg.): *Helft den Büchern, helft den Kindern! Über Kinder und Literatur.* München 1985. S. 37–53.

Sahr, Michael: *5 x Kinderbücher im Unterricht. Möglichkeiten im Umgang mit Kinderliteratur in der Grundschule.* Baltmannsweiler 1994.

ders.: »Über den unterrichtlichen Umgang mit Kinderbüchern«. In: Sahr, Michael/Born, Monika (Hgg.): *Kinderbücher im Unterricht der Grundschule.* 4. Aufl. Baltmannsweiler 1996. S. 1–33. [1. Aufl. 1984]

ders.: *Andersen lesen. Andersens Märchen für Schüler von heute.* Baltmannsweiler 1999.

Salzmann, Wolfgang: *Stundenblätter Kurzgeschichten für die Klassen 8/9. Neubearbeitung. 36 Seiten Beilage.* 5. Aufl. Stuttgart u.a. 1991. [1. Aufl. 1982]

Sartre, Jean-Paul: *Was ist Literatur? Ein Essay.* Reinbek 1958. [1. frz. Aufl. 1948]

Scheffer, Bernd: *Interpretation und Lebensroman. Zu einer konstruktivistischen Literaturtheorie.* Frankfurt/M 1992.

ders.: »Klischees und Routinen der Interpretation. Vorschläge für eine veränderte Literaturdidaktik«. In: *DU* 47 (1995) H. 3, S. 74–83.

Scheller, Ingo: *Wir machen unsere Inszenierungen selbst.* Bd.1 : *Szenische Interpretation von Dramentexten. Theorie und Verfahren zum erfahrungsbezogenen Umgang mit Literatur und Alltagsgeschichte(n). Bd. 2: Szenische Interpretation von Dramentexten. ›Die Soldaten‹ (Lenz)*

– ›Faust I‹ (Goethe) – ›Maria Stuart‹ (Schiller) – ›Der gute Mensch von Sezuan‹ (Brecht) – ›Andorra‹ (Frisch) – ›Die Physiker‹ (Dürrenmatt). Verlaufspläne und Materialien für einen erfahrungsbezogenen Umgang mit Literatur und Alltagsgeschichte(n). Oldenburg 1989.

ders.: »Szenische Interpretation«. In: PD 23 (1996) H. 136, S. 22–32.

Schemme, Wolfgang: Trivialliteratur und literarische Wertung. Stuttgart 1975.

ders.: »Das ›Tell-Problem‹ in neuer Sicht. Überlegungen zur Arbeit mit dem klassischen Drama im Literaturunterricht«. In: Göbel (Hg.): Drama in der Sekundarstufe (1977) S. 190–237.

ders. »›... der Himmel behüte uns vor ewigen Werken‹ – Von der kanonischen Gefangenschaft der Iphigenie«. In: Kochan (Hg.): Literaturdidaktik – Lektürekanon – Literaturunterricht (1990) S. 201–250.

Schlaffer, Hans: Die kurze Geschichte der deutschen Literatur. München 2002.

Schmiederer, Doris/Rückert, Gerhard: Kreativer Umgang mit Konkreter Poesie. Freiburg 1977.

Schmitz, Antje Dagmar: Kreatives Schreiben in der Hauptschule. Psychologische Hilfe und pädagogische Chance bei der Erziehungsarbeit in der Hauptschule. Donauwörth 1998.

Schober, Otto: »Roman – Novelle – Erzählung«. In: Boueke (Hg.): Deutschunterricht in der Diskussion. Bd. 2 (1979) S. 268–304.

Schön, Erich: »Die Entwicklung literarischer Rezeptionskompetenz. Ergebnisse einer Untersuchung zum Lesen bei Kindern und Jugendlichen«. In: SPIEL 9 (1990) H. 2, S. 229–276.

ders.: Der Verlust der Sinnlichkeit oder die Verwandlungen des Lesers. Mentalitätswandel um 1800. Stuttgart 1993 a. [1. Aufl. 1987]

ders.: »Jugendliche Leser im Deutschunterricht«. In: Balhorn, Heiko/Brügelmann, Hans (Hgg.): Bedeutungen erfinden – im Kopf, mit Schrift und miteinander. Zur individuellen und sozialen Konstruktion von Wirklichkeiten. Konstanz 1993 b. S. 220–226.

Schrader, Monika: Epische Kurzformen. Theorie und Didaktik. Königsstein/Ts. 1980.

Schroeder, Johannes: »Handwerkliche Filmkunst im neorealistischen Film. Drei Beispiele zur Filmanalyse«. In: DU 57 (2005) H. 1, S. 82–87.

Schuster, Karl: Das Spiel und die dramatischen Formen im Deutschunterricht. 2. vollst. überarb. Aufl. Baltmannsweiler 1996.

ders.: Das personal-kreative Schreiben im Deutschunterricht. Theorie und Praxis. 2. korrig. Aufl. Baltmannsweiler 1997.

ders.: Einführung in die Fachdidaktik Deutsch. 7. vollst. überarb. Aufl. Baltmannsweiler 1998.

Schutte, Jürgen: Einführung in die Literaturinterpretation. 3. überarb. u. erw. Aufl. Stuttgart u.a. 1993.

Seidel, Brigitte: Schüler spielen mit Sprache. Sprachunterricht vom 1. bis zum 10. Schuljahr. Stuttgart u.a. 1983.

Sennlaub, Gerhard: Spaß beim Schreiben oder Aufsatzerziehung? 4. Aufl. Stuttgart u.a. 1988. [1. Aufl. 1980]

Sontag, Susan: »Gegen Interpretation«. In: dies.: *Kunst und Antikunst. 24 literarische Analysen*. Frankfurt/M 1982. S. 11–22. [1. amerikan. Aufl. 1964]

Spinner, Kaspar H. (Hg.): *Identität und Deutschunterricht*. Mit Beiträgen von H. Herwig, R. Messner, G. Neuner u.a. Göttingen 1980.

ders.: »Poetisches Schreiben im Entwicklungsprozeß«. In: *DU* 34 (1982) H. 4, S. 5–19.

ders.: *Umgang mit Lyrik in der Sekundarstufe I*. Baltmannsweiler 1984.

ders.: *Moderne Kurzprosa in der Sekundarstufe I*. 2. Aufl. Hannover 1986. [1. Aufl. 1984]

ders.: »Interpretieren im Deutschunterricht«. In: *PD* 14 (1987 a) H. 81, S. 17–23.

ders.: »Aktivierung literarischer Erfahrungen: Produktionsaufgaben und strukturale Verfahren«. In: Willenberg, Heiner (Hg.): *Psychologie des Literaturunterrichts* (1987 b) S. 145–155.

ders.: »Wider den produktionsorientierten Literaturunterricht – für produktive Verfahren«. In: *DD* 18 (1987/88) H. 98, S. 601–611.

ders.: »Textanalyse im Unterricht«. In: *PD* 16 (1989) H. 98, S. 19–23.

ders.: *Vorschläge für einen kreativen Literaturunterricht. Lehrerband zu Geschichten 5./6. Schuljahr, Geschichten 7./8. Schuljahr, Geschichten 9./10. Schuljahr*. Frankfurt/M 1990.

ders.: *Lyrik der Gegenwart im Unterricht*. Hannover 1992.

ders.: »Kreatives Schreiben«. In: *PD* 20 (1993 a) H. 119, S. 17–23.

ders.: »Vom kommunikativen über den personalen Ansatz der Aufsatzdidaktik zum geselligen Schreiben«. In: Paefgen, Elisabeth K./Wolff, Gerhart (Hgg.): *Pragmatik in Sprache und Literatur. Festschrift zur Emeritierung von Detlef C. Kochan*. Tübingen 1993 b. S. 77–82.

ders.: »Literaturdidaktik der 90er Jahre«. In: Bremerich-Vos (Hg.): *Handlungsfeld Deutschunterricht* (1993 c) S. 23–36.

ders.: »Poststrukturalistische Lektüre im Unterricht – am Beispiel der Grimmschen Märchen«. In: *DU* 47 (1995) H. 6, S. 9–18.

ders.: *Umgang mit Lyrik in der Sekundarstufe I*. 2. vollst. überarbeit. Aufl. Baltmannsweiler 1995 a.

ders.: »Der standardisierte Schüler«. In: *DiDe* 11 (2005) H. 18, S. 4–13.

Staiger, Michael: »Auf halber Treppe«. In: *DU* 56 (2004) H. 2, S. 84–89.

Stanzel, Franz K.: *Theorie des Erzählens*. 5. unveränd. Aufl. Göttingen 1991. [1. Aufl. 1979]

Steffens, Wilhelm: »Kinderromane im Deutschunterricht der Primarstufe unter Berücksichtigung der Erzähl- und Kommunikationsstrukturen«. In: Lange, Günter/Steffens, Wilhelm (Hgg.): *Moderne Formen des Erzählens in der Kinder- und Jugendliteratur der Gegenwart unter literarischen und didaktischen Aspekten*. Würzburg 1995. S. 155–178.

ders. u.a.: *Das Gedicht in der Grundschule. Strukturanalysen, Lernziele, Experimente. Zugleich Lehrerhandbuch zum Gedichtband ›Klang Reim Rhythmus‹*. 2. Aufl. Frankfurt/M 1975.

Stein, Peter (Hg.): *Wieviel Literatur brauchen Schüler? Kritische Bilanz und neue Perspektiven des Literaturunterrichts*. Stuttgart 1980 a.

ders.: »Politischer Literaturunterricht, Projektunterricht, Kritisches Lesen und ästhetische Erziehung – Kritik der vier literaturdidaktischen Hauptkonzeptionen der 70er Jahre«. In: Stein (Hg.): *Wieviel Literatur brauchen Schüler?* (1980 b) S. 1–44.

Steinlein, Rüdiger: *Die domestizierte Phantasie. Studien zur Kinderliteratur, Kinderlektüre und Literaturpädagogik des 18. und 19. Jahrhunderts.* Heidelberg 1987.

Stiegler, Bernd: »Wechselnde Blicke. Perspektive in Photographie, Film und Literatur«. In: Heinrich Bosse/Ursula Renner (Hgg.): *Literaturwissenschaft. Einführung in ein Sprachspiel.* Freiburg 1999. S. 271–298.

Stocker, Karl (Hg.): *Taschenlexikon der Literatur- und Sprachdidaktik.* 1. Bd. A-L. 2. Bd. M-Z. Kronberg/Ts 1976.

Stuck, Elisabeth: *Kanon und Literaturstudium. Theoretische, historische und empirische Untersuchungen zum akademischen Umgang mit Lektüre-Empfehlungen.* Paderborn u.a. 2004.

Tabbert, Reinbert: *Kinderbuchanalysen: Autoren – Themen – Gattungen.* Frankfurt/M 1989.

Thalmayer, Andreas [Hans Magnus Enzensberger]: *Lyrik nervt. Erste Hilfe für gestresste Leser.* München 2004.

Urlinger, Josef: *Stundenblätter. Einführung in die Lyrik für die Sekundarstufe I. 26 Seiten Beilage.* 4. Aufl. Stuttgart 1985. [1. Aufl. 1980]

Vogt, Jochen (Hg.): *Literaturdidaktik. Aussichten und Aufgaben.* Düsseldorf 1972.

Vollbrecht, Ralf: *Einführung in die Medienpädagogik.* Weinheim/Basel 2001.

Wackernagel, K. E. Philipp: *Der Unterricht in der Muttersprache.* Bd. 4 des *Deutschen Lesebuchs.* Stuttgart 1843.

Wagner, Karl Heinz: »Vom Umgang mit Medien zur Medienkunde«. In: *DU* 25 (1973) H. 5, S.5–24.

Waldmann, Günter: *Theorie und Didaktik der Trivialliteratur. Modellanalysen – Didaktikdiskussionen – literarische Wertung.* München 1973.

ders.: *Literatur zur Unterhaltung. Bd. 1.: Unterrichtsmodelle zur Analyse und Eigenproduktion von Trivialliteratur. Bd. 2: Texte, Gegentexte und Materialien zum produktiven Lesen.* Reinbek 1980

ders.: »Grundzüge von Theorie und Praxis eines produktionsorientierten Literaturunterrichts«. In: Hopster (Hg.): *Handbuch ›Deutsch‹* (1984) S. 98–141.

ders.: *Produktiver Umgang mit Lyrik. Eine systematische Einführung in die Lyrik, ihre produktive Erfahrung und ihr Schreiben. Für Schule (Sekundarstufe I und II) und Hochschule sowie zum Selbststudium.* Baltmannsweiler 1988.

ders.: »Leserbrief. Produktives Lesen. Zur Hans Küglers ›Erkundung der Praxis. Literaturdidaktische Trends der 80er Jahre zwischen Handlungsorientierung und Empirie‹«. In: *PD* 16 (1989) H. 93, S. 4.

ders.: *Produktiver Umgang mit dem Drama. Eine systematische Einführung in das produktive Verstehen traditioneller und moderner Dramenformen und das Schreiben in ihnen. Für Schule (Sekundarstufe I und II) und Hochschule.* Baltmannsweiler 1996.

ders.: *Produktiver Umgang mit Literatur im Unterricht.* 2. korrig. Aufl. Baltmannsweiler 1999.

ders./Bothe, Kathrin: *Erzählen. Eine Einführung in kreatives Schreiben und produktives Verstehen von traditionellen und modernen Erzählformen.* Stuttgart u.a. 1992.

Warning, Rainer (Hg.): *Rezeptionsästhetik. Theorie und Praxis.* München 1975.

Wermke, Jutta: »Deutschunterricht in einer Medienkultur«. In: *Mitteilungen des Deutschen Germanistenverbandes* 44 (1997) März, *S. 35–54.*

Werner, Johannes: *Literatur im Unterrichtsgespräch – Die Struktur des literatur-rezipierenden Diskurses.* München 1996.

Wieler, Petra: *Sprachliches Handeln im Literaturunterricht als didaktisches Problem.* Bern u.a. 1989.

dies.: *Vorlesen in der Familie. Fallstudien zur literarisch-kulturellen Sozialisation von Vierjährigen.* Weinheim u.a. 1997.

dies.: »Kommentar zu ›Der standardisierte Schüler‹ von Kaspar H. Spinner«. In: *DiDe* 11 (2005) H. 19, S. 5–7.

Wild, Reiner (Hg.): *Geschichte der deutschen Kinder- und Jugendliteratur.* Stuttgart u.a. 1990.

ders. : *Gesellschaftliche Modernisierung und Kinder- und Jugendliteratur.* St. Ingbert 1997.

Wilkending, Gisela (Hg.): *Literaturunterricht. Texte zur Didaktik.* München 1972.

Willenberg, Heiner: *Zur Psychologie literarischen Lesens. Wahrnehmung, Sprache und Gefühl.* Paderborn u.a. 1978.

ders. (Hg.): *Zur Psychologie des Literaturunterrichts. Schülerfähigkeit – Unterrichtsmethoden – Beispiele.* Frankfurt/M 1987.

ders.: »Lesestrategien. Vermittlung zwischen Eigenständigkeit und Wissen«. In: PD 31 (2004) H. 187, S. 6–15.

ders.: »Schauen Sie auf den Dialekt!« In: *DiDe* 11 (2005) H. 19, S. 14–16.

Winterling, Fritz: »Kreative Übungen oder Gestaltungsversuche. Abriß einer Didaktik produktiver Befreiung im Deutschunterricht. In: *DD* 2 (1971) H. 5, S. 243–265.

Wintgens, Hans-Herbert/Kreter, Karl-Heinz: *Didaktik und Methodik des Deutschunterrichts. Zum Thema: Kinder- und Jugendliteratur im 5./6. Schuljahr.* Hildesheim 1983.

dies.: *Didaktik und Methodik des Deutschunterrichts. Zum Thema: Kinder- und Jugendliteratur im 2.–4. Schuljahr.* Hildesheim 1984.

Wolgast, Heinrich: *Das Elend unserer Jugendliteratur. Ein Beitrag zur künstlerischen Erziehung der Jugend.* 7. Aufl. Worms o.J. [1. Aufl. 1896]

Zabka, Thomas: »Gestaltendes Verstehen. Zur Hermeneutik des produktionsorientierten Literaturunterrichts«. In: *LWU* 28 (1995) H. 2, S. 131–145.

ders.: »Subjektive und objektive Bedeutung. Vorschläge zur Vermeidung eines konstruktivistischen Irrtums in der Literaturdidaktik«. In: *DiDe* 4 (1999) H. 7, S. 4–23.

Zielinski, Theodore: »Berlin Alexanderplatz«. In: Schuster, Ingrid (Hg.): *Zu Alfred Döblin.* Stuttgart 1980. S. 128–148.

Zimmer, Hasko: »Bedingungen und Tendenzen der Entwicklung des Deutschunterrichts im 19. und 20. Jahrhundert«. In: Mannzmann, Anneliese (Hg.): *Geschichte der Unterrichtsfächer. Bd. 1. Deutsch, Englisch, Französisch, Russisch, Latein, Griechisch, Musik, Kunst.* München 1983. S. 35–64.

Zobel, Klaus: Textanalysen. Eine Einführung in die Interpretation moderner Kurzprosa. 2. Aufl. Paderborn u.a. 1990.

Zymner, Rüdiger: *Gattungstheorie. Probleme und Positionen der Literaturwissenschaft.* Paderborn 2003.

Personenregister

Sammlung Metzler

Printed in the United States
By Bookmasters